le

Martin Torunsky

Fesseltechniken im Ninjutsu

KONO-VERLAG

1. Auflage 2024

Fesseltechniken im Ninjutsu
1. Auflage 2024

Impressum

Autor: Martin Torunsky
Kono-Verlag, Grönenberger Str. 7, D-49324 Melle

Printed in Germany
ISBN: 978-3-910555-08-2

Vorwort

Jürgen Bieber

Schon in der Mittelsteinzeit, dem sogenannten Mesolithikum, konnten Seile aus Weidenbast nachgewiesen werden. In Japan war dies die Jōmon jidai, ca. 14.000 bis 300 v. Chr. Denn sehr früh in der Geschichte wurde klar das flexible Gegenständen im Leben sehr nützlich sein konnten.

In China wurden etwa im Jahre 2.800 v. Chr. die ersten Hanffasern zu Seilen gedreht. Natürlich fanden Seile auch Einzug in die Mythologien und Religionen der Welt, wie zum Beispiel die Gottheit des Fudō Myōō im Buddhismus, der als Verbündeter gegen das Böse betrachtet wird. Oft sieht man den Unerschütterlichen vor Tempeln in Japan, um standhaft das Gute zu bewahren. In der linken Hand hält er ein Seil und in der Rechten ein Schwert. Mit dem Seil fängt er das Böse, um es dann mit dem Schwert zu zerstören.

Wann der Mensch begann ein Seil zum Binden eines anderen Individuums zu verwenden, wird wohl im Nebel der Vergangenheit verborgen bleiben. Doch um Personen, bzw. Verdächtige möglichst unbeschadet gefangen zu nehmen, wurde begonnen mit einfachen Bindetechniken ihn an der Flucht zu hindern. Muromachi und Senguko jidai, etwa 1336 – 1573, waren diese Seiltechniken unerlässlich. Erste Aufzeichnungen des Hojō Jutsu sind im zehnjährigen Ōnin-Krieg (1467-77) zu finden. Doch wie in der japanischen Kultur tief verwurzelt, wurde das Grobe zu etwas Feinem und ästhetischen gewandelt. Bushi und

Shinobi Traditionen inkludierten bewegliche Waffen in ihrem Lehrplan. Nawa Jutsu generierte sich zu etwas speziellem mit viel Tiefe und Hintergrund, das sich in der Edo Jidai bis zur Perfektion wandelte. Seile, in den verschiedensten Ausführungen und gegebenenfalls mit Metallgegenständen gepaart, sind nicht leicht zu führen, erfordern ein sehr gutes Körper- und Raumgefühl, um effizient und effektiv eingesetzt zu werden. Es gibt derzeit nur weniges an Literatur über Hojō Jutsu. In diesem Buch ist eine einfache Einführung zu diesem Thema zu finden. Interessant zu lesen, doch unerlässlich nur über einen guten Lehrer im Dōjō zu erlernen.

Ich wünsche dir lieber Leser viel Freude an dieser Lektüre, bleib neugierig und suche nach dem Budo - Wissen, das uns von den alten Kriegern überliefert wurde.

Jürgen Bieber
Bujinkan Daishihan
Enbukan Joishihan

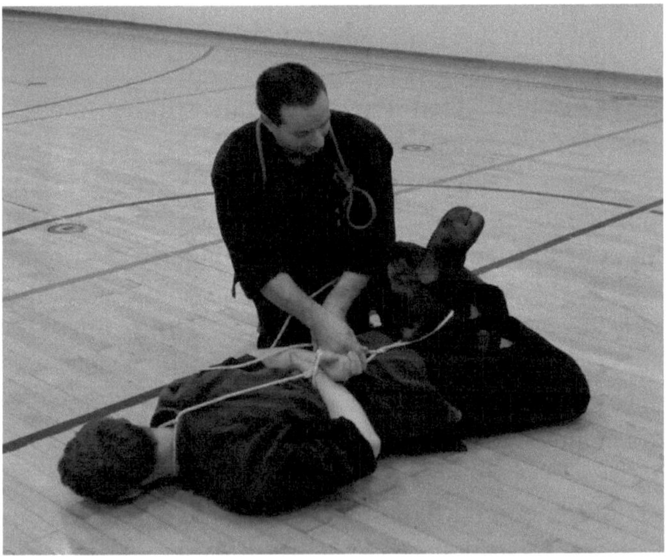

Inhaltsverzeichnis

Teil 6

Shikin Haramitsu Daikomyo

Vorwort

zur Ausgabe 2024

Dieses Buch beschäftigt sich mit einem fast verloren gegangenen Wissen aus dem alten Japan. Einem Wissen, das von Japan über Korea und China und wieder zurück seinen Weg machte.

Das Buch beschreibt Inhalte vergangener Zeit und befördert sie in das westliche Denken heutiger Zeit. Es soll Sportler ansprechen, eine alte Waffenkunst in ihrer Sportart in einem neuen, modernen Gewand zu praktizieren. Es soll ein Leitfaden für die Budosportler unter uns sein, die ihre Sportart, wie z.B. Aikido, Hapkido, Kendo, Taijutsu um ein ausgefallenes Detail bereichern möchten.Vielleicht beflügelt es so manchen Sportler auf den Spuren der Budo-Kriegsweisheit und Budo-Nützlichkeit asiatischer Vorfahren zu wandeln und mit Ihnen den Weg in die Aktualität des 21. Jahrhundert zu finden.

Von den vielen Ryu bzw. Schulen, die das alte umfangreiche Wissen gelehrt haben, wurden viele Techniken meist nur mündlich überliefert. Andere, die man mittels Schriftrollen, Strohpuppen oder Papierpuppen aufbewahrte, im Laufe der Zeit vernichtet. Von den Aufzeichnungen, die man noch zur Verfügung hat, kann man aber auch nicht mit 100%iger Gewissheit sagen, dass sie authentisch überliefert worden sind. Vor allem nicht, was die genaue Verwendung der Knoten angeht, d.h. welcher Knoten zu welchem Zweck oder welcher Schule gehörte.

Aus Achtung vor diesem doch bis heute aus vielen Sicherheitsgründen eher geheim gehaltenen Wissen, beschränke ich mich auf die Veröffentlichung der Formen, die ich für sportlich akzeptabel halte. Aus den ca. 180 Formen aus vielen Büchern, und mit einigen Japanern ausprobiert, gibt es Techniken, die normale Leute nicht wissen sollten. Zu diesen normalen Leuten zähle auch ich mich.

Seit der Meiji-Zeit wurde an diesen Techniken geforscht und immer wieder weiterentwickelt. Ich denke, dass dieses Buch eine Anregung sein kann, um mit der Forschung fort zu fahren und neue Akzente zu setzen. Denn Hojojutsu ist irgendwie end- und zeitlos.

Einleitung

Nach Herausgabe der ersten Auflage zu Hojojutsu-Techniken bekam ich viele Rückmeldungen von Vereinen, Jujutsu-Sportlern, Neueinsteigern und Personen, die das Fesseln an sich interessant finden.

Da die erste Auflage für Fortgeschrittene und Lehrer zugeschnitten war, versuchen wir in dieser Auflage die Lücken zu schließen, die zu manchen Fragen führten.
Im Internet befinden sich, im Gegensatz zu einem Buch, Kurzfilme, die Interessierten einen Lehrer ersetzen können.
Hier ein paar links mit denen man bei YouTube fündig werden kann:

- Hojo at fighters high
- Alken Woodman
- Tie you up.jutsu
- Christian Russo
- Daniel Pyatt
- Jordan Augusto
- Alexander Laskin

Die beiden hervorragenden Filme von Tatyana Zakharkina (2.Dan Jujutsu), die sich an mein Buch halten, sind bis jetzt noch nicht im Internet zu sehen. Sicher werden sie bald ins Internet gesetzt. Sie zeigen präzise z.B. die Watashi Nawa und Take no fushi Technik, wie man sie bindet und wieder problemlos löst.

Zudem bleiben unsere Nawa-Techniken mit dem Seil über 2,5 m immer noch diejenigen, die keine Knoten mit ganzem durchgezogenem Seil beinhalten. Das lösen ist daher schnell und einfach.

Bei einem 25 m langen Seil müsste man sonst mehrere Meter zurückziehen, um den Knoten auf zu bekommen..
Daher haben wir bis jetzt kein Messer benötigt, um im Ernstfall das Seil zerschneiden zu müssen. Falls es doch zu einer
falschen Handhabung vorkommen sollte, müsste man notfalls zum Messer greifen. Dafür wäre es ratsam, ein Messer
griffbereit zu haben um eine Sicherheit ins Training zu bekommen.
Zu diesem Thema möchte ich die zwei Regeln von Gishin Funakoshi zitieren:

• 5. Regel: Die Kunst des Geistes kommt vor der Kunst der Technik

Gijutsu yori shinjutsu

• 7. Regel: Unglück geschieht immer durch Unachtsamkeit.

Wazawai wa ketai ni shozu

TEIL 1

1.1. Historie

1.1.1. Das Wort Hojojutsu

Hojojutsu heißt in der Literatur auch Torinawa. „Ho“ oder „tori“ heißt „greifen/fangen“, und „jo“ oder nawa“ ist „das Seil“. Mit Hojojutsu oder Torinawa wird in Japan und der Literatur der übrigen Welt die Kunst oder Fertigkeit bezeichnet, die sich mit der Bindung und Fesselung eines Gegners beschäftigt.

Der Name bedeutete ursprünglich nur „die Schnur“ oder „der Strick“ selbst. Wir beschreiben hier aber die Kunst des Bindens.

Hojojutsu gehört zu den 18 Methoden der Kriegskünste, die man unter dem japanischen Namen Bugei juhappan kennt. Die reale Anzahl der Kriegskünste, die in Japan praktiziert wurden, war in Wirklichkeit größer. Man sagt, dass die Zahl 18 als magisch galt, die sich an chinesischer Philosophie orientierte. Sie steht für eine Aufzählung, die der Vollständigkeit in der Natur folgt. Die japanische Kriegerkaste orientierte sich damit an den Prinzipien der chinesischen Klassiker, die für sie zur Pflichtlektüre gehörte.

Im Begriff Hojojutsu verbergen sich folgende einzelne Techniken:

1. Hayanawa: „Haya“ heißt schnell. Es ist die Technik mit der man einen Gegner fängt und sofort bindet. Sie wird angewandt, wenn der zappelnde Gegner sich, am Boden windend, zu wehren beginnt. Daher muß die Technik einfach, effizient und, wie gesagt, schnell sein. In der heutigen, modernen Variante werden auch Gürtel und Schals benutzt.

2. Honnawa: „Hon“ heißt Haupt. Es ist die Haupttechnik mit der Hojojutsu betrieben wird. Hier läuft kein Gegner davon oder will sich losreißen. Daher wurden viele unterschiedliche Bindearten ausprobiert. Ihre Zahl beläuft sich auf ca. 150. Es sind die Techniken, die wir aus alten Bildern kennen. Es gibt viel Seil zu sehen, meist auf dem Rücken. Und es können mehrere Aufsichtspersonen an der Bindung eines Gefangengenommenen beteiligt sein. Zu der Haupttechnik gehört „Inchinawa“, die Bindung zum Abführen, „Gosounawa“, die Begleitschutzbindung und „Ousounawa“, die Transportbindung. Viele der Techniken tragen unterschiedliche und erstaunlicherweise humorige Namen, obwohl sie gleich aussehen.

3. Karinawa: „Kari“ heißt vorläufig. Es ist eine ähnliche Technik, wie die des Hayanawa, nur nicht schnell. Sie wird meist mit einem bis 7m bis 10m langen Seil gebunden. Das zu lange Teil des Seils hält man meist als Reserve, falls nachgebunden werden muss, oder als Abschluß wobei meist die Ketten-Methode (4.1.1.) angewandt wird.

4. Goumonnawa: „Goumon“ heißt Folter. Es wird auch Sekinawa genannt. Es gab 4 Techniken, davon wurden zwei als offizielle Foltertechniken zugelassen. Wir versuchen Folter- und Festsetzungsmethoden zu kombinieren, wobei die zwei ehemals offiziellen Methoden in Variationen gezeigt werden.

1.1.2. Die Grundzüge

Damit wir Hojojutsu als westlich orientierte Menschen besser verstehen können, müssen wir uns mental in die eher grausame Periode des alten Japan hineinversetzen.
Wir beginnen in der Zeit, als die Mitglieder des Kriegerstandes (Bushi) in der Kamakura Zeit Anfang des 12. bis Mitte des 14. Jahrhunderts in Japan mit den Waffen und Instrumenten, die sie für das Überleben im Krieg und in den Schlachten als effektiv ansahen, zu experimentieren begannen. Die Bushi führten den Umgang mit Waffen als eigene Kunst ein. Das oben genannte Bugei juhappan war nie ein festgelegtes Kampfsystem. Im Laufe der Zeit änderte sich die Liste immer wieder, da immer wieder was Neues ausprobiert und für effektiv erachtet wurde. Ein neues Kampfprinzip wurde auf die Liste gesetzt, ein altes von der Liste gestrichen.
Nachstehend folgt die Aufzählung, die näher bringen soll, mit welchen Methoden sich die damals noch Bushi, später Samurai genannte Kämpferkaste beschäftigte:

Ärmelgreifer – Sodegarami jutsu
Befestigungslehre – Chikoju jutsu
Bogenschießen – Kyu jutsu
Bogenschießen zu Pferd – Kyuba jutsu
Fesselung – Hojo jutsu
Feuerwaffen – Teppo
Informationserfassung – Johu kaishu
Kämpfen mit zwei Schwertern – Nito jutsu
Kettensichel – Kusarigama jutsu
Kurzschwert – Kodachi jutsu
Langwaffen – Nagamono
Reiten – Ba jutsu
Schwertfänger – Jitte jutsu
Schwertfechten – Ken jutsu

Schwertlanze - Naginata jutsu
Schwertziehen – Batto jutsu
Schwimmen – Sui jutsu
Schwimmen mit Pferden – Suiba jutsu
Schusswaffen – Ho jutsu
Signalgebung – Ango jutsu
Speerkampf – So jutsu
Stockkampf – Bo jutsu
Strategie und Taktik – Sen jutsu
Verborgene Waffen – Kakushi buki
Verhaftungstechniken – Torimono Jutsu
Waffenlose Überwältigung – Hobaku jutsu
Waffenloser Kampf - Tai jutsu
Waffenloser Kampf in Rüstung – Yoroi kumi uchi
Wurfklingen – Shuriken jutsu

In der Literatur fällt auf, dass ältere Auflistungen der Kampftechniken eher kriegsorientierte Inhalte wie Strategie und Taktik beinhalteten. Während in modernen Aufzeichnungen eher neue Waffen- und Kampfformen wie Kurzstock, Schusswaffen im Vordergrund standen. Aber immer stand bei allen Praktiken die Ertüchtigung für Körper und Geist der Krieger an erster Stelle.

In der Muromachi-Zeit (1333-1568), der Zeit der streitenden Reiche, verankerten die Shogune mit ihren fähigsten Kriegern die bis dahin gemachten Erfahrungen der Kampfsysteme auf den Schlachtfeldern. Sie schufen den Grundstein für eine technische Handhabung und Weitergabe der Kriegskünste, welche in Schulen (Ryu) gelehrt wurden.

Die meisten der aufgeführten Künste gehörten bis in die Meiji-Zeit, der Regentschaft des Tennos Mutsuhito (1868-1912), zur praktischen Ausbildung im japanischen Heer. Andere Systeme, wie

z.B. die Schwertlanze und das Bogenschießen wurden als Tradition archiviert und in verschiedenen Sportarten zu neuem Leben erweckt.

1.1.3. Die Weiterentwicklung

Sieht man von den humanen Inhalten der chinesischen Gelehrten ab, so lässt sich die Bestimmung der Kriegskünste auf einen einfachen Nenner bringen: das Töten eines Gegners. Stechen, schlagen, schneiden, würgen... die Techniken waren vielfältig. Doch manchmal war es notwendig oder besser, einen Gegner nicht zu töten, sondern lebend gefangen zu nehmen, um Informationen von ihm zu bekommen. Der neue Inhalt des Hojojutsu war geboren.

Die ständigen Kriege der Samurai-Familienclans vor allem des 15. Jahrhunderts wurden im 16. Jahrhundert durch Oda Nobunaga, Toyotomi Hideyoshi und dem mächtigen Tokugawa Ieyasu beendet. Tokugawa gehörte zu den intelligentesten Männern der Nobunaga Partisanen. Er machte sich in kürzester Zeit zum mächtigsten Mann Japans.

1603 errichtete er in der neuen Hauptstadt Edo (dem heutigen Tokyo) das streng geführte Tokugawa Shogunat. In den 250 Jahre andauernden Tokugawa Herrschaft (auch Edo Periode genannt) war das Seil nicht nur Werkzeug zum Fesseln oder Sicherung Gefangener, sondern auch Bestandteil extremer Foltermethoden. Zu den Methoden wie Kreuzigung, dem Aufhängen Gefangener oder Aufspannen Gefangener kamen Praktiken wie dem Binden an schwere Felsbrocken, das Fixieren verdrehter Gliedmaßen oder den Bindetechniken, bei denen sich die Bindung immer kräftiger zuzog, je mehr sich der Gefangene zu befreien versuchte. Dies konnte bis zur Strangulation oder dem Absterben bestimmter Körperteile führen, da die Blutzirkulation unterbunden wurde. 1867 brach dieses Shogunat unter dem Handelsdruck der westlichen Welt und der dadurch verbundenen Modernisierung des alten Japan zusammen.

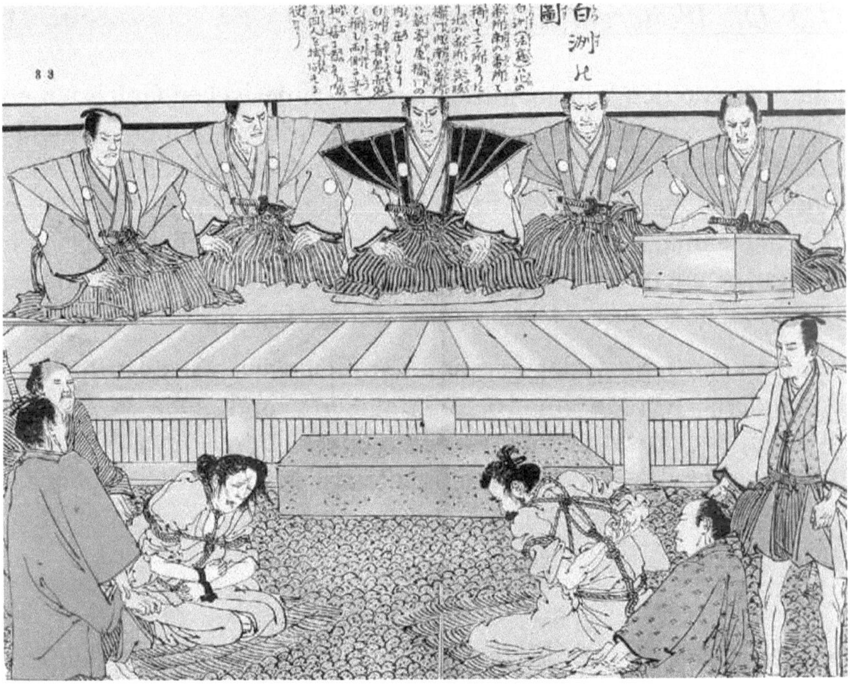

(Illustration aus Tokugawa Bakufu Keiji Zufu Kan von Shinataro Fujita, 1893)

Hier ist eine Szene nachgestellt, in der die Handhabung und der Zweck des Hojojutsu (genauer gesagt hier Hayanawa) deutlich gemacht wird.

Vor dem Regenten sitzen ein weiblicher und ein männlicher Häftling in einer Technik gebunden, die der eskortierende Polizist an ihm angewandt hat. Man sieht, dass bei Frauen im allgemeinen die Arme nicht auf dem Rücken gebunden wurden. Beim Häftling wurde eine Art der Kurainawa-Bindung angewandt.

1.1.4.Die kulturelle Seite

In der beschriebenen Edo-Epoche wurde der Umgang mit dem Seil überwiegend in den Ryu der Ninjas verwendet. Der Vater aller Schulen war der berühmte Ninja Hattori Hanzo Masashige. Er diente bis zu seinem Tod im Jahre 1596 dem schon erwähnten Shogun Tokugawa als Leibwächter.

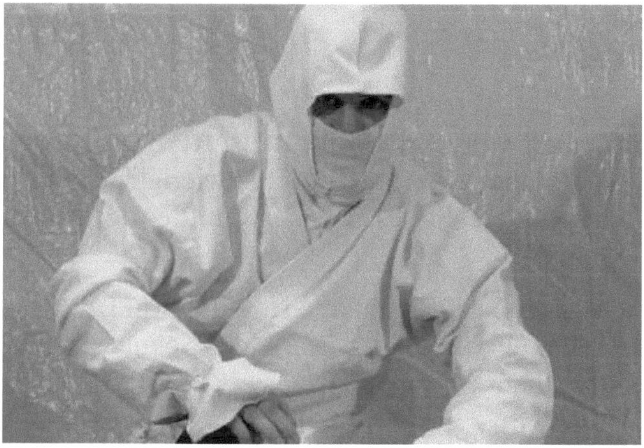

Zu Ehren dieses Urvaters habe ich mich entschieden, die meisten Fotos in der leichten Form eines Ninja-Gi's aufzunehmen.

1.1.5. Die Nutzung bei der Polizei und anderen Personen

Bis in die heutige Zeit werden in Japan Polizeianwärter in der Kunst des Hojojutsu ausgebildet. Als Ideal gilt, wenn man das kurze oder schnelle Seil (Hayanawa) an der festzunehmenden Person in 10 Sekunden geschickt, ordentlich anzusehen und ohne Risiko für den Gefangenen anwenden kann. Die Methode der Seilbindung wird hier wiederum ausschließlich zur kurzfristigen Festsetzung verdächtiger

Personen angewandt.
Nicht jeder Bürger ist bei der Polizei oder bei einer Sicherheitsfirma tätig und ist somit nicht mit Handschellen oder Plastikfesseln ausgerüstet. Doch werden immer wieder Gegenstände aus dem täglichen Leben zur Fesselung, zum Abtransport oder zur bloßen Verteidigung eingesetzt. Diese können ein Schal oder ein Gürtel sein. Dadurch kann jeder, der die Kunst des Hojojutsu beherrscht, dies in Gefahrensituationen anwenden.

1.1.6. Die Schulen

Im 17. Jahrhundert wurde z. B. die Ittatsu Ryu gegründet. Aus ihr wurden 25 Kata's überliefert, die in 3 Schwierigkeitsgrade unterteilt wurden. Gedan (untere Stufe), Chudan (mittlere Stufe) und Jodan (obere Stufe).

Hier führe ich einige Schulen auf, die Hojojutsu im Lernprogramm hatten. Es ist nicht überliefert, wie stark jede Schule sich diesem Thema gewidmet hat.

Bo Ryu, Chokuji Goden Ryu, Eishin Ryu, Fujiwara Ryu, Ichi Ryu, Ittatsu Ryu, Jittetori Ryu, Kiro Ryu, Kito Ryu, Yoshin Kurama Ryu, Kurokawa Ryu, Kushin Ryu, Mitsuo Muteki Ryu, Nanbu Handen Hojo Jutsu Ryu, Ogawa Ryu, Seigo Ryu, Serishin Ryu, Sekieuchi Ryu, Shibukawa Ryu, Shin Shin Ryu, Shinden Fudo Ryu, Muso Shinden Ryu, Shinto Muso Ryu, Tagaki Yoshin Ryu, Takimoto Ryu, Takenouchi Ryu, Tenfu Muso Ryu, Tenjin Shinyo Ryu, Yoshin Ryu.

Die moderne Art des Hojojutsu ist von Misakatsu Takeouchi. Er überführte die Techniken geistig und praktisch in einen perfekt durchdachten Kampfstil.
Schulen, die Kampfstile des Jujutsu, Taijutsu oder Ninjutsu unterrichten, geben meist auch zusätzlichen Unterricht in der Erlernung der Fertigkeit des Hojojutsu.

In der Auswahl der Bindungen haben wir versucht, der berühmtesten Ittatsu Ryu Rechnung zu tragen und deren Hojojutsu-Methoden so gut wie möglich in die heutige Zeit zu übertragen.

1.2. Material

1.2.1. Materialien damals

Die Anfänge der Bindematerialien begannen mit der Ausrüstung der Samurai. Seile gehörten zwar zur Ausrüstung in den Schlachten um Pferde, Gepäck und die Unterstände zu sichern, oder sie dienten als Kletterhilfen. Meistens war aber in der Schlacht, wenn ein Gefangener gemacht werden sollte, keines dieser Seile griffbereit. Daher wurden Gegenstände in aktueller Reichweite benutzt, wie der Obi des Opfers, das Sageo des Schwertes, herumliegendes Zaumzeug eines toten Pferdes, oder die Haltebänder der gegnerischen Rüstung.

Die Seile oder Schnüre waren aus Hanf oder Leinen von guter Qualität und wurden aus kräftigen, weich geschlungenen Fasern hergestellt. Die Fasern wurden je zu dritt zu einem dünnen Seil zusammengedreht. Außerdem wurde es als sehr gut angesehen, wenn man das Seil in Blut tränkte, so hielt es über Jahre, ohne morsch zu werden. Man durfte es nur nicht mit Salzwasser in Berührung bringen. Ebenfalls erwies es sich als vorteilhaft für längeres Fesseln, da die Knoten sich nur schwer lösen konnten und sich auch in die Haut des Gefesselten einschnitten, falls er sich zu befreien versuchte.

Eine weitere Methode war es, das Seil in ausgepressten Saft einer ausgereiften Dattelpflaume zu legen. Das Seil fasste sich dadurch angenehmer an, vermoderte aber schneller und konnte sich auch schneller aufräufeln. Es wurde nicht für längere Zeit benutzt.

Die meiste Verwendung erhielt es bei der schnellen Festnahme alter oder sehr junger Männer oder Frauen.

Auch Bänder aus Seide wurden verwandt, brachen/zerrissen aber bei härterem Gebrauch. Ihre Eigenschaft war/ist glatt und man konnte/kann das Band schlecht halten. Die Knoten weisen keine Festigkeit auf.

Während der Tokugawa-Ära (1600-1868) wurden die Seile von Mönchen des Sanshuhozo Tempels gefärbt. Für diese Leistung wurden die Mönche hoch bezahlt. Erst durch die Herstellung dieser Seile konnten die Regeln zur unterschiedlichen Benutzung farbiger Seile aufgestellt werden.

Den Gebrauch von Ketten und Shurikken wie z.B. aus der Masaki Ryu, werden wir nicht beschreiben. Ebenfalls werden wir nicht auf den Gebrauch von Seilen mit Haken eingehen. Er gehört zwar zum historischen Gebrauch, wenn man vom damaligen Hojojutsu redet, ist aber, unserer Meinung nach, nicht in den sportlichen Charakter der heutigen Zeit zu integrieren.

1.2.2. Materialien heute

Heutige Seile für Hojojutsu sind aus Baumwolle in Flechtform, sowie auch in gedrehter Kordelform. Aus Tradition benutzt man auch Hanfseile. Diese flusen aber viel. So kleben am Gi meist viele kleine Fasen als Reste der Bindung.

Zum modernen Ausgleich benutzen wir jetzt auch Seile aus Kunstfasern. Die Handhabung ist bequemer und der Abrieb gleich null. Ebenfalls sind sie auch weniger schmutzanfällig im Gegensatz zu Baumwoll- oder Hanfseilen. Es gibt sie in verschiedenen Durchmessern, je nach Art der Verwendung, zu der sie bestimmt sind.

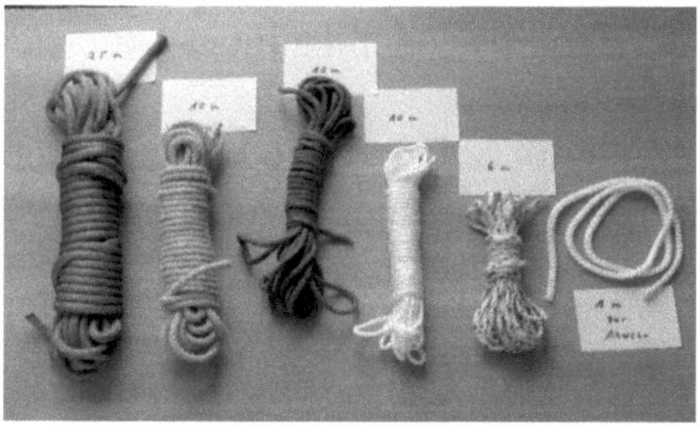

Die Farben werden heute so ausgewählt, dass sie einen guten Kontrast zum Gi darstellen. Zu Übungszwecken wird man daher nie ein schwarzes Seil zu einem schwarzen Gi benutzen. Rote oder blaue machen sich gut zu weißen Anzügen, weiße oder naturfarbene zu dunklen Anzügen.

Ich persönlich bevorzuge ein gelbes und schwarzes Hayanawa aus Baumwolle und ein blaues Kunstfaserseil oder naturfarbenes Hanfseil für Honnawa.

Mit Seide wird kaum bis gar nicht mehr gearbeitet.

1.2.3. Längen, empfohlene Seile

Die Seillängen richteten sich nach der Schule aus der die Bindetechniken kamen. Jede Schule hatte ihre speziellen Methoden. Eine generelle Standardisierung gab es erst nach der Gründung der Shinobuka-Ninja-Polizei der Tokugawa-Ära.

Man nimmt an, dass das Basisseil eine Länge zwischen 6,5 und 20 Metern hatte; während das „schnelle Seil" bei 4,5 bis 6,5 Meter lag. Einige der schnellen Seile (Hayanawa) hatten am Ende Haken.

Die heutigen Längen beschränken sich meist auf 5m, 10m oder 15m. Wobei für Hayanawa auch 3-5m lange Seile variabel gehandhabt werden können.

Im Anschluß werden wir Formen bildlich darstellen, die z.Zt. in den sportlichen Jujutsu-, Hapkido- oder Taijutsu-Unterricht passen.

Die Bindungen werden mit Seilen von 6 bis 25 Metern durchgeführt. Ebenfalls findet der Obi Benutzung, da jeder einen trägt und schnell bei der Hand hat.

1.2.4. Aufleben lassen in der heutigen Zeit

Bis zur heutigen Zeit werden laut Guinnes-Buch der Rekorde über 3500 Knotenvarianten gezählt.

Diese kommen aus den unterschiedlichsten Bereichen. Die meisten stammen aus der Seefahrt.

Geht man aber auf ihren Ursprung zurück, so bestehen sie allen nur aus zwei Grundknoten: dem Fixier- oder Halteknoten und dem Weichen- oder Veränderbaren Knoten.

1.2.5. Zusammenlegen/Aufbewahren kurzer und langer Seile:

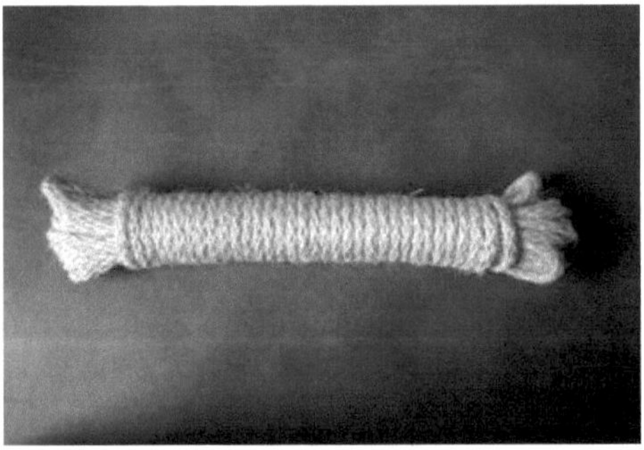

So sollten Seile aufbewahrt werden, die längere Zeit nicht benutzt werden.

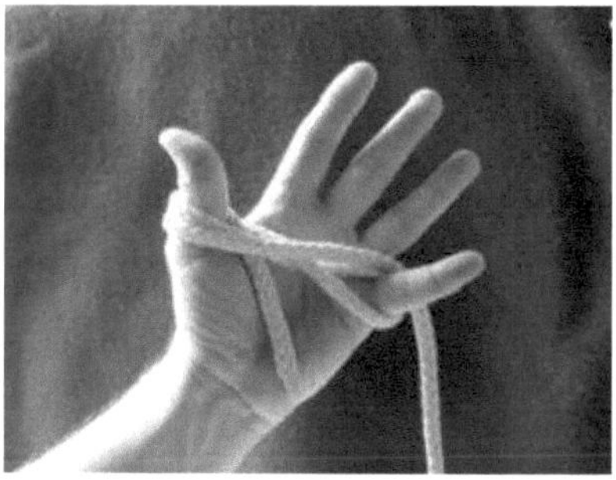 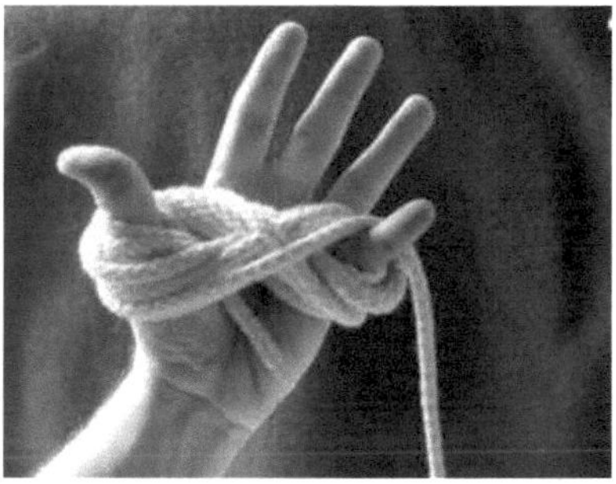

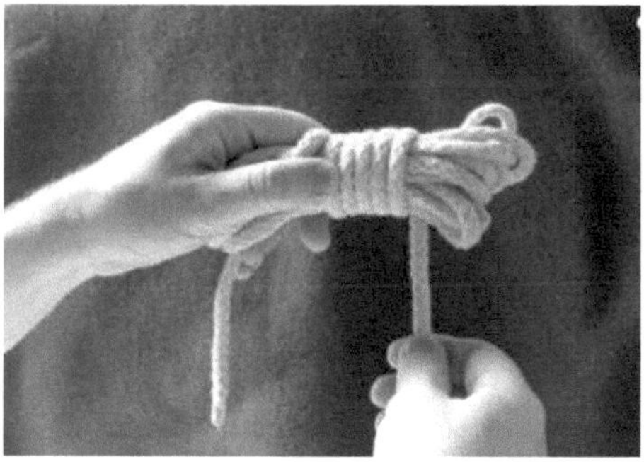

Diese Methode zeigt, wie man das schnelle, kurze Seil zusammenlegt. Das Ende, das sich in der Mitte des Knäuels befindet, ist später der Anfang. Das Seil räufelt sich sozusagen von innen nach außen auf. So behält es fast bis zum Schluss eine gewisse Festigkeit.

Die „Krabben-technik“ (Ebi Musubi) wird für das Aufbewahren von Seilen ab 10 Metern benutzt.

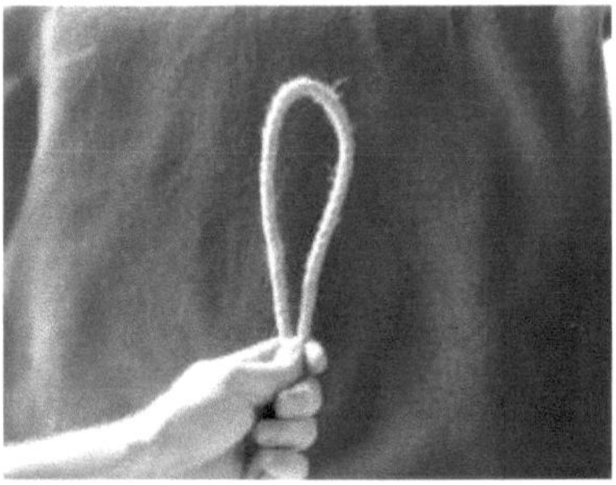

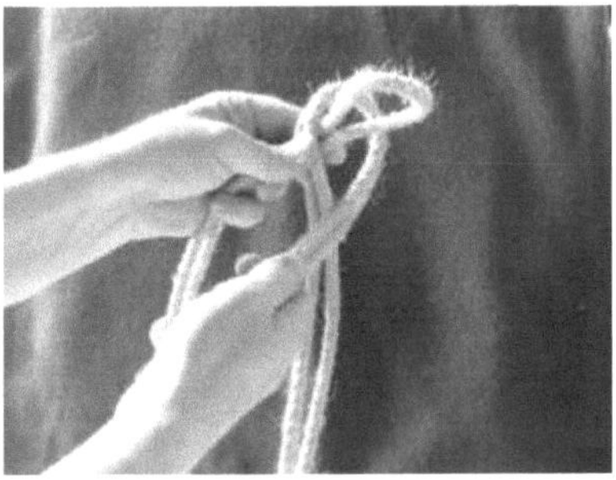

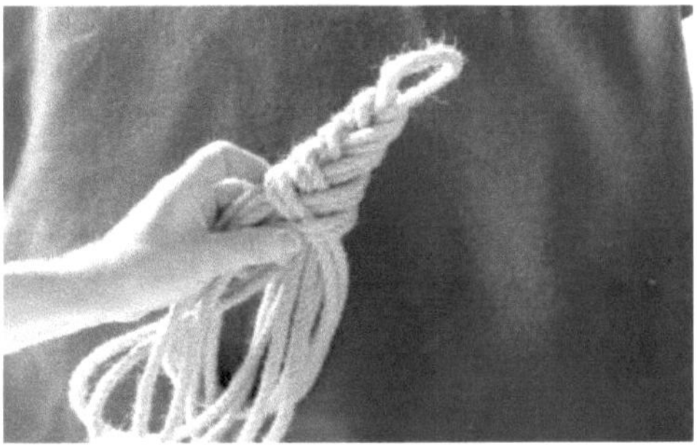

Man fängt in der Seilmitte mit einer Schlaufe an. Danach dreht man am Schlaufenhals das Seil von oben nach unten, so dass diese abgebildete Form entsteht. Da es einer Krabbe ähnelt, hat es den Namen bekommen. Das Seil ist gut geschnürt und löst sich recht schnell.

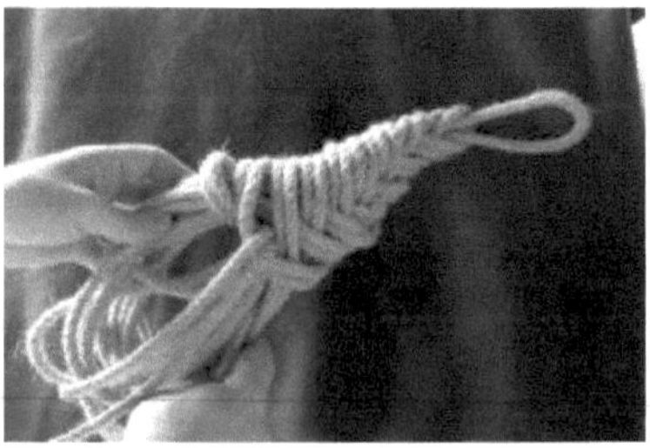

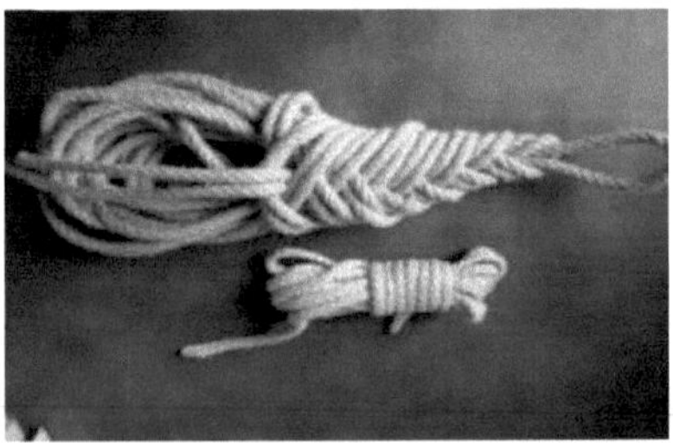

Teil 2

2. Hayanawa-Techniken

2.1. Regeln damals

Es gab 4 Grundregeln nach denen sich jeder Krieger, aus welcher Schule er auch kam und welchen Ausbildungsgrad er auch hatte, halten musste:

1. Der Gefangene sollte sich aus seinen Fesseln nicht befreien können.
Dieser Punkt galt als die Basisregel aller 4 Regeln. In regelmäßigen Übungen wurde er stets vervollkommnet.

2. Dem Gefangenen sollten keine körperlichen oder seelischen Schäden zugefügt werden.
Dieser Punkt gehörte zu den Inhalten der humanen chinesischen Gelehrten. Ziel war es den Gegner ruhig zu stellen, nicht zu quälen. Diese Regel wurde aber in der Tokugawa-Ära nicht eingehalten. Bei den Samurai galt trotzdem immer der Ehrenkodex, nachdem man selbst die Kampf-Leistung starker Feinde achtete und ihnen bei Gefangennahme die gebührende Ehre erwies. Krieger handelten aus anderen Beweggründen als Henker oder Folterknechte.

3. Die Fesseltechniken sollte kein Außenstehender der jeweiligen Schule (Ryu) kennen.
Der Hintergrund dieser Regel war, dass durch diese Art der gewissen Geheimhaltung Außenstehende keine Gegentechnik entwickeln konnten. Die Schwachpunkte blieben so meist unentdeckt. Da es auch Schulen gab, die auf regionale Gebiete beschränkt waren, wurden Gefangenen die Fesseln abgenommen, wenn sie die Gebietsgrenze überqueren mussten und anderen Beamten einer

anderen Region übergeben wurden. Die Angst vor Rückschlüssen auf die angewandte Fesseltechnik war sehr groß.

4. Die Bindungen sollten nach den Schulregeln angewandt werden und ästhetisch gut aussehen.
Dieses bedeutet als Erstes korrektes Aussehen. Danach kommt die korrekte Ausführung, die jede Schule individuell lehrte. Diese Regel griff auf die schon im Materialteil beschriebene Wahl der Bindung zurück, die abhängig von der zu bindenden Person war. Der Gefangene wurde als Teil der vorhandenen Ständeordnung akzeptiert und adäquat behandelt. Das z.B. gepflegte Erscheinungsbild eines Samurai durfte dementsprechend nicht verändert werden.

2.2 Regeln heute

Die heutigen umfassen natürlich auch die alten Regeln. Hinzu kommt aber der „sportliche“ Charakter. Man bindet jemanden oder wird gebunden, um seine eigenen Grenzen und die des anderen zu erkennen.
Der Sport liegt natürlich auch darin, dass sich der Gegner nicht befreien kann. Die Ästhetik soll dabei voll zum Zuge kommen. Sollten die Methoden der Honnawa-Techniken immer mehr Platz in der Sportart einnehmen können, wäre der Weg zu Meisterschaften und Graduierungen geöffnet.
Die Anwendung des Hojojutsu soll die Motorik der Finger verstärken und das Auffassungsvermögen schärfen. Dieses wird im Umgang mit dem schnellen Seil (Haya-Nawa) am besten geschult. Bei der Abwehr und der schnellen Fesselung mit Haya-Nawa muss aber immer darauf geachtet werden, dass keine Gefahr für Angreifer und Verteidiger entsteht. Das ist eigentlich die wichtigste sportliche Regel, die es immer zu beachten gilt.

2.3. Aus alten Regeln modernen Sport machen

Was in den Anfängen von Hojojutsu galt, gilt natürlich heute auch noch: zuerst kommt das Überwältigen des Gegners, bevor man Hojojutsu anwenden kann. Die Schwierigkeit, Hojo anzuwenden wird immer das Festhalten eines sich kräftig wehrenden Menschen sein.
Zum Überwinden des Sportpartners hat jede Budodisziplin ihre spezifischen Kampftechniken, z.B. beim Judo die Wurf- und Haltetechniken, beim Karate die Schlagtechniken u.s.w.

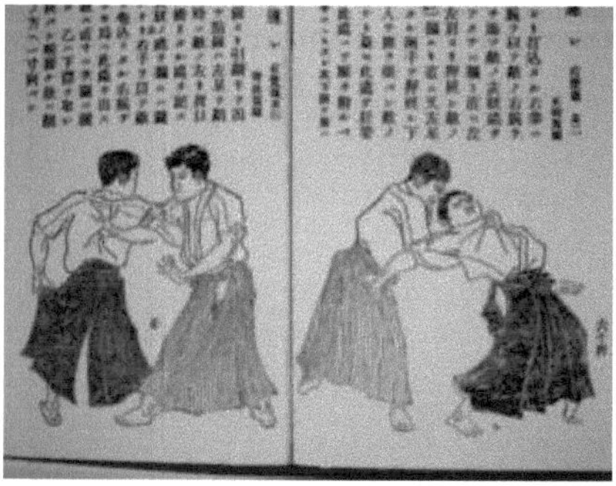

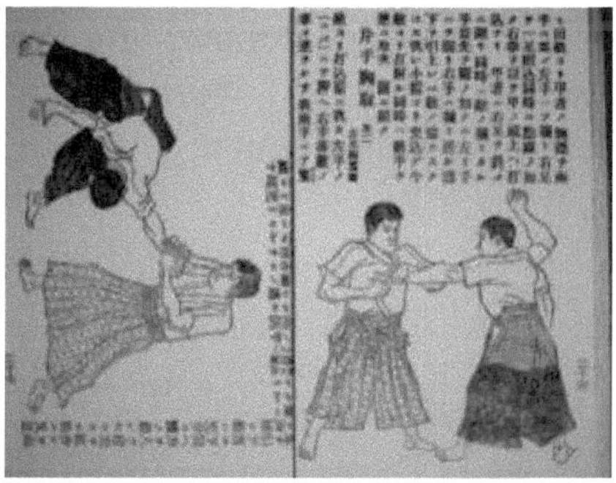

(Die nachfolgenden Zeichnungen (sechs Fotos) sind von Ginko Adachi aus dem Buch des Inoguchi Matsunosuke (Texte) von 1898, Hayanawa Kappo Kenpo Kyohan Zukai)

Hier sieht man Kampftechniken, die als Anleitung dienten, um den Gegner zu Boden zu bringen. Danach kann man mit dem Anlegen der Hojotechniken beginnen.

Die unten gezeichneten Techniken sind alles Hayanawa-Techniken. Ebenfalls sieht man ein Seil mit einem Haken, oder einer Öse. Der Haken wurde am Kragen eingehakt und die Arme schnell nach oben ziehend gebunden.

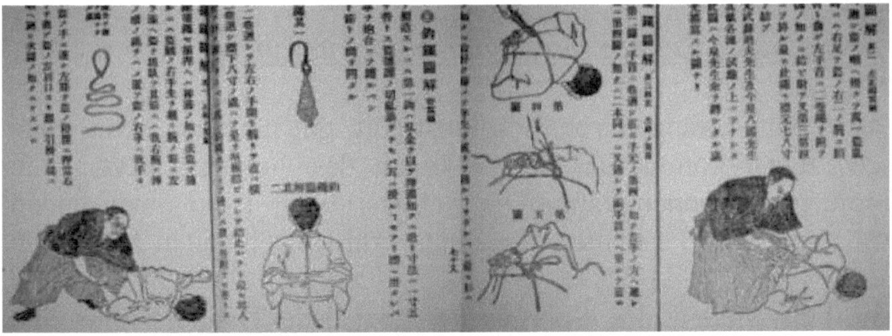

Rechts sieht man eine kurze Bindung zur schnellen Festsetzung. Der Hals wurde dazu benutzt, die Arme nach oben zu halten. Der Effekt der Strangulation wurde für das kurzfristige Festsetzen des Gefangenen ausgenutzt.

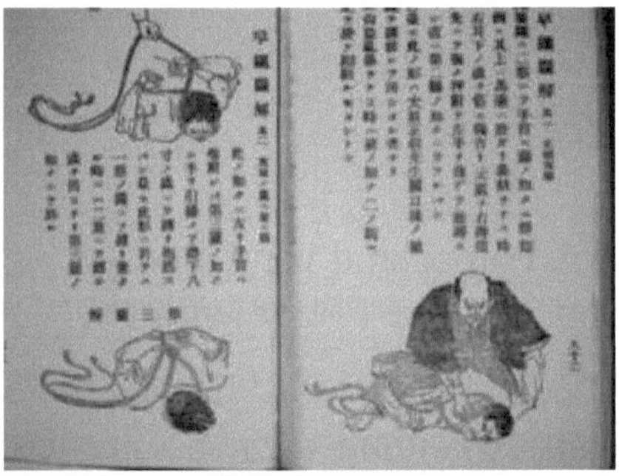

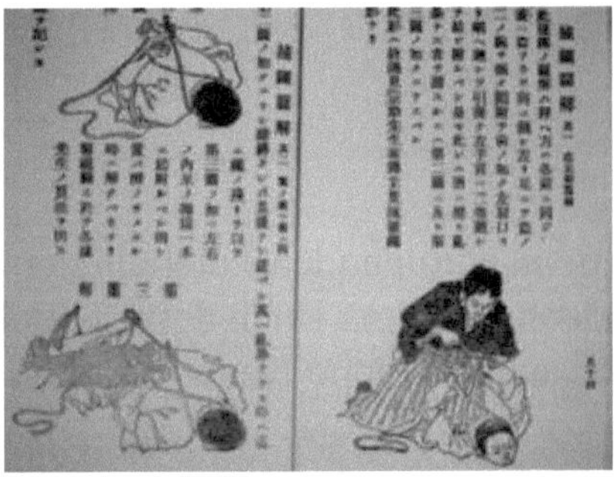

Bei den unten gezeigten Methoden sieht man Bindungen, die für den Abtransport oder das kurzfristige Festsetzen verwandt wurden. Es genügte dabei, dass nur ein Bein in der Bindung mit fixiert wurde.

2.4. Die Kunst mit dem Seil gefangen zu nehmen

Hojojutsu wurde fast ausschließlich auf dem Rücken des Opfers ausgeführt. Üblicherweise wurden die Arme justiert, und eine Halsschlinge unterstützte diese Bindung der gefesselten Arme. Bei einem Fluchtversuch würde sich das Opfer so selbst strangulieren.

Manche Techniken beinhalteten aber auch die Stimulierung mancher Nervenpunkte durch Knoten und Seilzüge, Druck auf Gelenke oder der Halsschlagader. Diese Techniken wurden bevorzugt bei langen Fesselungen angewandt um eine bessere Kontrolle über den Gefangenen zu erlangen. Besonders, wenn er später einem Würdenträger vorgeführt werden sollte.

2.4.1. Die Kurz-Seil-Methoden:

Diese Methoden werden mit dem kurzen Seil bis maximal 3m durchgeführt. Sie sind zur schnellen Fesselung gedacht. Nach Fesselung mit dem kurzen Seil kann später das lange Seil zum Einsatz kommen. Diese Methoden werden im Teil 3 unter „Honnawa-Techniken“ ausführlich besprochen. Ist eine Honnawa Methode angewandt, kann das kurze Seil wieder entfernt werden.

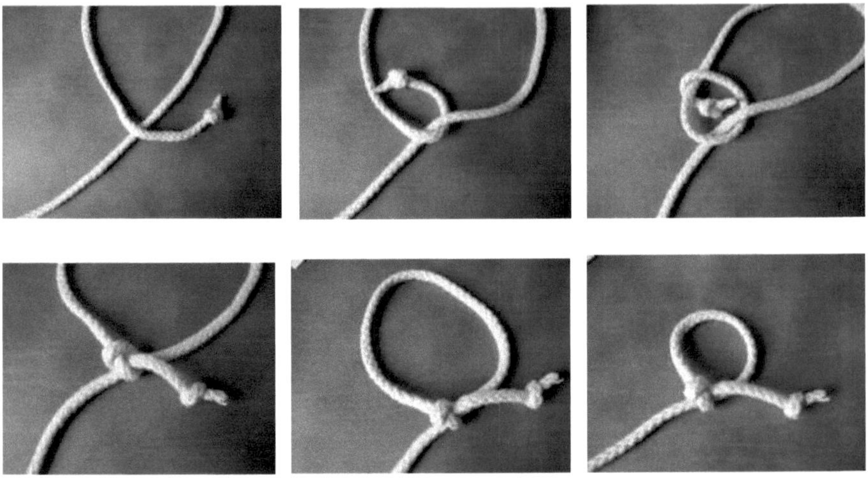

Fängt man beim kurzen Seil mit einer Schlaufe um den Hals an, kann man sich überlegen, ob die Schlaufe fest bleiben soll, oder sich bei Druck/Zug zuzieht (siehe obige sechs Bilder).

Wir haben meist die feste Variante (siehe sechs Bilder oben)

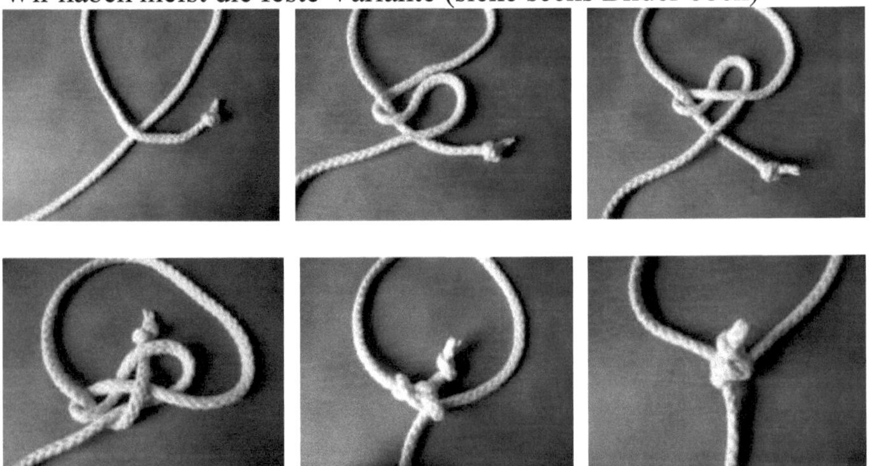

gewählt, da sich bei der variablen Methode die Festigkeit beim Üben schnell verändert und man beim gebundenen Partner bezüglich Verletzungen mehr aufpassen muss als bei der festsitzenden Halsschlaufe.

2.4.1.1. Die Kreuz-Methode:

Diese Methode hat den Namen nach dem Kreuz, das durch die Seilbindung auf dem Rücken entsteht.

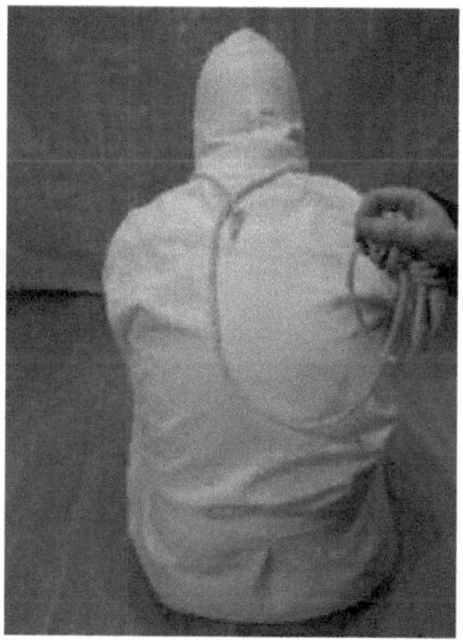
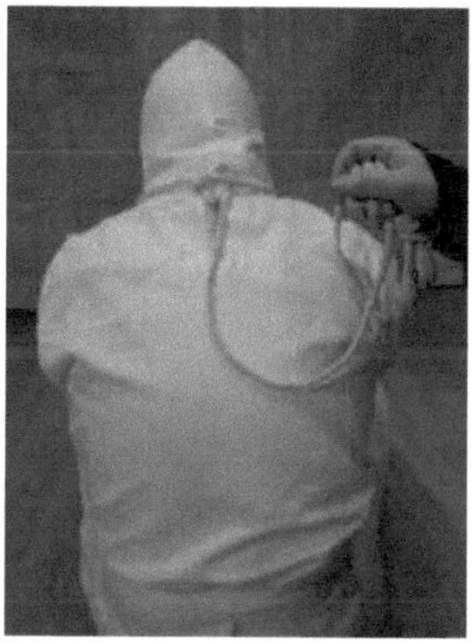
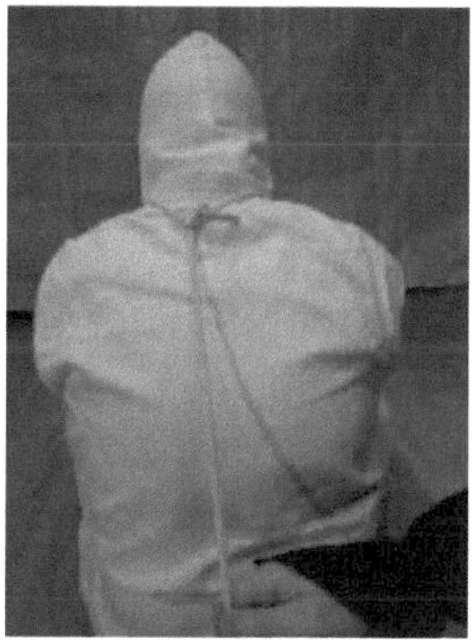

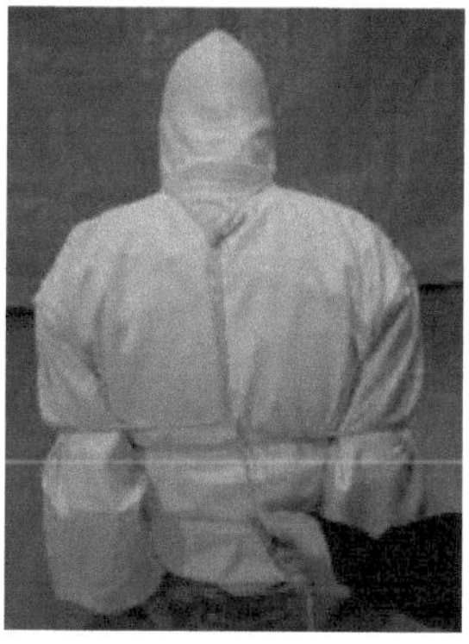

Man beginnt mit einer Schlaufe um den Hals, zeiht das Seil locker fest. Danach legt man das Seil bis in Höhe Ellbogens, geht nach rechts, zieht das Seil unter den rechten Arm oberhalb des Ellbogens von hinten nach vorne, führt das Seil quer über den Rücken um den linken Arm von hinten nach vorne und zieht es um das vom Hals kommende Seil nach unten.

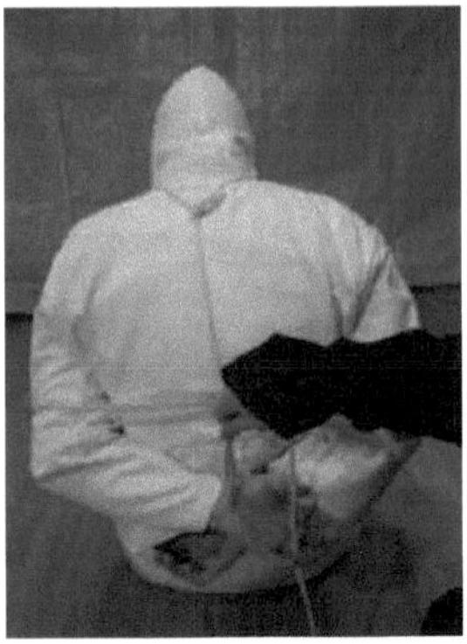
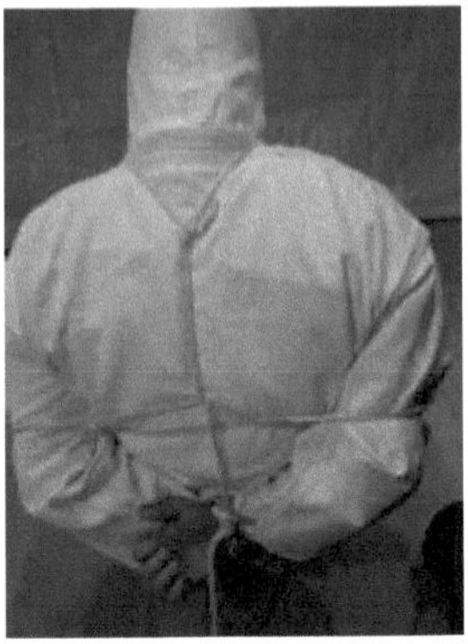

Die Hände werden über Kreuz gelegt und mittels einer Doppel- und Schlaufenbindung (Seil läuft viermal um die Handgelenke) zusammengezogen. Abschluss bildet ein Knoten der Doppelschlinge. Um einen Zug zu erreichen, wird das von oben kommende Seil mit in den Abschluss einbezogen.

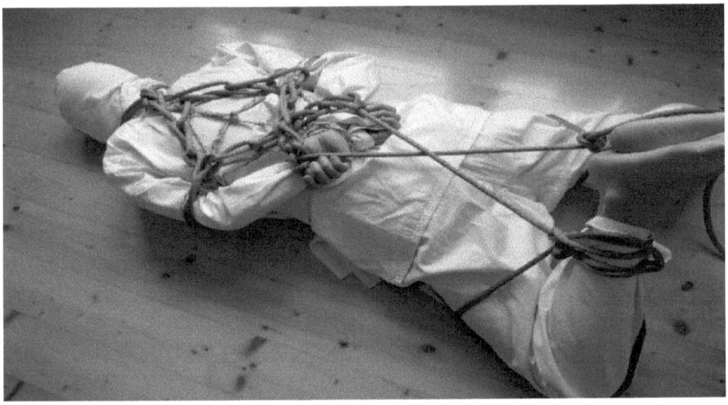

Diese Kombination stellt die Kreuz-Technik mit der „Das gebende Seil“ dar. Das blaue Seil ist 25 m lang, das gelbe ist 6 m lang. Das gebende Seil (blau) ist die Technik, um den Gefangenen an einer langen Leine noch mit sich zu führen. So kann dieser einem nicht davonlaufen. Hier wurden die Beine mit in die Fesselung integriert. Das gelbe Kreuz-Seil wird immer zur ersten Festsetzung des Gefangenen benutzt. So sind der Oberkörper und die Arme gefesselt. Alexander Laskin handhabt diese Kombi gerne.

2.4.1.2. Die Gürtel- oder Diamanten-Methode:

Diese Methode wurde anfänglich mittels eines Gürtels angewandt. (Siehe unter „Moderne Techniken“ bei „Karinawa-Techniken). Später bekam sie den Namen nach ihrem Aussehen. Die Form des Diamanten ist auf dem Rücken gut zu erkennen.

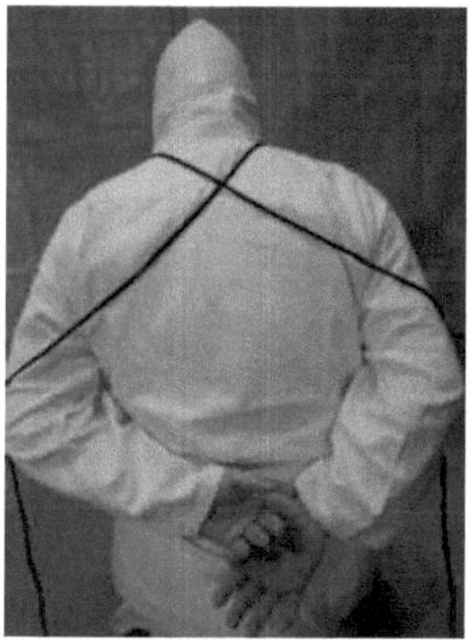
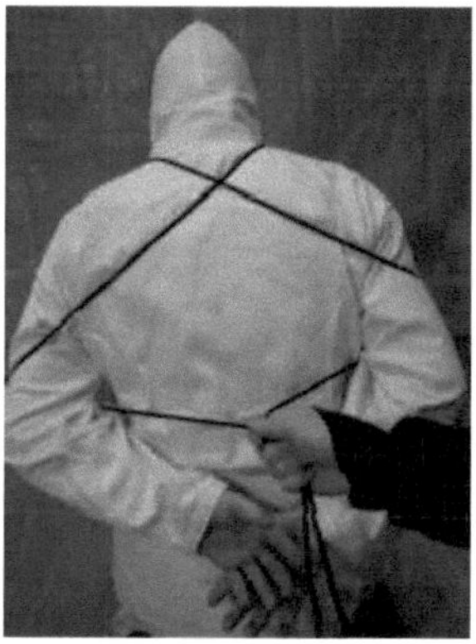
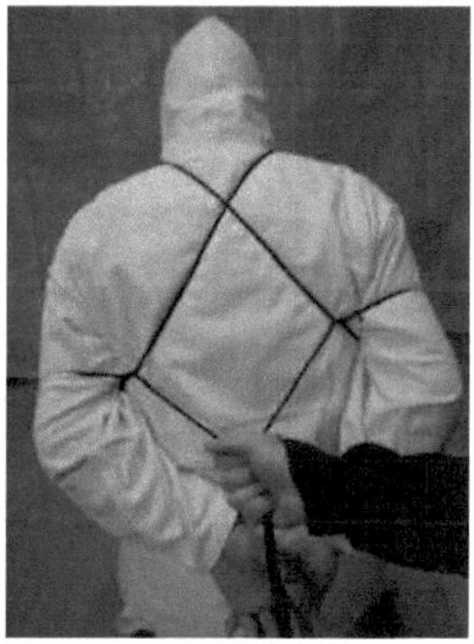

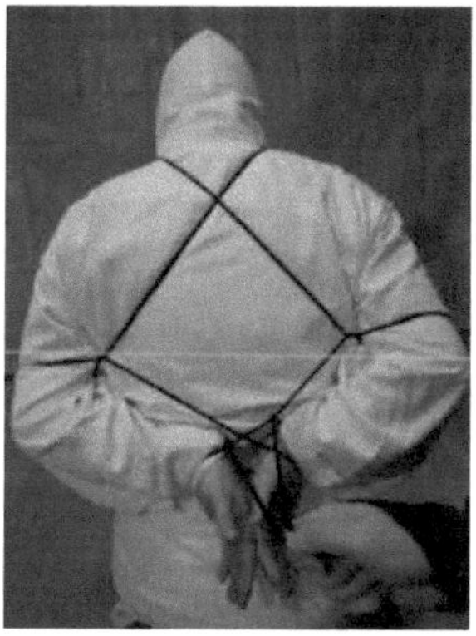

Man beginnt mit der Mitte des Seils, legt es um den Hals über Kreuz, legt die beiden Enden jeweils am Oberarm von hinten nach vorne ziehend, schlingt die Enden des Seils durch das von oben kommende Seil und zieht die Hände mit über Kreuz gelegte Seile zusammen.

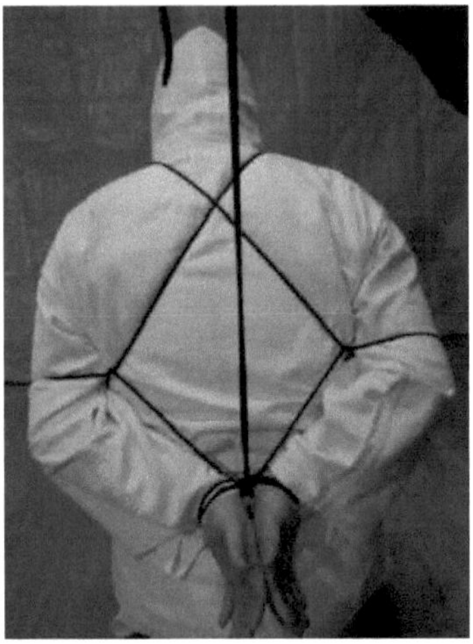 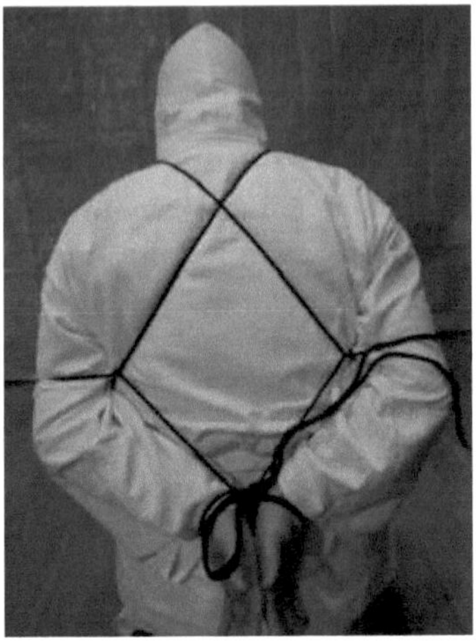

So entsteht optisch eine Diamantenform. Die Hände werden Handrücken an Handrücken zusammengezogen indem man die Enden nach Umwickeln der Handgelenke immer wieder durch die Seilenden der Diamantenform zieht.
Bewegt man z. B. die Arme, werden die Hände noch fester gezogen.

2.4.1.3. Die Wellen-Methode:

Das Seil beginnt wieder mit einer Schlaufe um den Hals. Das Seil wird links beginnend durch den linken Arm geschlungen, wird zum rechten Arm weitergeführt, wieder durch ihn geschlungen. Das Seil endet am linken Handgelenk mittels einer einfachen Bindung. Hierbei kommt es auf den Zug vom Hals bis zum linken Handgelenk an.

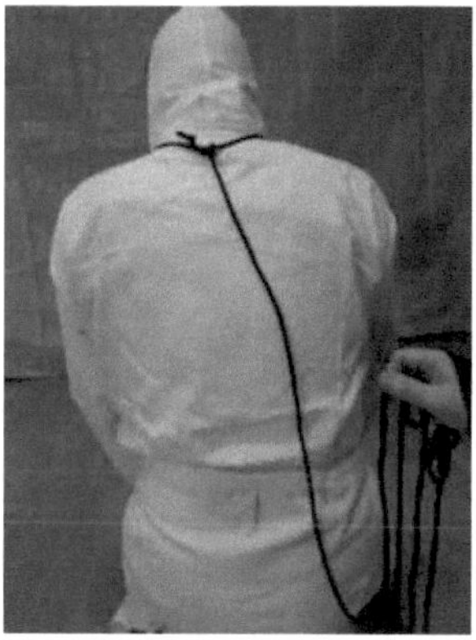
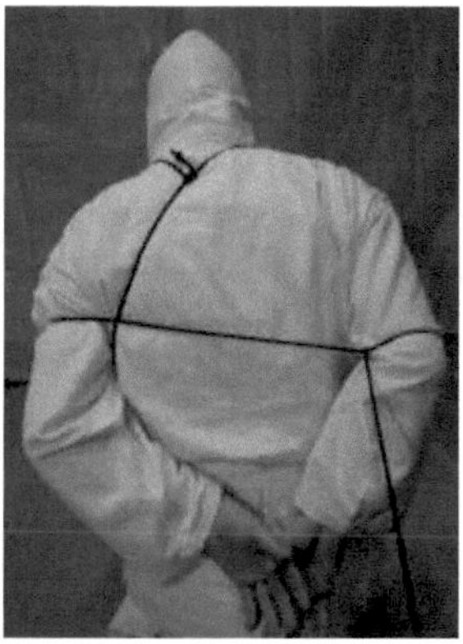
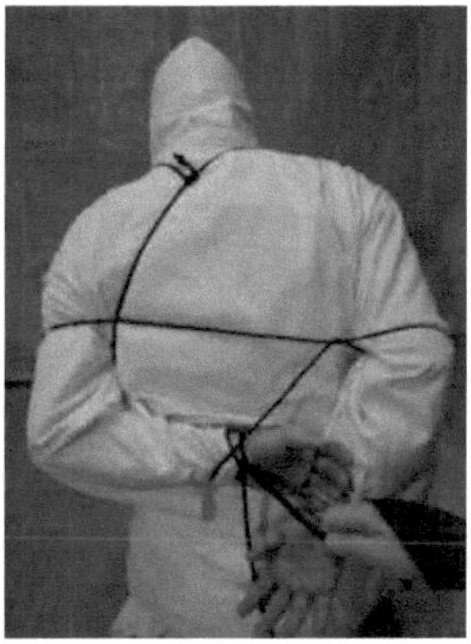

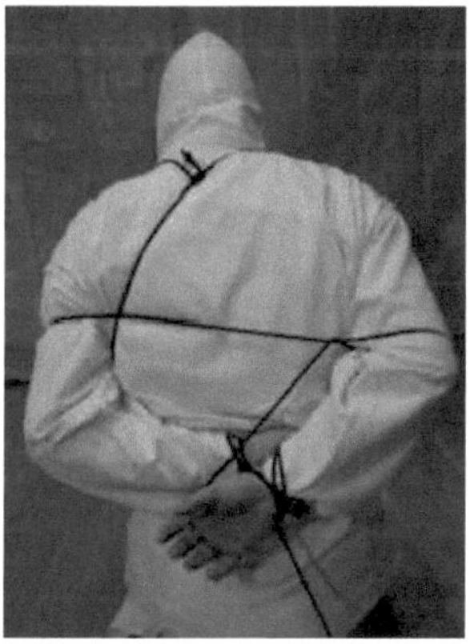

Am linken Handgelenk angekommen, zieht man mittels einer Doppelschlaufe das rechte Handgelenk an das linke nach oben. Man kann hier einen Abschussknoten anbringen, oder, wie auf den beiden letzten Fotos zu sehen, und das Seil lang genug ist, die „Welle“ wieder nach oben zurückführen. Das hat den Vorteil, dass ein Doppelzug entsteht und der Abschlusskoten die Halsschlinge besser fixiert.

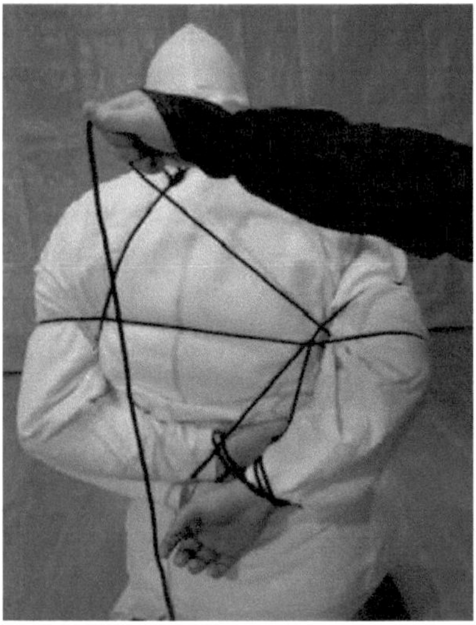

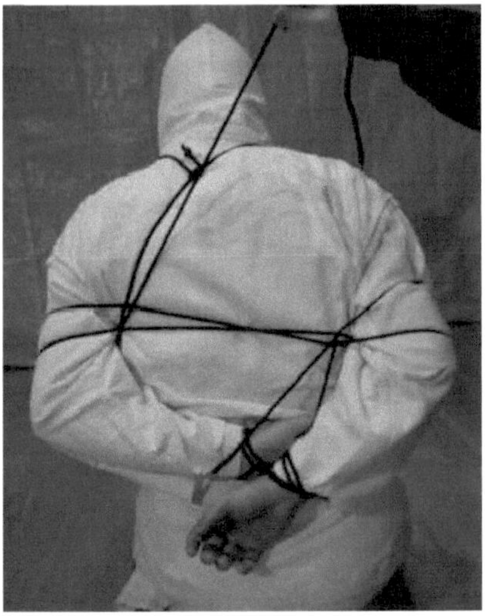

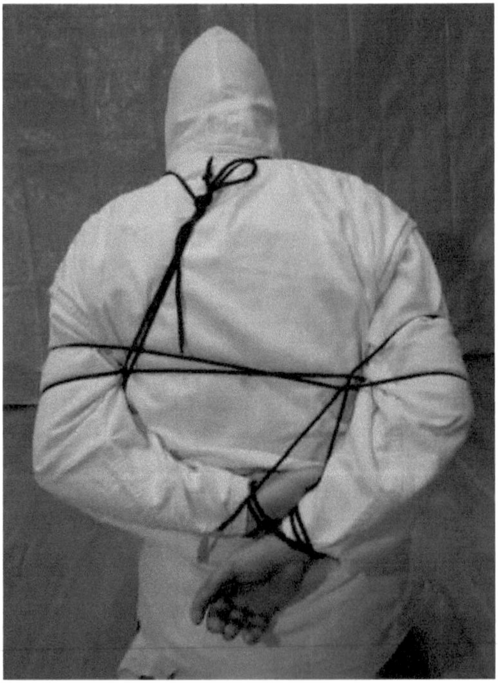

2.4.1.4. Schneller Verteidigungsknoten:

Diese Methode wird eigentlich so angewandt, dass der zu Bindende auf seinem Bauch liegt und die Arme auf dem Rücken durch die Beine des Gegners fixiert werden.

Um aber die Schnürung besser sehen zu können, haben wir hier eine aufrechte Position gewählt.

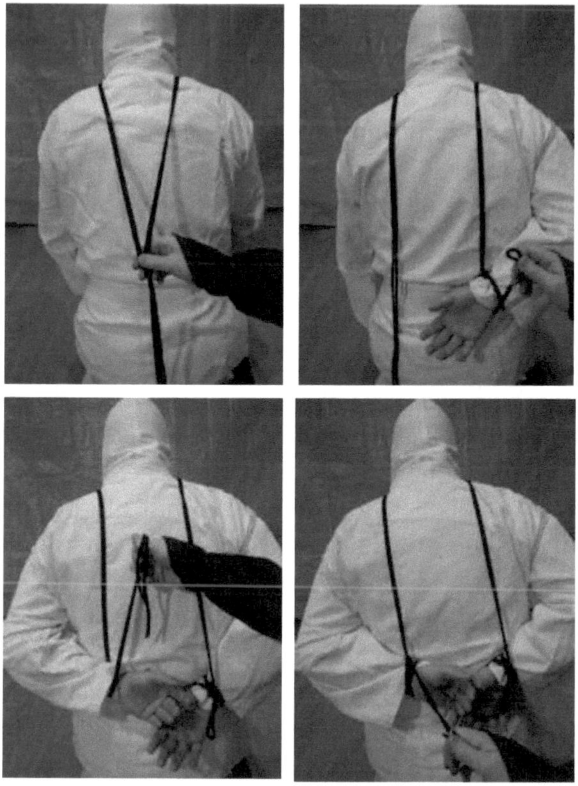

Man beginnt mit dem Doppelseil. Legt es um den Hals und schlingt es auf der Rückseite des Armes wieder nach oben und knotet es fest. Das gleiche wird mit dem linken Arm gemacht.

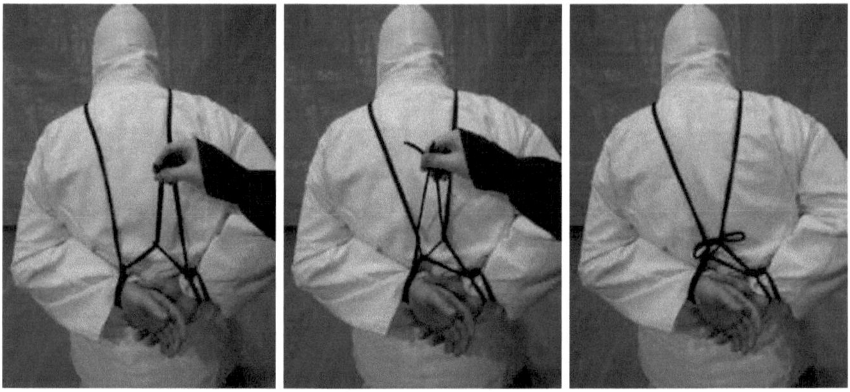

Beim rechten Arm bleibt eine Schlaufe übrig, am linken Arm wird das übrige Seil durch die Schlaufe der rechten Hand gezogen. Das Doppelseil wird getrennt und um die Seile von oben gebunden.

2 . 5 . WER wurde WIE gebunden?

Die benutzten Seile (Nawa) waren, je nach Schule oder Region, recht unterschiedlich in ihrer Länge und Ausführung, d.h. sie waren mit einer Schlaufe, einem Metallstück, oder Metallhaken an einer Seite des Seils versehen. Die Länge wird mit ein bis sieben Metern angegeben. Die Seile mit den unten gezeigten Metallhaken gehören zu den Hayanawa. Der Haken wurde am Kragen des Gefangenen eingehackt und ab dort kurz gebunden. (Siehe Bilder Seite 25). Er taucht nie bei langen Seilen auf.
Die langen Seile waren meist mehrere Meter lang, um die komplizierten Fesselungen ausführen zu können, die ihre spezielle Wirkung haben sollten. (Siehe Teil „Honnawa“).
Speziell in der Tokugawa-Ära wurden farbige Seile benutzt. Es spielten 4 Farben eine Rolle. Einfache Kriminelle wurden mit weißen Seilen gebunden, gefährliche Straftäter bekamen blaue Seile,

violett oder rot war für hochrangige Personen wie die Samurai und mit schwarzen Seilen wurden einfache Krieger gebunden.

Die Verwendung der Farben soll auf die Tradition in der Farbenlehre der Chinesen zurück zu führen sein. Danach soll sich die Zuordnung auf die 4 Himmelsrichtungen und deren Wächter begründen: Der schwarze Norden mit der Schildkröte als Symbol, der blaue Osten mit dem blauen Drachen, der rote Süden mit dem roten Phönix, und dem weißen Westen mit dem weißen Tiger als Wächter.

Die Farbpalette reduzierte sich aber mit der Zeit. Am Ende der Tokugawa-Ära wurden nur noch blaue und weiße Seile verwandt.

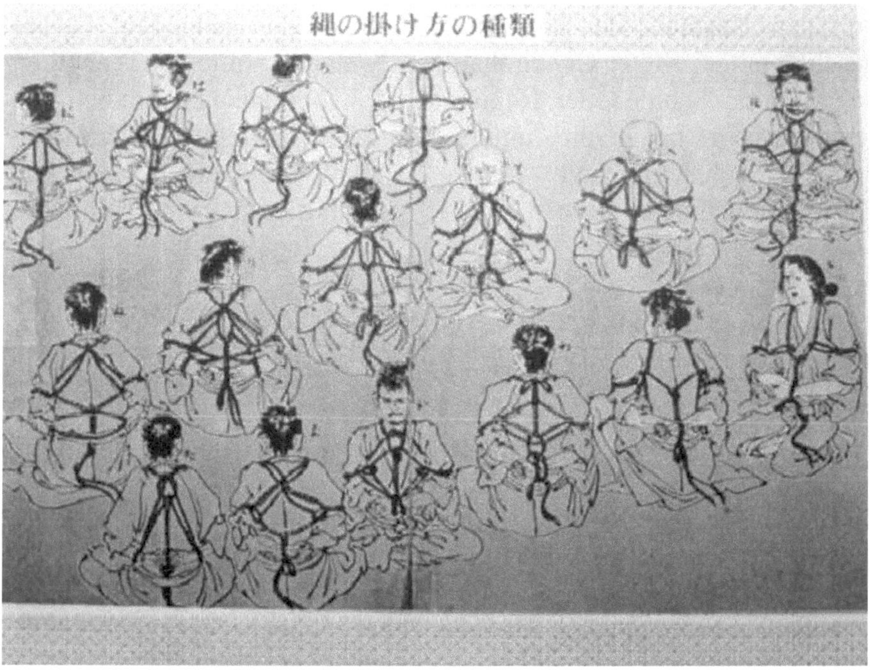

(Illustration aus Tokugawa Bakufu Keiji Zufu Kan von Shinataro Fujita, 1893)

Oben sind alte und junge Männer und eine Frau in Hojojutsu-Techniken gebunden zu sehen. Die Männer sitzen im Schneidersitz, die Frau kniet auf ihren Beinen. Die Bindungen stellen eine Auswahl von Hayanawa- und Honnawa- Bindungen dar. Die japanische Polizei entwickelte für verschiedene soziale Schichten viele Fesselmuster. Diese Muster unterschieden sich nach der Person z.B. Adlige, Samurai, Bauern, Händler, Mönche, Priester oder Bettler.

Das Seil wurde je nach Geschlecht oder Alter, je nach Stand oder Kriegserfahrung anders zum Einsatz gebracht. Ein Kind wurde mit einer anderen Technik gebunden als ein kampferfahrener Soldat. Dazu kam, dass auch jede Schule und Region andere Techniken anwendete. Wurde ein Gefangener von einer Region in eine andere gebracht, wurde er von den Beamten an der Grenze losgebunden und von den Beamten der anderen Region wieder gebunden. Dieses geschah unter größter Geheimhaltung. Niemand sollte die Techniken der anderen Schule oder Region einfach übernehmen können. So wurden sehr lange die unterschiedlichen Hojojutsu Techniken geheim gehalten und konnten nicht zu einem Ganzen zusammengebracht werden. Daher gelten die meisten Techniken auch als verschollen.

2.6 Waffen im Unterricht

2.6.1. Mit Schwert und Gürtel :

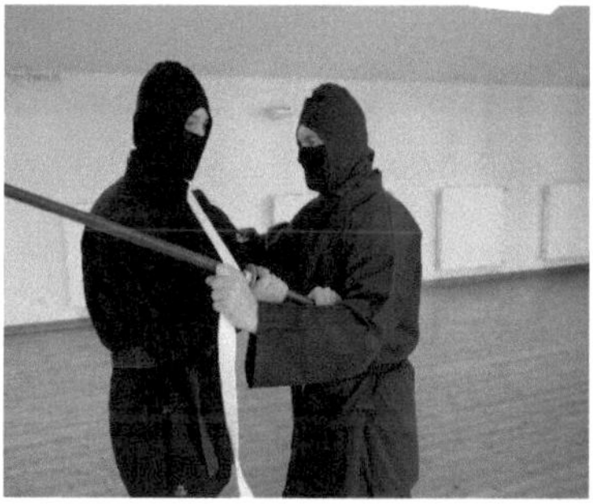

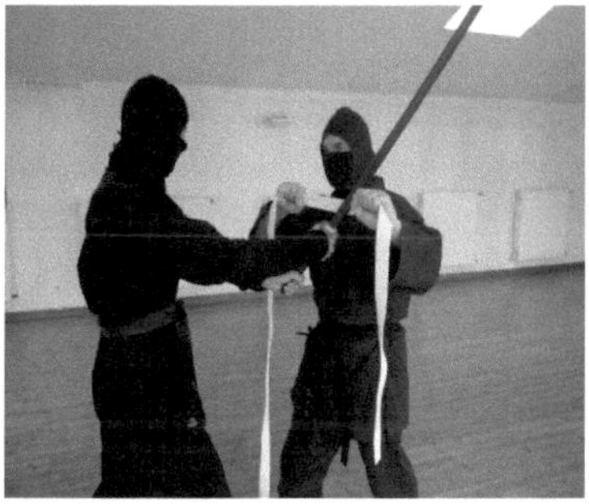

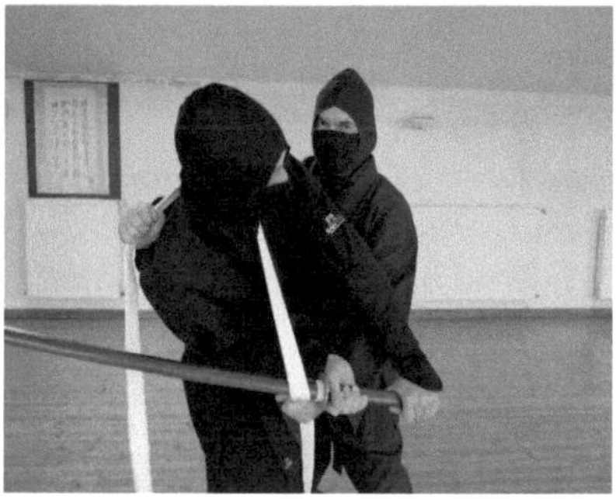

Der Gürtel lenkt den geraden Schlag nach vorne in Richtung Kopf ab, so dass die angewandte Kraft des Gegners in seinen Arm zurückgelenkt wird. Das nutzt man aus, um im Gegenangriff den Gürtel mit dem eigenen rechten Arm um den Hals des Gegners zu bringen. Beim Üben darauf achten, dass man immer am Schwertansatz bleibt und nicht höher kommt. Sonnst könnte sich der Gegner befreien, oder bei einem scharfen Schwert, den Gürtel durchschneiden.

Durch das Festhalten des Gürtels am anderen Ende ist die Handlungsfreiheit des Gegners eingeschränkt. Die Arme werden schraubenartig verdreht.

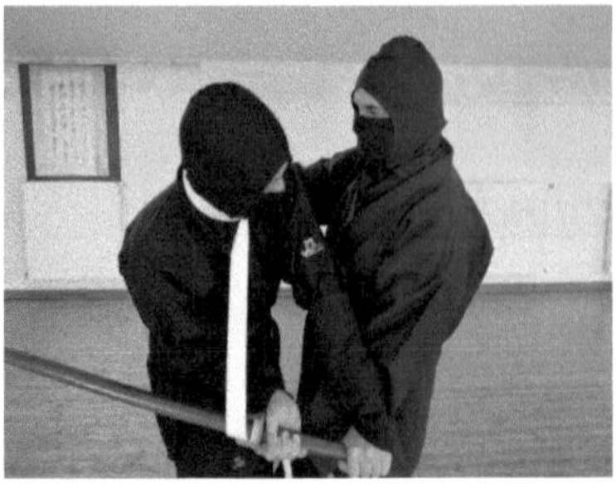

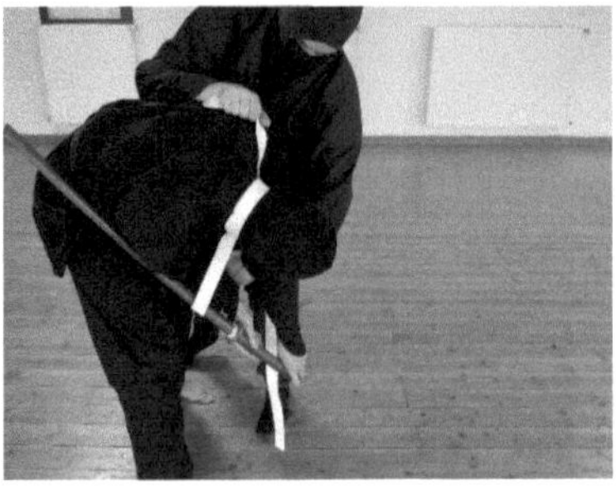

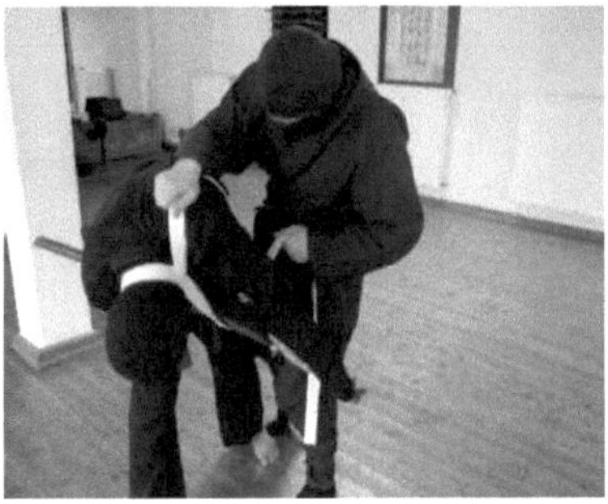

Hat man den Gürtel um den Hals geschlungen, zieht man mit beiden Armen den Gürtel zu sich und geht an die linke Seite des Partners. Dadurch muss sich der Gegner nach unten beugen. Sein Schwert behindert seine Arme. Durch einen Tritt in die Kniekehle sinkt der Gegner noch mehr ein.

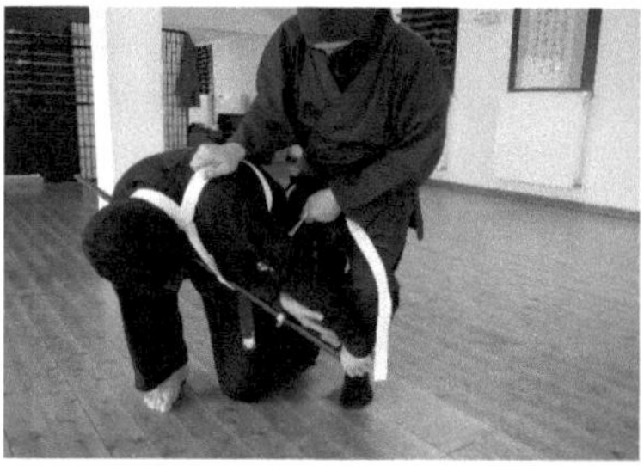

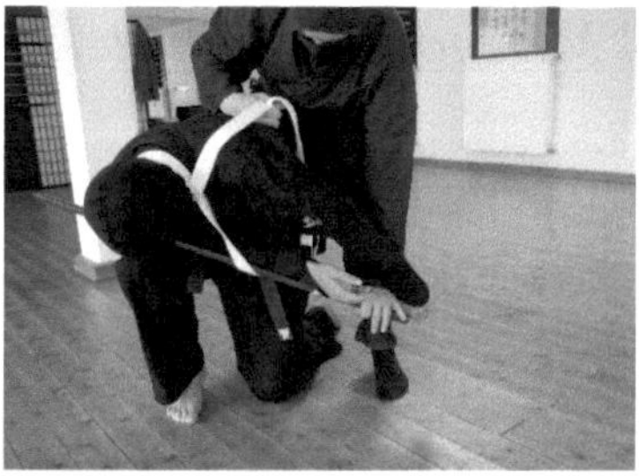

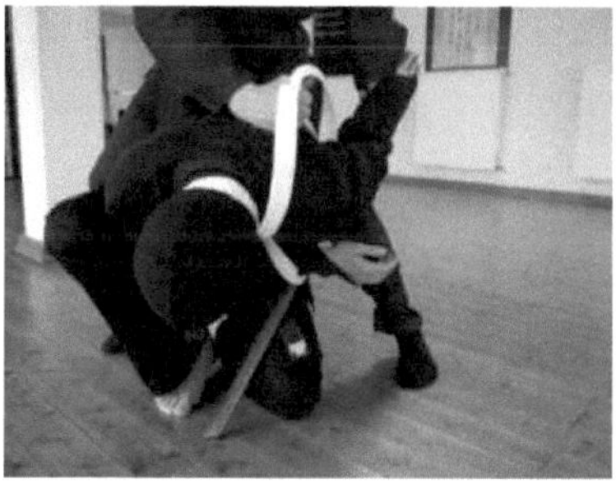

Jetzt kann man ihm das Schwert aus der Hand ziehen und ihn damit selbst bedrohen. Mit diesem Handgriff zieht man gleichzeitig den linken Arm des Gegners nach hinten auf seinen Rücken. Mit dem Gürtelende, das von der Vorderseite kommt, wird der Arm fixiert.

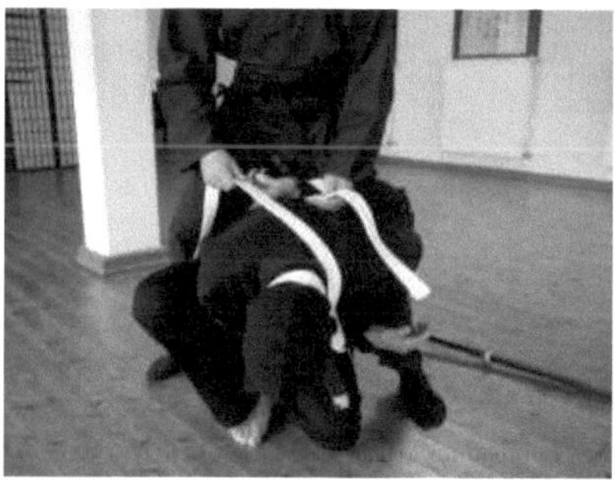

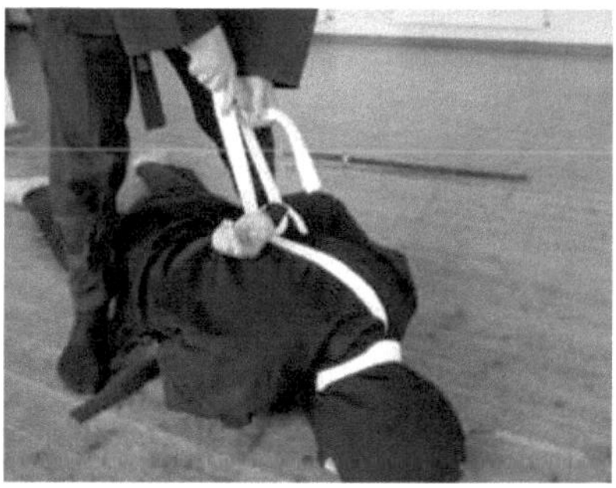

Mit einem leichten Vorwärtsdrücken geht der Gegner, auf seinem rechten Armen liegend, zu Boden.

2.6.2 Mit Stock und Gürtel:

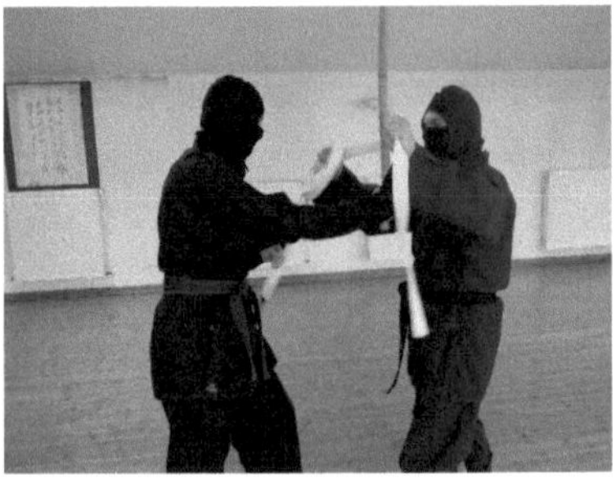

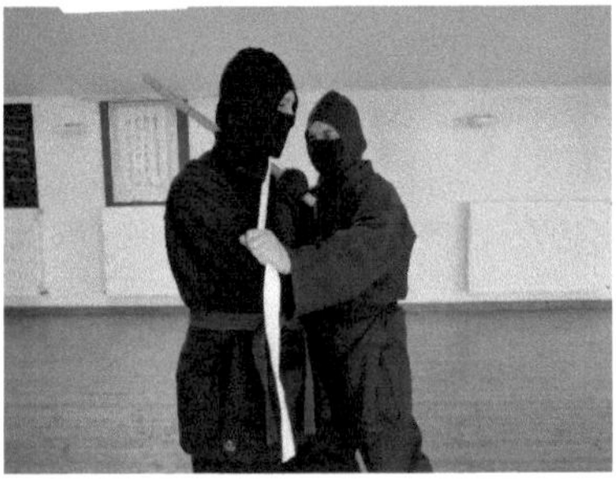

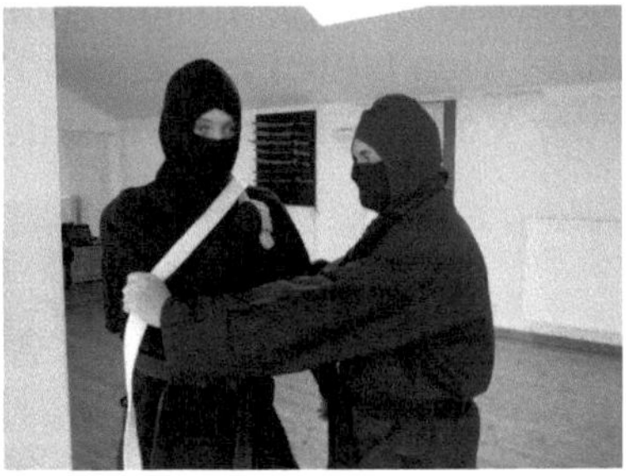

Greift der Partner mit rechts an, lenkt man die Kraft auf seine linke Seite. Der Stock wird an der Schulter fixiert, mit dem linken Gürtelende wird der Unterarm nach hinten gezogen.

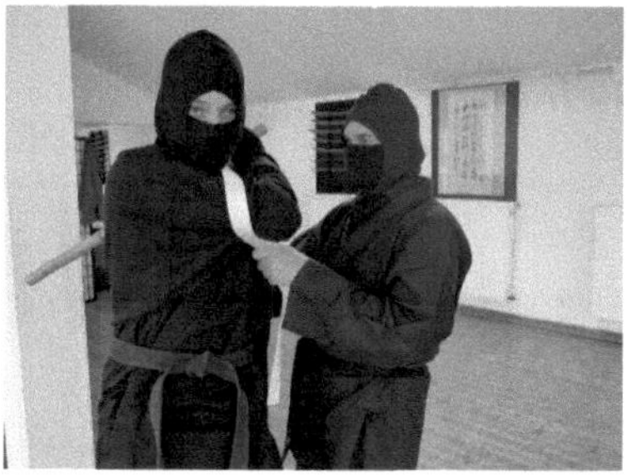

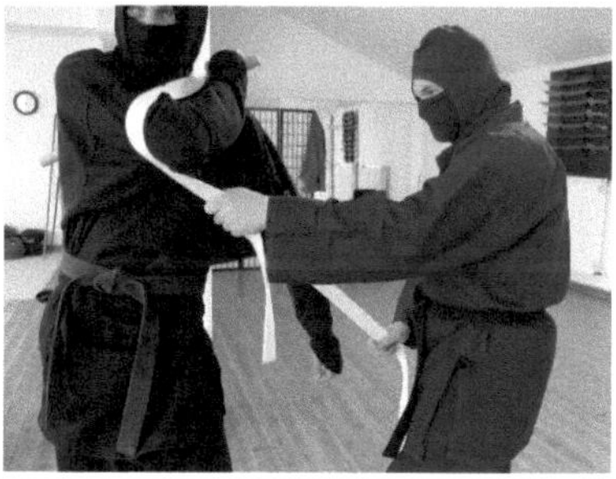

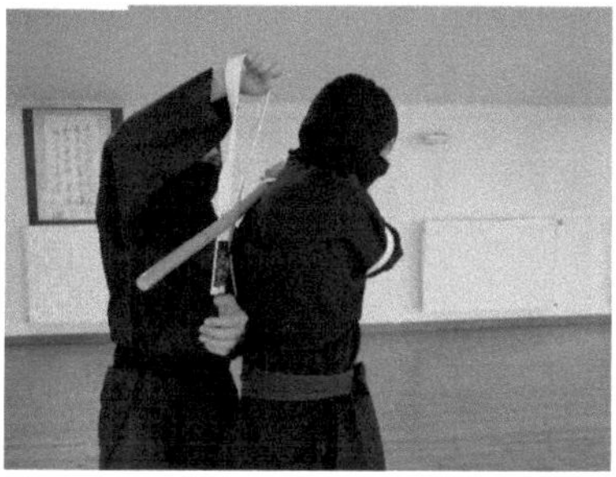

Das rechte Gürtelende dreht man um den linken Arm und dreht sich und die gegnerischen Arme auf den Rücken. Das rechte Gürtelende, das den linken Arm umschlungen hält, wird zu zur Fixierung des Arms um den Hals geführt.

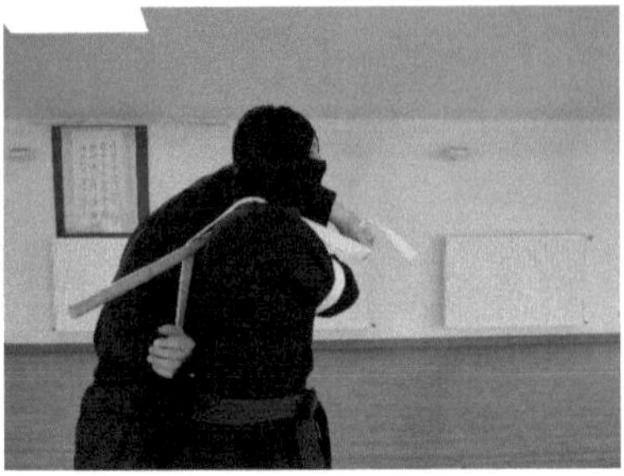

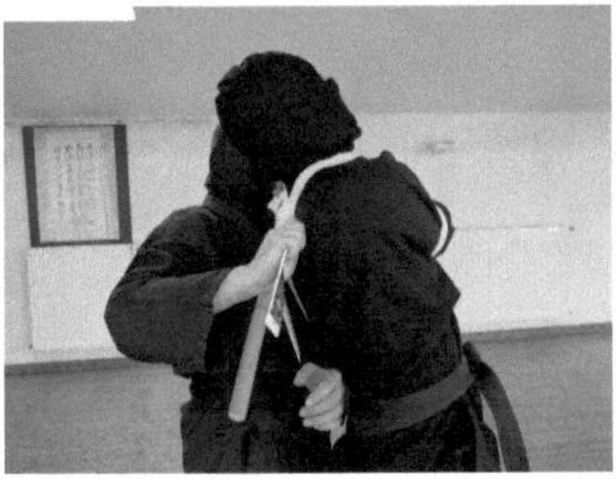

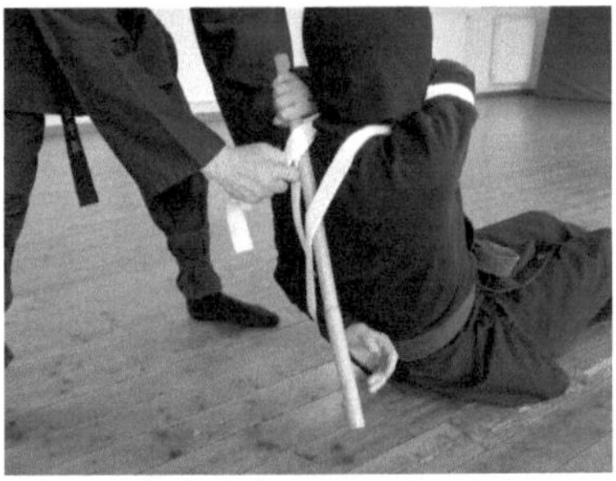

Wie man auf den Bildern sieht, kann der Gegner einfach durch Zug am Hals zu Boden gebracht werden.

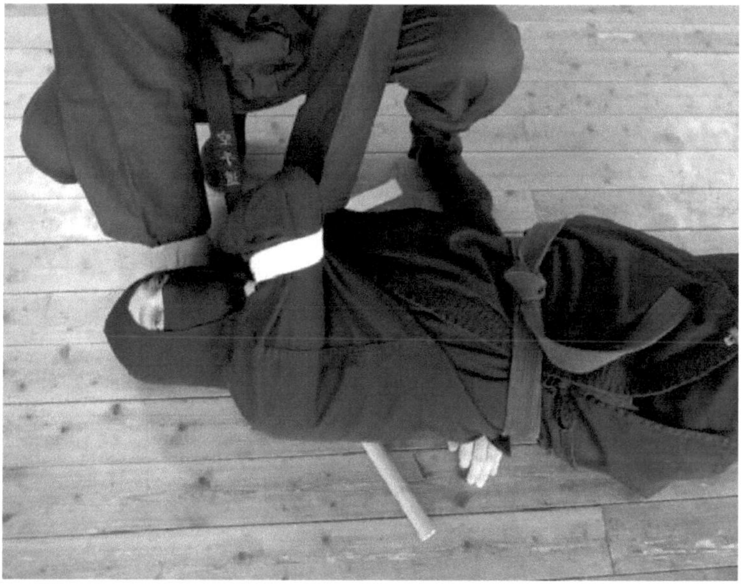

Somit kommt der Gegner mit dem Stock auf dem Rücken zu Fall. Durch den Eigendruck drückt der Stock auf bestimmte Wirbel des Rückens. Dieses und der verdrehte Arm verursachen Rückenschmerzen. Durch Umdrehen des Gegners (gleichzeitiges Ziehen an beiden Gürtelenden zu sich selbst) kommt dieser leicht in die Bauchlage. Danach kann man eine Honnawa-Technik ansetzen.

2.6.3.Mit Seil und langem Bo:

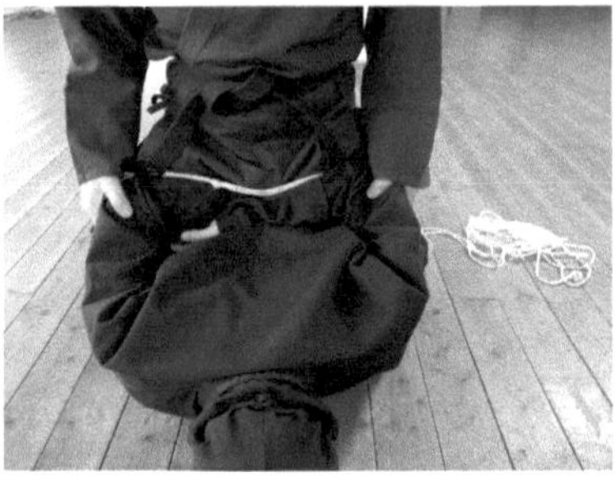 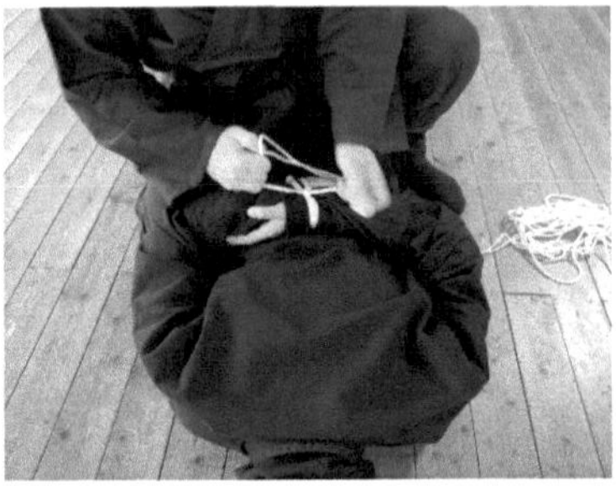

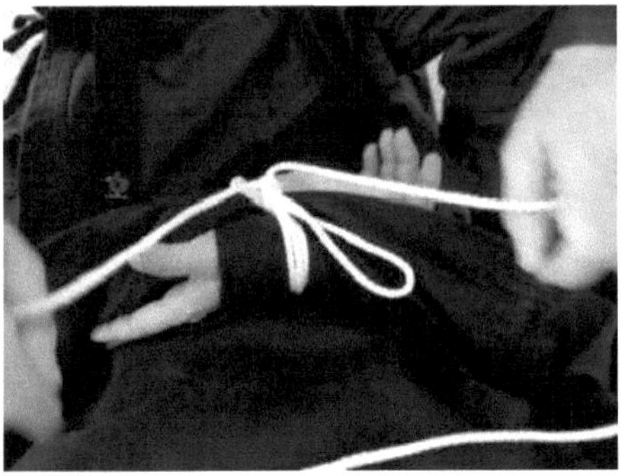

Man beginnt mit der Mitte des Seils. Dieses ist 10 m lang. Die Arme des Gegners werden mittels der eigenen Beine festgehalten und schieben sie zusammen. Die beiden Arme werden mit einer Doppelschlinge zusammengehalten. Man schließt die Bindung mit einer offenen Schlaufe ab.

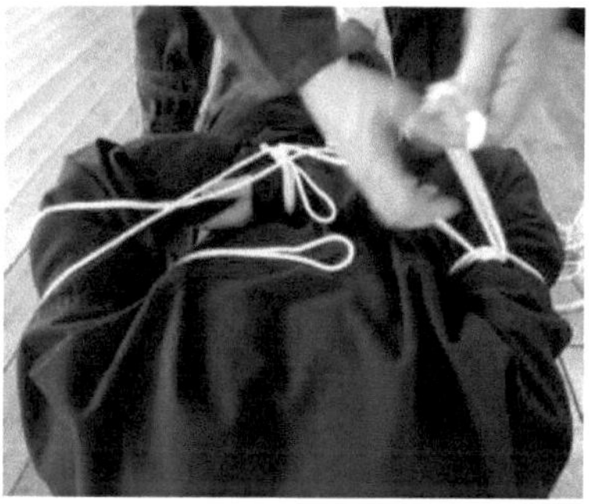

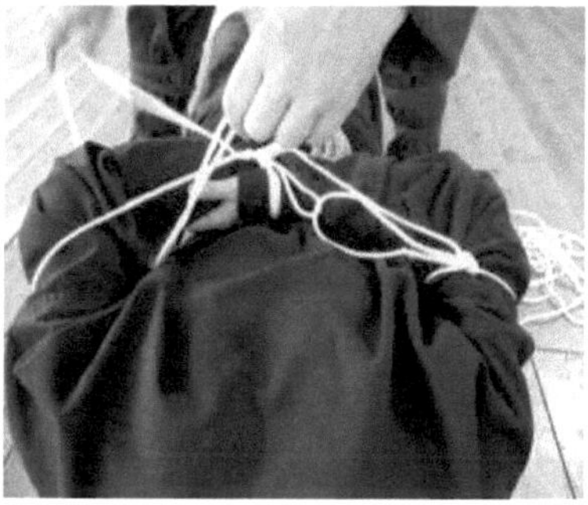

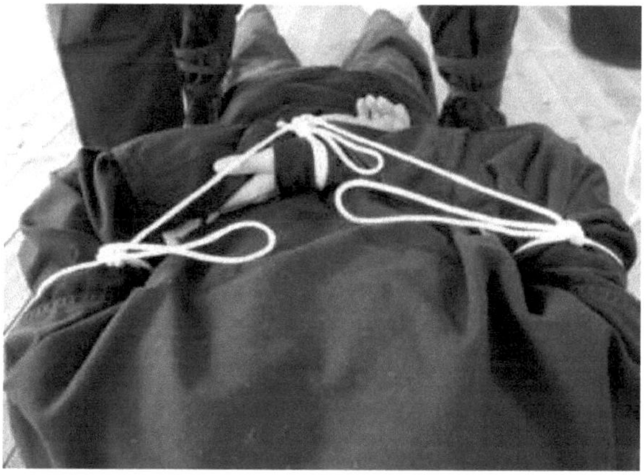

Das linke Ende des Seils wird für die linke Seite des Arms und Beins benutzt, das rechte Ende des Seils für die rechte Seite des Körpers. Vom Handgelenk zieht man das Seil zur Mitte der Oberarme. Sie sollten die Druckpunkte der Oberarme umschließen. Auch hier enden die Seile mit offenen Schlaufen.

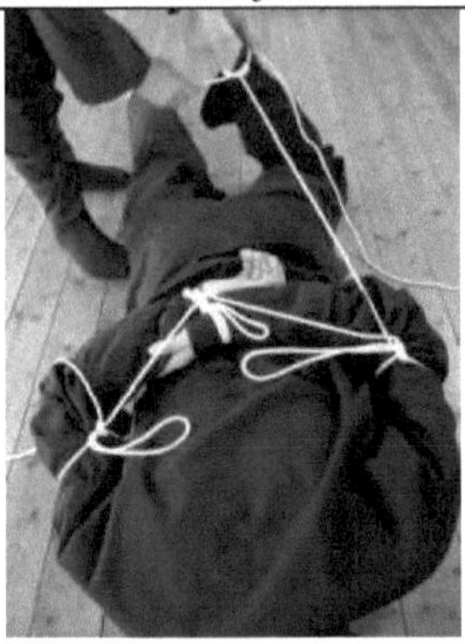

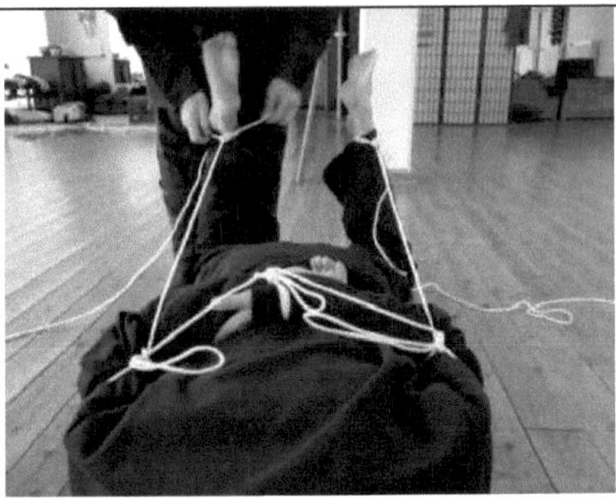

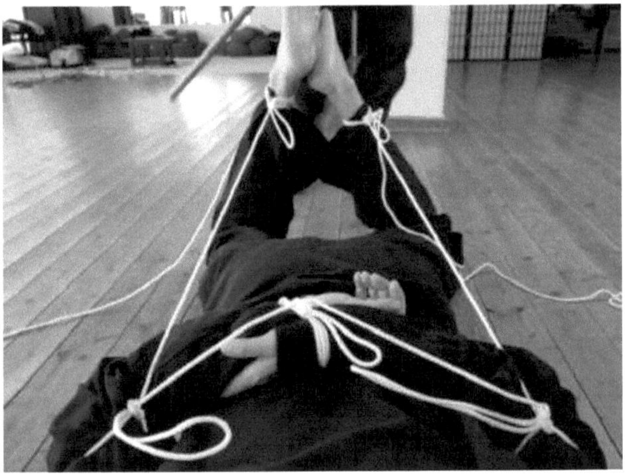

Man zieht das Seil vom Oberarm ans Fußgelenk der gleichen Seite. Rechts und links. Hier enden die Seile auch mit Schlaufen. Anschließend holt man den Bo, mit dem man den Gegner zu Boden gebracht hat.

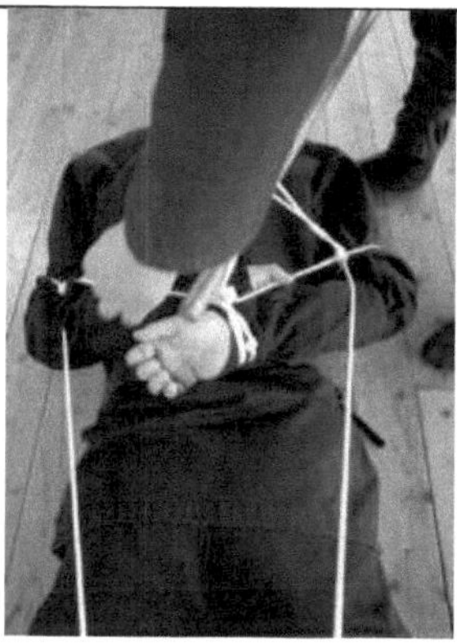

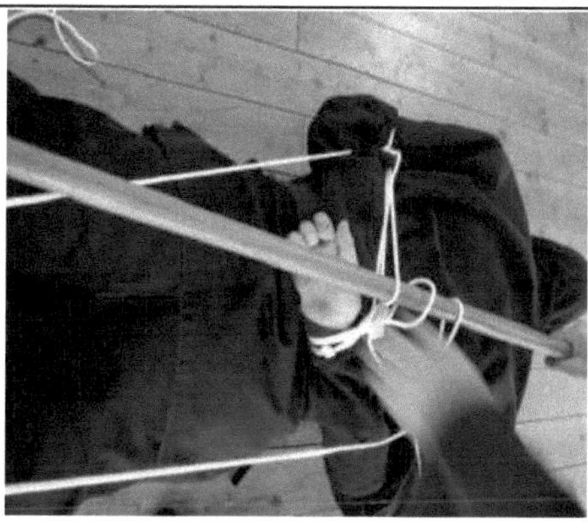

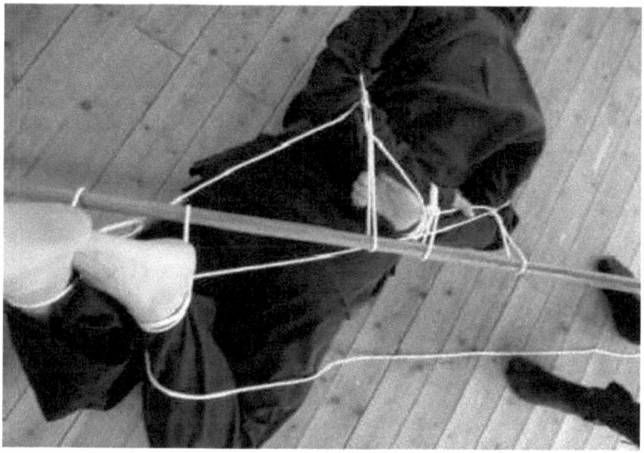

Man schiebt ihn durch alle Schlaufen des Oberkörpers, mit einem Arm beginnend. Dann weiter durch die Schlaufen der Füße. Durch Drehung des Bo wird, wie man am letzten Foto sieht eine Drehung des Körpers erreicht. Ebenfalls werden die Oberarmdruckpunkte aktiviert. Durch weiteres Drehen müsste sich der Gegner aus der Bauch in die Seitenlage begeben, da der Zug an den Gelenken zu groß wird. Ab hier ist oberste Vorsicht geboten. Nur erfahrene Sportler dürfen diesen Schritt zulassen. Die Kniegelenke könnten in Mitleidenschaft gezogen werden. Sie drehen sich nicht nur in den Boden, sondern werden auch schraubenartig verdreht. Der Oberkörper dreht sich nach hinten, die Beine nach vorne.

2.7. Festsetzen mit dem Gürtel:

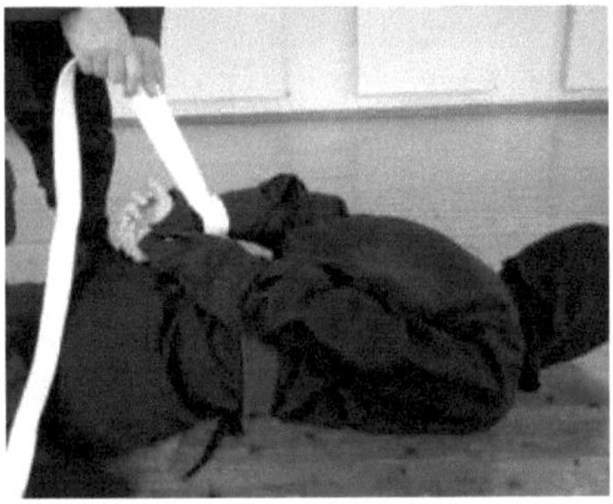
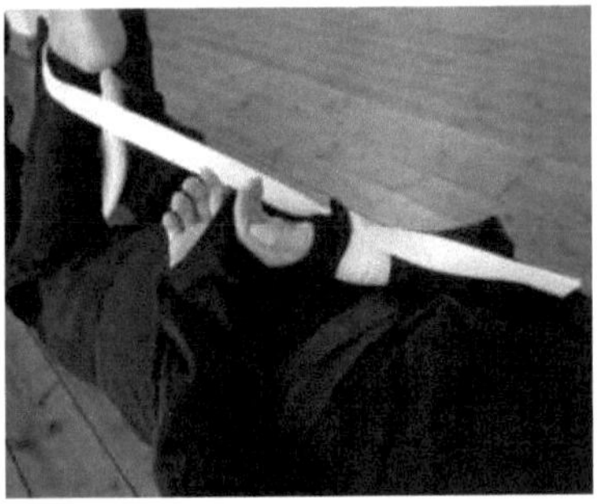

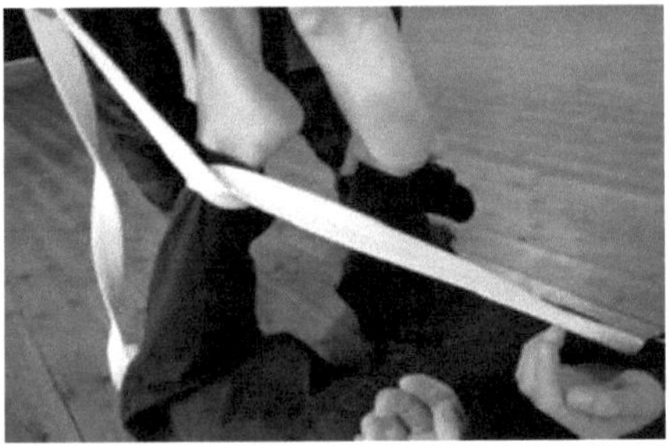

Nachdem man den Partner zu Boden gebracht hat, kann man mit einem Gürtel sein linkes Handgelenk binden.

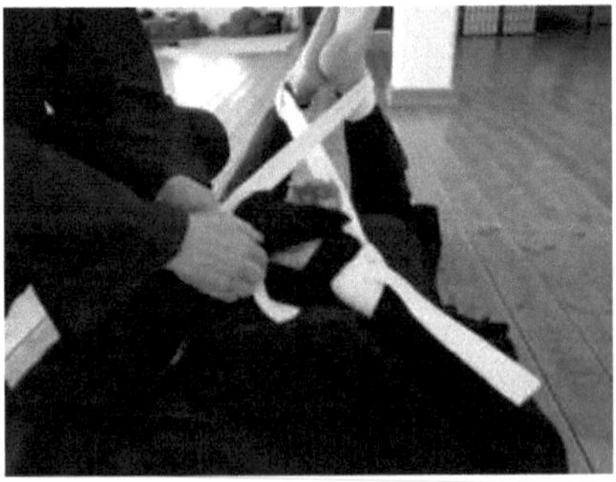
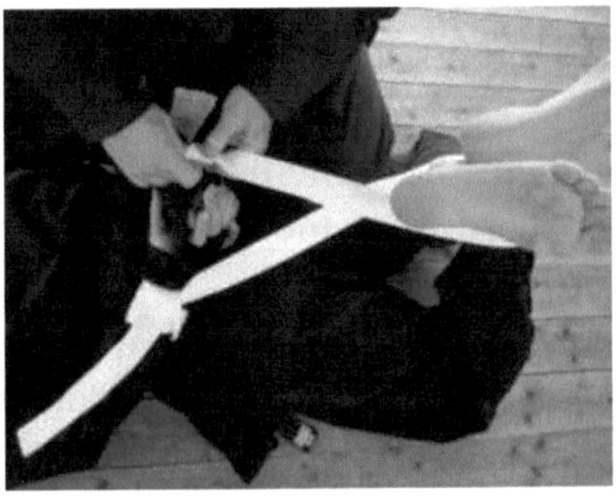

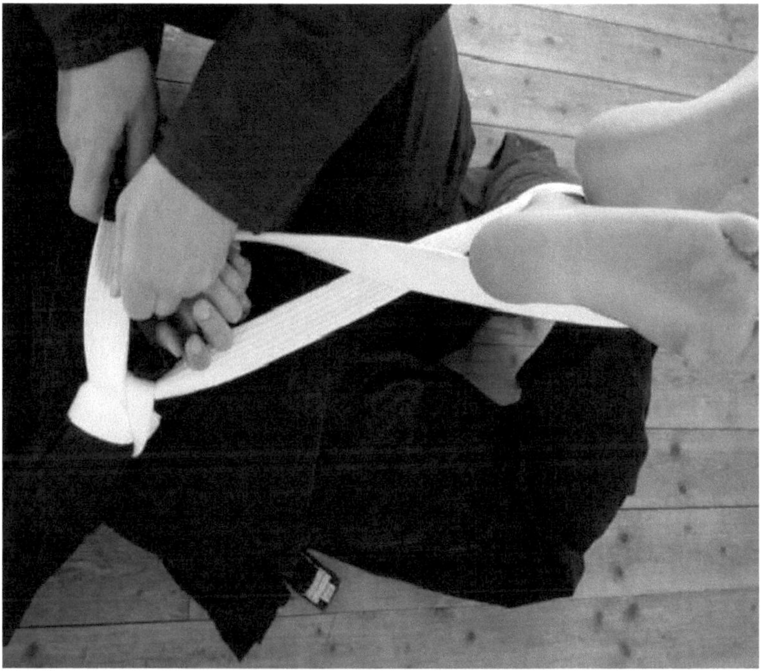

Man zieht weiter zum rechten Bein, herüber zum linken Bein und über Kreuz zurück zum rechten Handgelenk. Die Arme liegen gerade nach hinten. Falls der Gürtel lang genug ist, kann man die Enden zusammenbinden, so dass die Hände zusammenkommen. Der Gürtel muss so geführt werden, dass sein Zugende immer über dem vorherigen Gürtelteil liegt. So kann man auf Knoten verzichten und der Gürtel liegt trotzdem fest an.

2.8.Abwehr mit dem Schal:

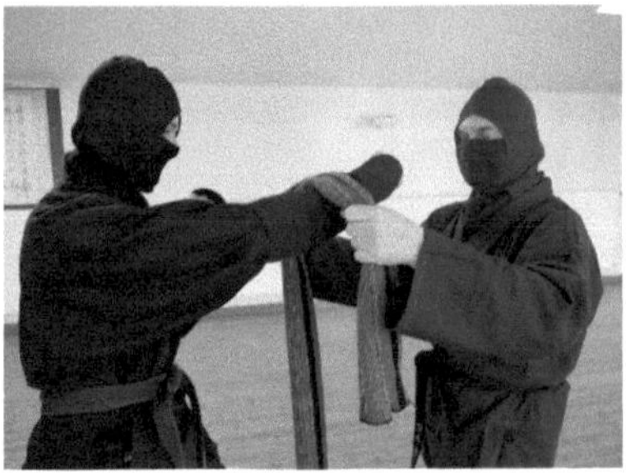

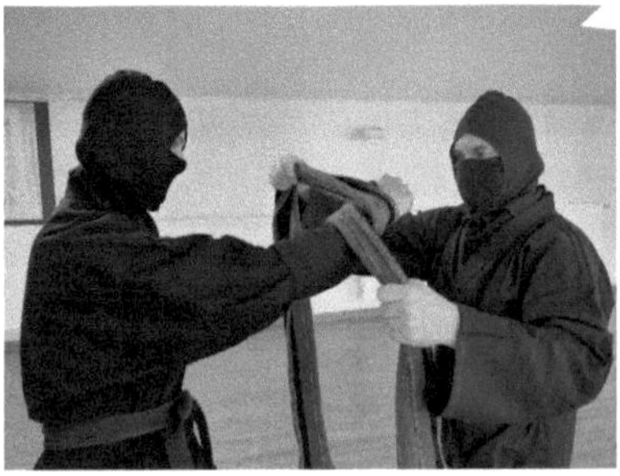

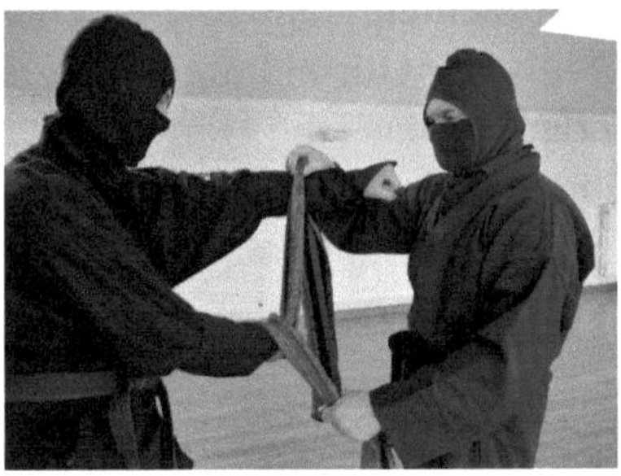

Fauststoß, der Schal umschlingt das Gelenk des rechten gegnerischen Arms. Zweiter Fauststoß des anderen gegnerischen Arms wird ebenfalls von oben umschlungen.

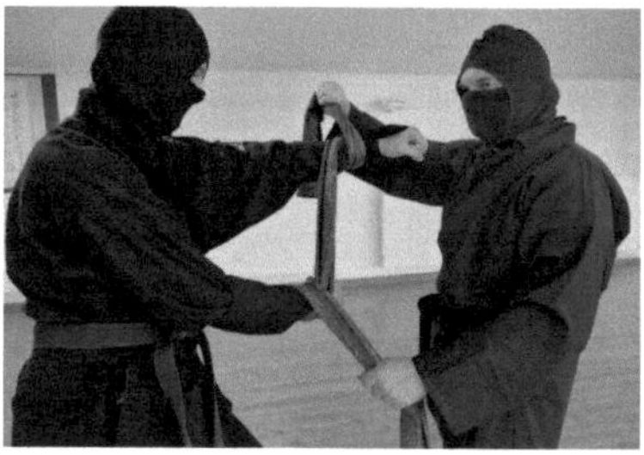
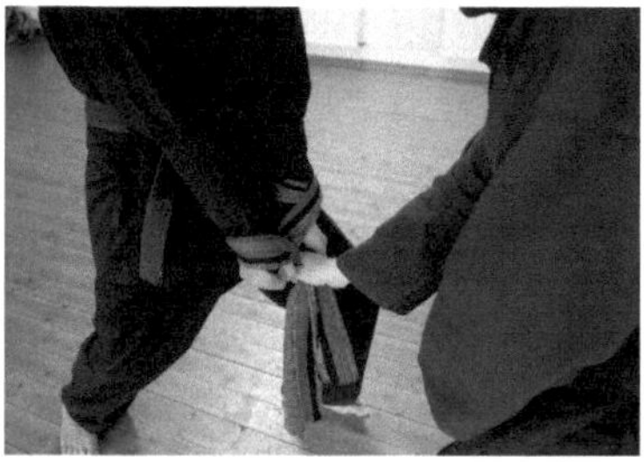

Durch gleichzeitiges Zusammenziehen in Richtung zum Boden werden die Arme zusammengezogen. Durch Hochziehen des Schals und gleichzeitiger Armdrehung des Partners nach oben, werden die Arme nach hinten gehebelt.

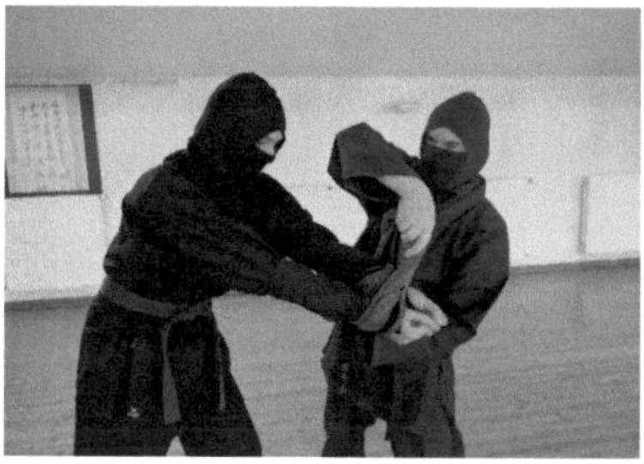
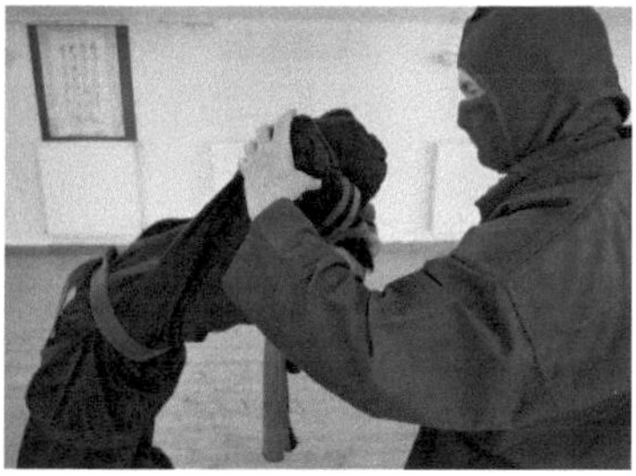
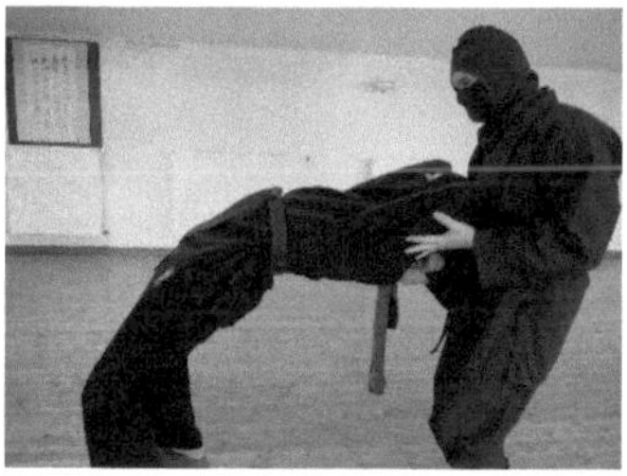

So kann der Partner zu Boden gebracht werden. Es muß dabei beachtet werden, dass hier der Partner geführt werden muss, da sonst Armverletzungen auftreten können.

2.9. Schnelle Abwehr mit dem Kurzseil:

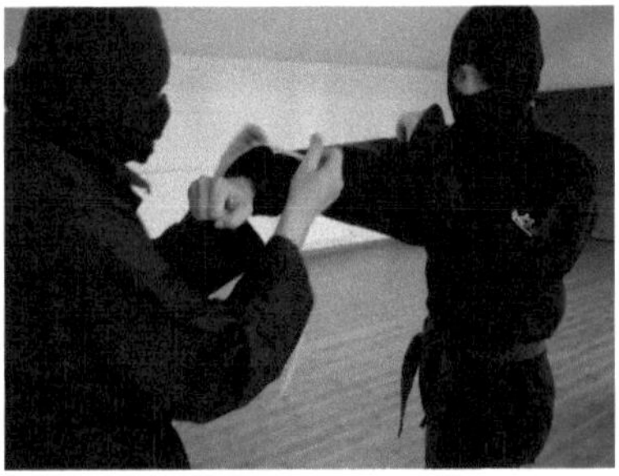

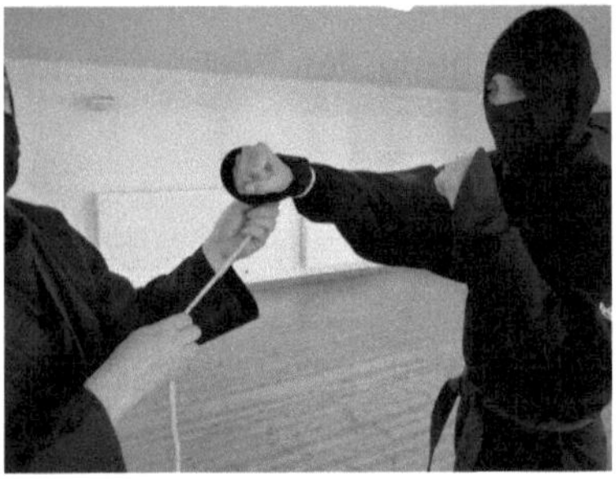

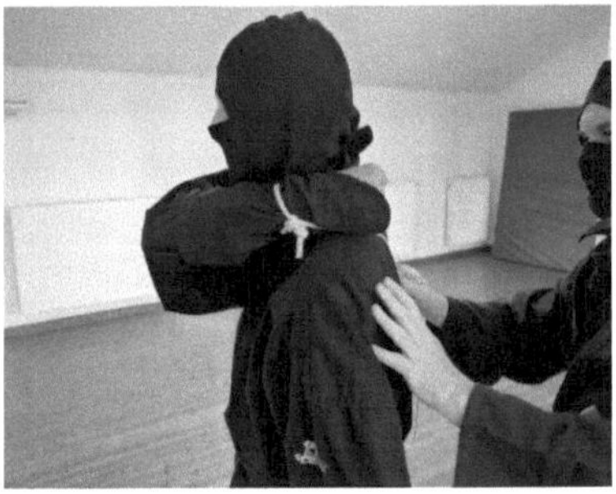

Eine vorgefertigte Schlaufe, die sich zuziehen lässt, wird über die angreifende Faust gebracht. Der Arm wir nach hinten gezogen. Der andere Arm wir mitgenommen und auf den Rücken gebracht. Das Seil hält den Arm gebeugt.

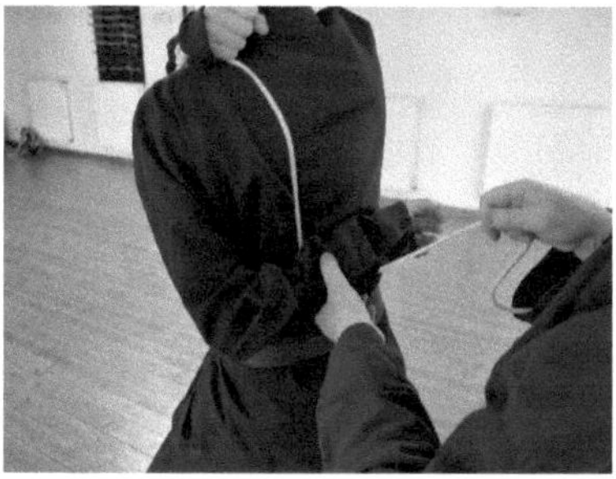

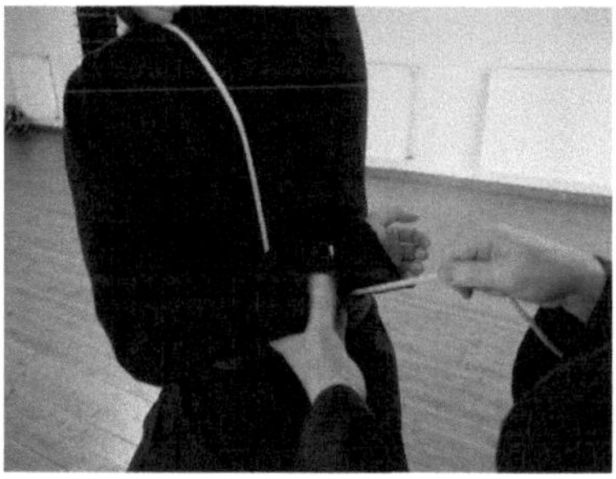

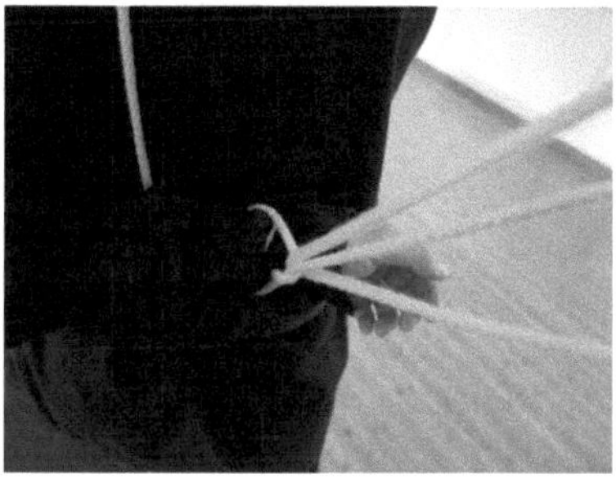

Man schlingt das Seil einmal um das Handgelenk, zieht beim zweiten Herumschlingen daraus eine Schlaufe und zieht diese um den Körper vor der Brust entlang bis zum linken Arm.

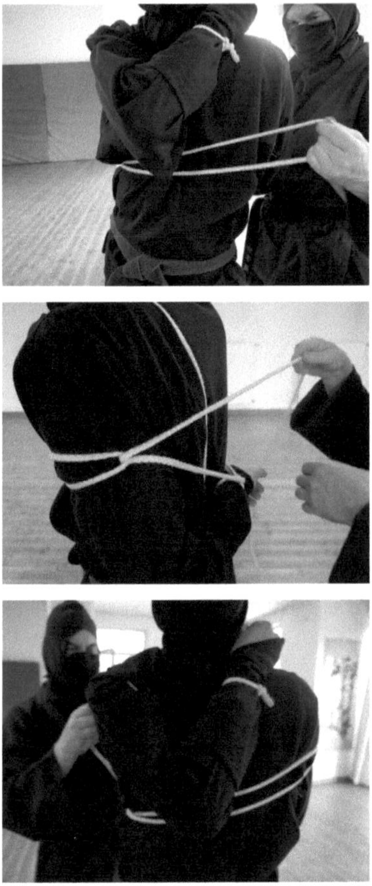

Das andere Seilende wird durch die Schlaufe gezogen und das linke Handgelenk fixiert. Von vorne gesehen, sieht man die Lage des rechten Arms.

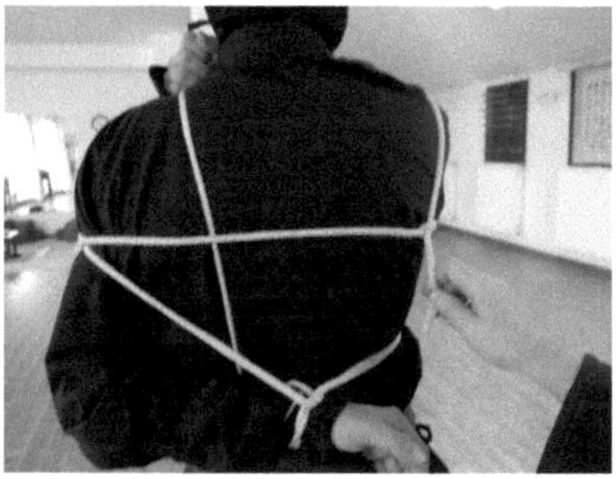

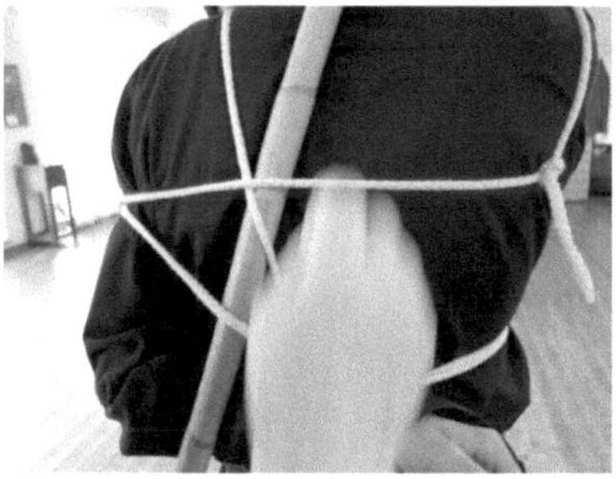

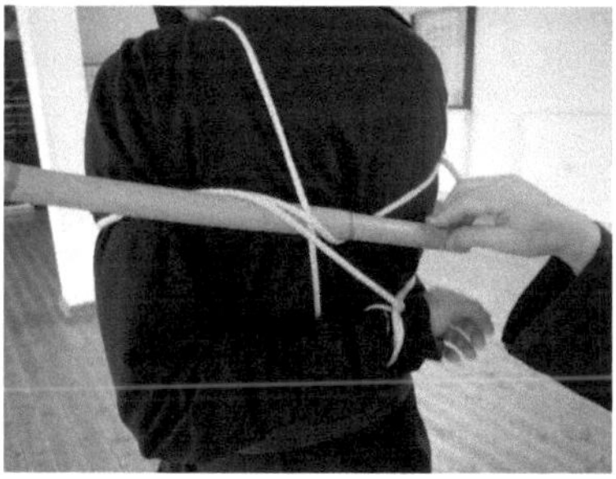

Das Seil wir ab Schlaufe zur rechten Schulter gezogen und verknotet. Falls ein Kurzstock zur Hand ist, steckt man diesen zum Strammziehen des Seils von unten, dreht den Stock rechts herum und fixiert ihn senkrecht am Arm und Gesäß.

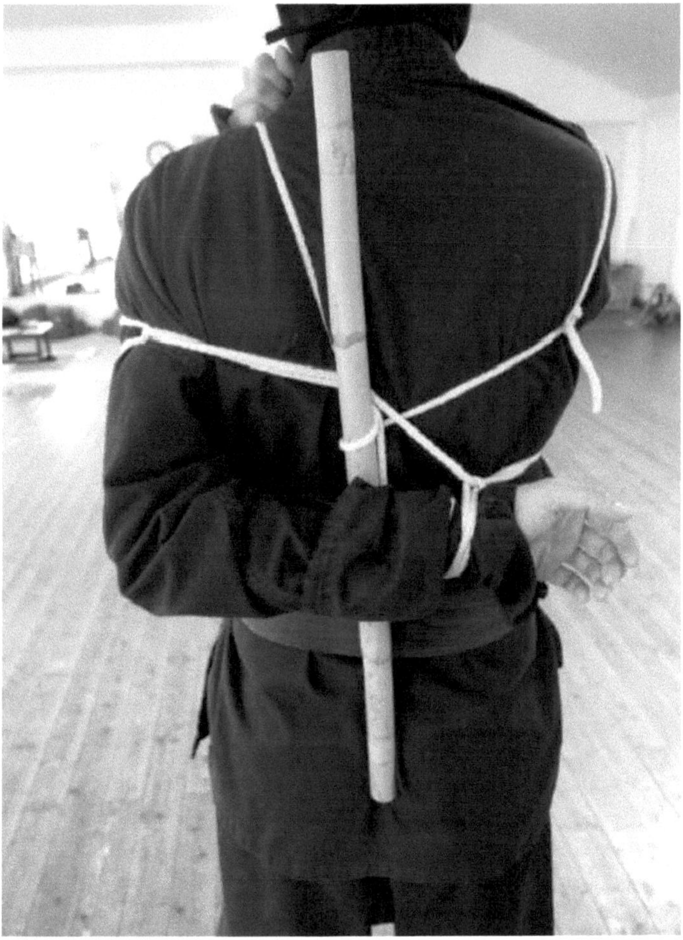

Die Beweglichkeit des Partners ist somit stark eingeschränkt. Ein schneller Zugriff zum Transportgriff ist gewährleistet.

2.10. Ein Beispiel für freies Training:

Beim freien Training ist eine gewisse Beweglichkeit des Bindenden gefordert. Er muss auf die Angriffe des Gegners so reagieren, dass dieser mittels seiner eigenen Bewegung gebunden werden kann. Dazu könnte auch ein Wurf gehören.

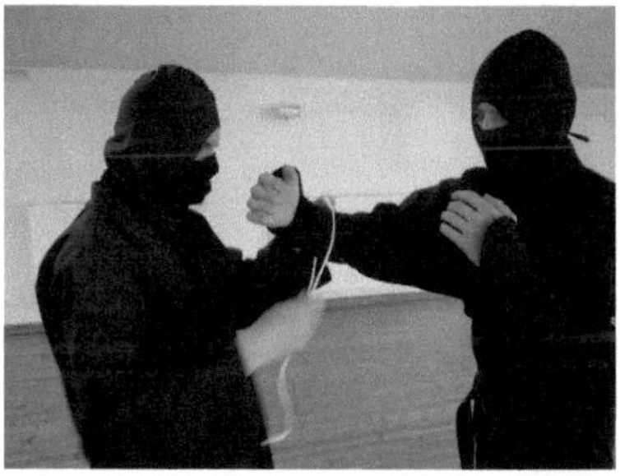

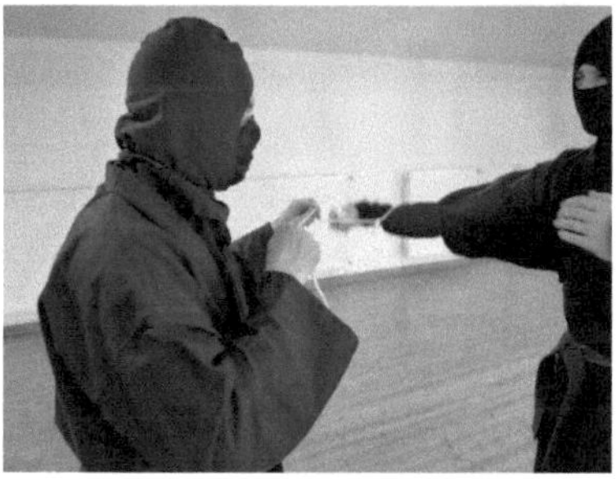

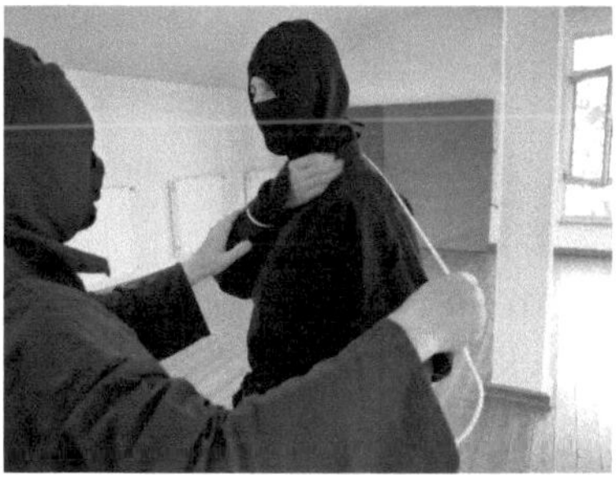

Hier wird der Faustst0ß mit der Schlinge abgewehrt. Der Arm wieder über die Schulter an die Brust gezogen, wie bei der „schnellen Abwehr".

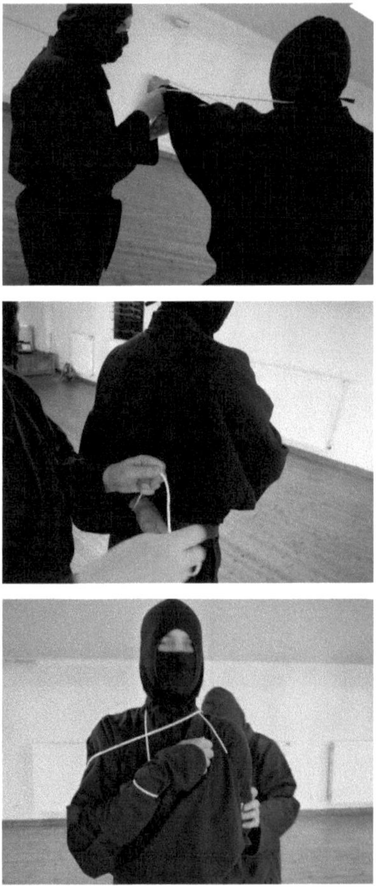

Hier wird das Seil so um den Körper geschlungen, dass er schnell zu Boden gezogen werden konnte.

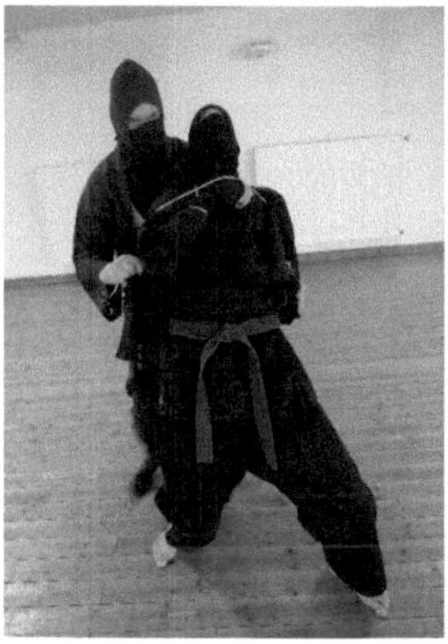

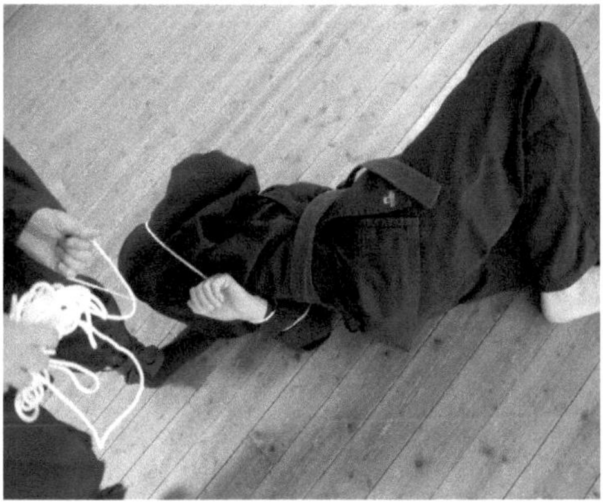

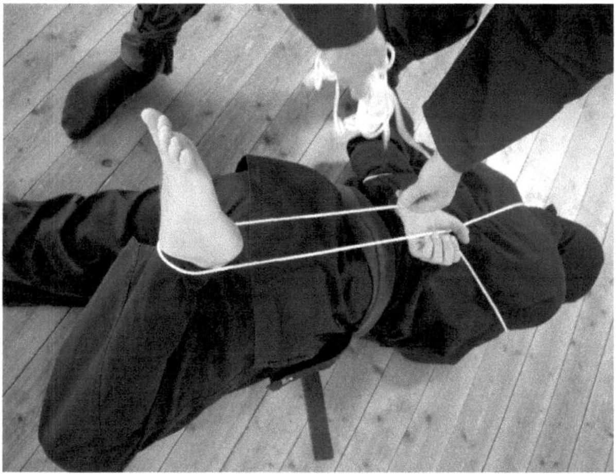

Zur besseren Bodenfixierung werden die Beine natürlich mit in die Bindung einbezogen. Im freien Training ist darauf zu achten, dass sich der Partner beim zu-Boden-gehen nicht verletzt, falls er seine Arme nicht mehr abwehrtechnisch bewegen kann.

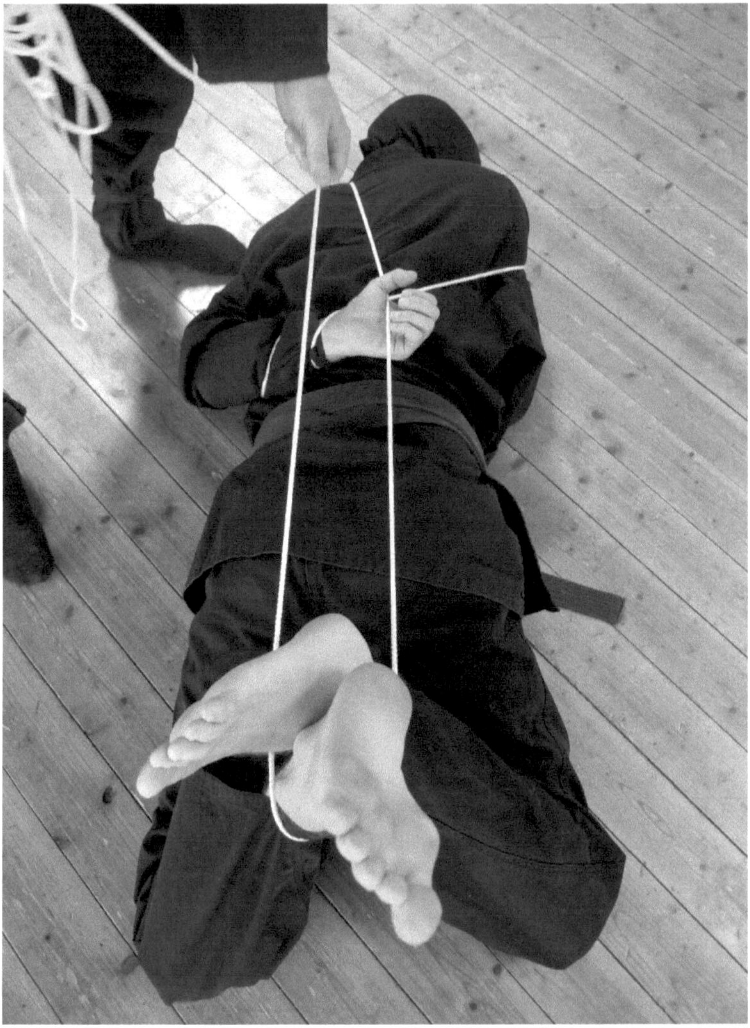

Teil 3

3. Honnawa-Techniken

3.1. Technische Elemente des langen Seiles

3.1.1. Haupttechniken (Hon Musubi)

3.1.1.1. Einzelelemente:

Als wir mit der Vielzahl der Bindungen konfrontiert wurden, entschlossen wir uns, nach dem try-and-error-Prinzip zu verfahren. Somit kamen wir bald zu der Erkenntnis, dass nicht jede Bindung in die heutige Zeit passt, d.h. man muss jede gefundene Bindung auf ihre Effektivität durch Ausprobieren prüfen. Da heute ja keine Rivalität zwischen bestehenden Schulen mehr herrscht, kann man die Bindung nach ihrer Effektivität gestalten, ohne bestimmte Merkmale gewisser Schulen zu berücksichtigen. Wir bemerkten, dass dadurch so manche Bindung an der besagten Effektivität leidet oder sie ganz vermissen lässt. Wie eingangs beschrieben, mussten sich die Bindungen (auch gleichen Namens) je nach Schule unterscheiden. Um es besser zu veranschaulichen, haben wir zwei Beispiele ausgewählt.

Die zwei Eingangsbindungen stammen aus einer der ältesten Überlieferungen. Sie zeigen deutlich, dass nicht alle Bindungen vorteilhaft oder effektiv waren, oder vielleicht auch nicht richtig überliefert wurden.

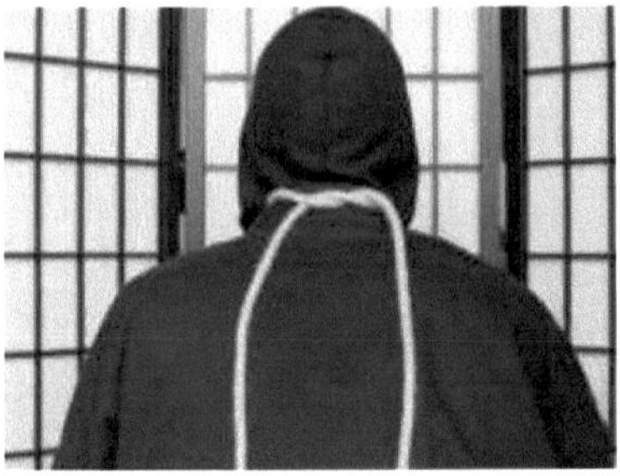

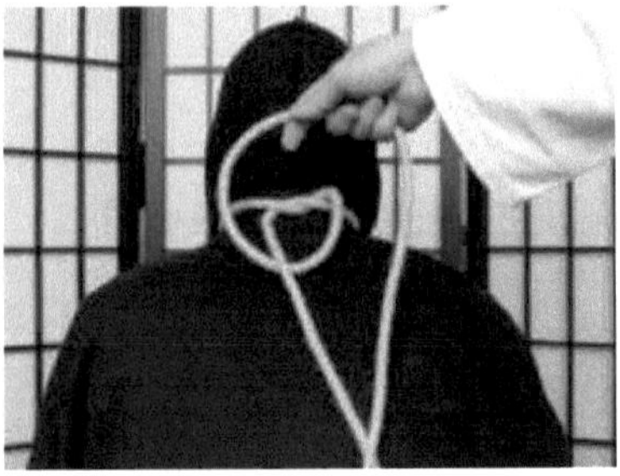

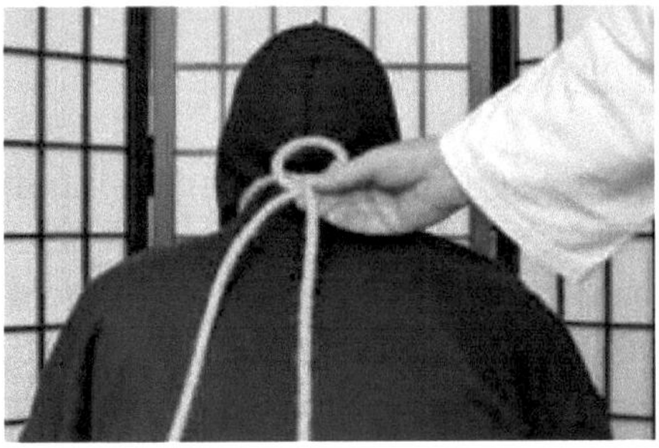

Wir haben hier die angewandte Mann-Technik, wobei das Seil (siehe letztes Foto) nach unten gezogen werden kann. Das heißt aber auch, dass man den Hals des zu Bindenden mit dem Seil zuschnüren kann.

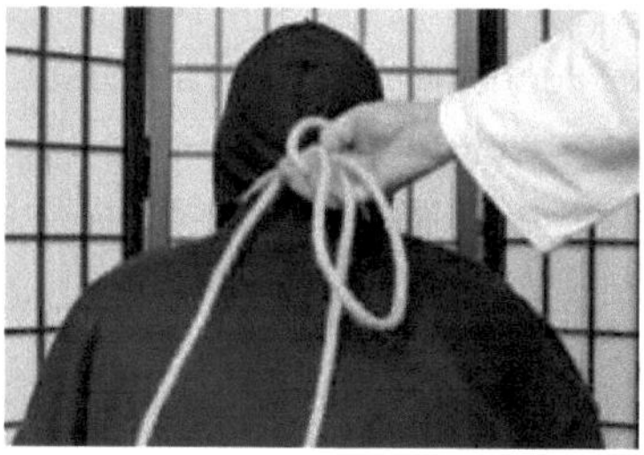

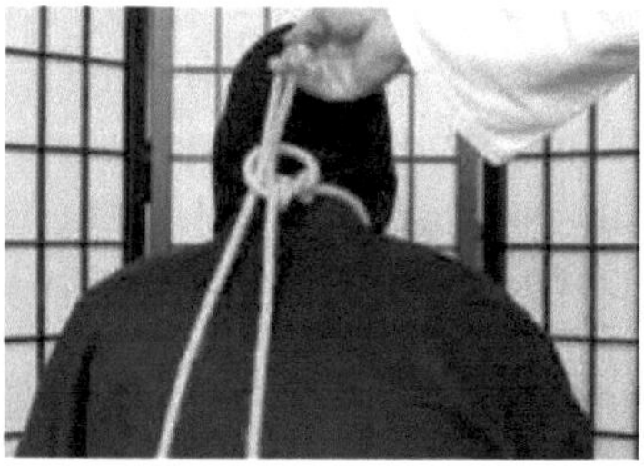

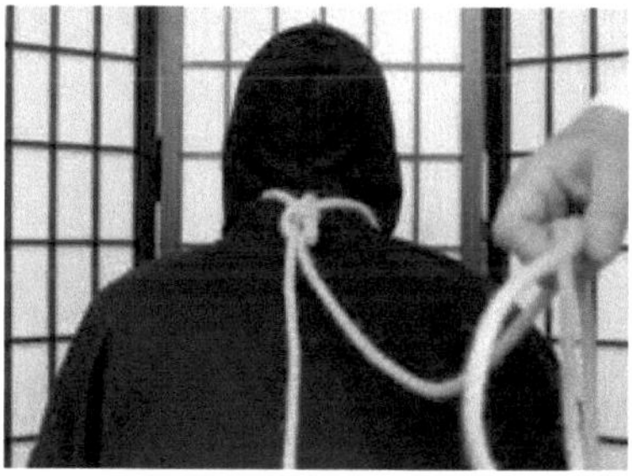

Zum weiteren Binden ist der Knoten nicht sehr komfortabel gebunden. Man muss das gesamte Seil zu oft durch die Schlaufe ziehen, was bei einer Länge von 10 m nicht gerade vorteilhaft erscheint.

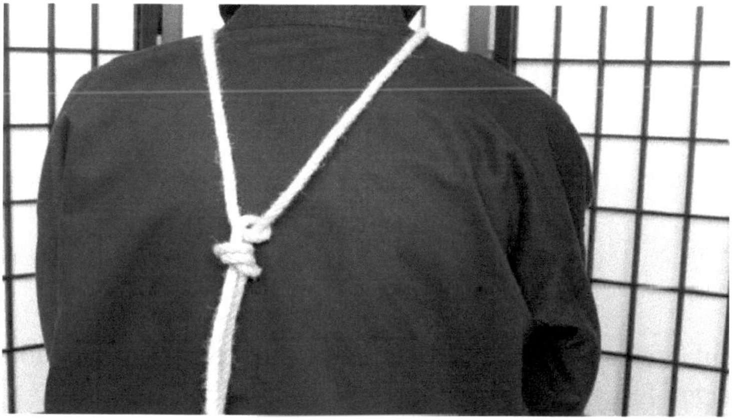

Ebenso verhält es sich mit der Dreh-Technik. Hier wird umständlich das Seil um den Arm gewickelt, wobei es keinen direkten Zug erhält. Das Seil sitzt zwar fest am Arm, dieser wird aber nicht nach hinten/oben gezogen, wie bei der Dreh-Technik gewünscht.

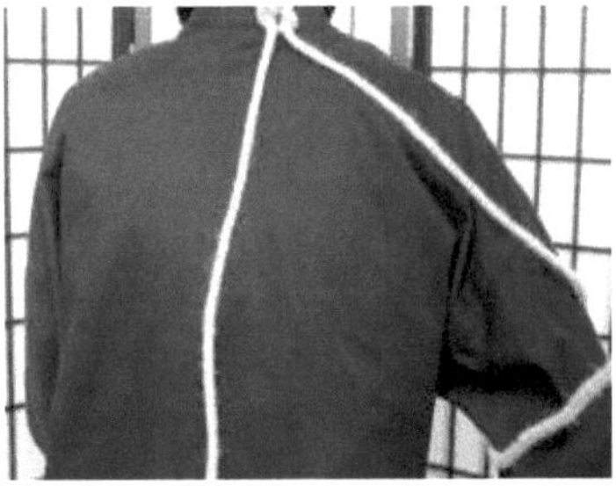
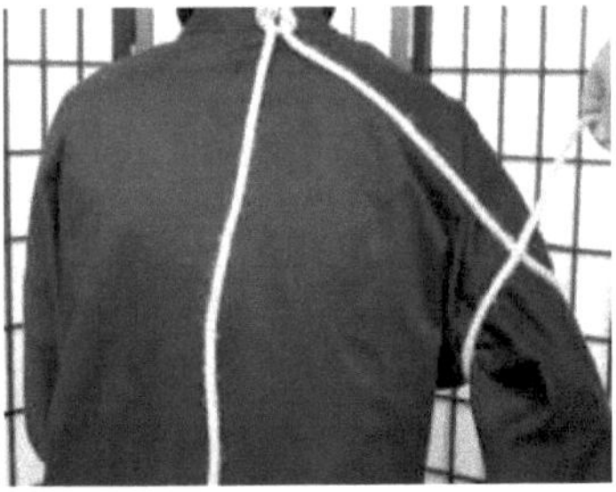
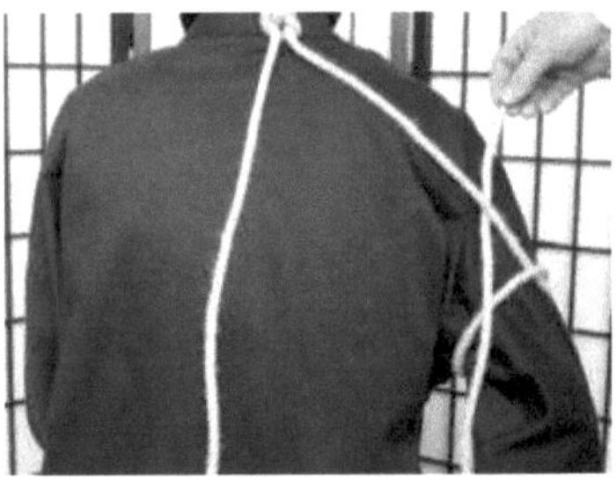
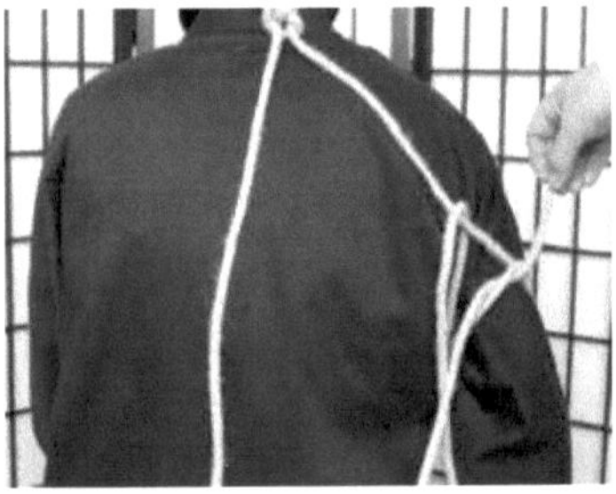
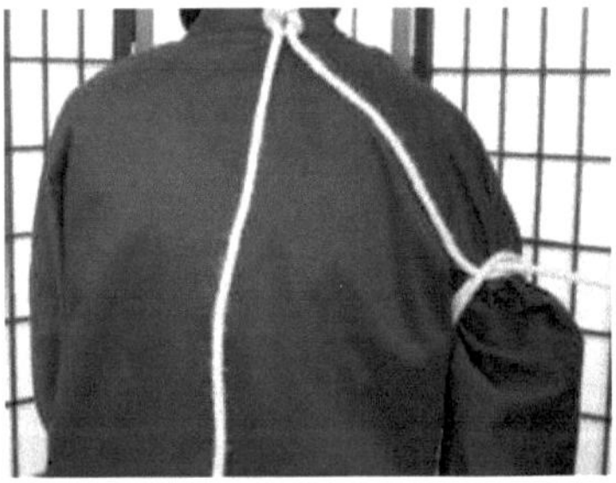
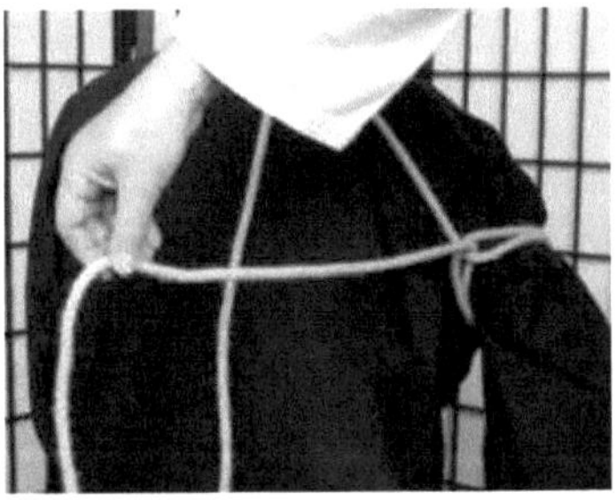

Die Schlaufe kann gebildet werden. Sie wird jedoch nur mit anderen Bindungen fest.

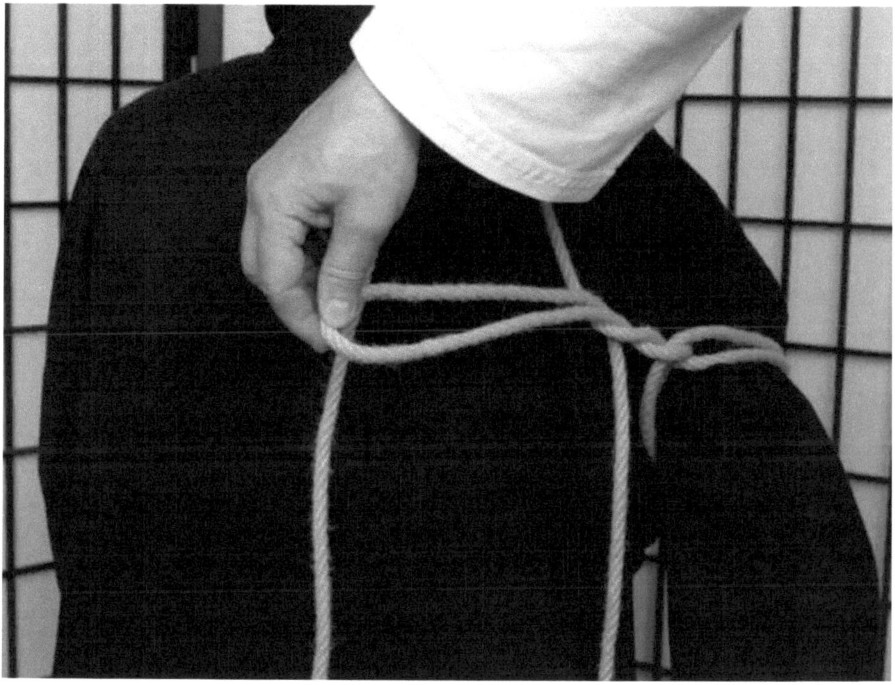

Wir stellen daher nur Techniken vor, die nach unserer Meinung ein gewisses Maß an Festigkeit und Sportlichkeit nicht unterschreiten.

3.1.1.1.1 Mann-Technik (Okoto Musubi):

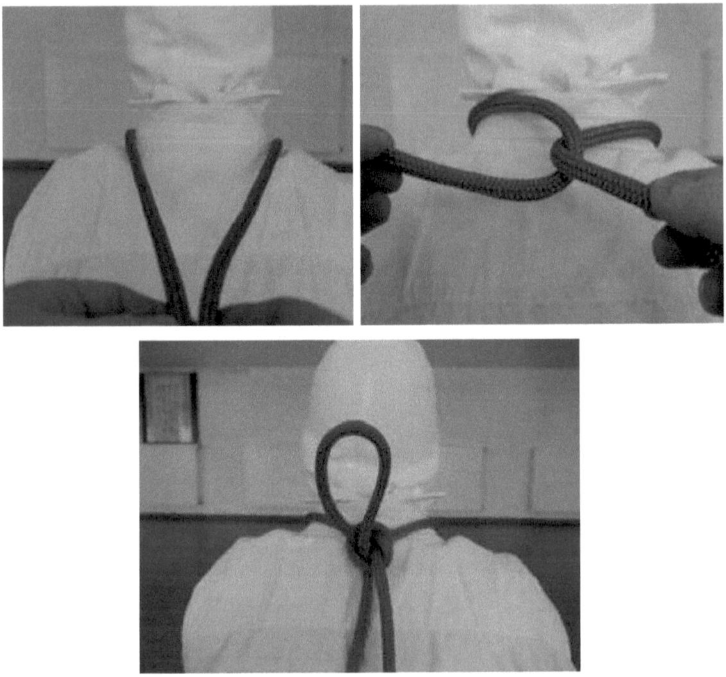

Die meisten Bindetechniken beginnen am Hals. Wir beginnen mit der Haupttechnik des „Mann-Knotens“ (Okoto Musubi). Seine Schlaufe wird später immer wieder zum Einsatz kommen.

Man beginnt, die beiden Enden zu kreuzen, wickelt die linke Seite des Seils nochmals um das rechte Ende, so dass es fast wie eine Brezel aussieht. Man formt links eine Schlaufe und zieht diese von unten durch die linke Hälfte des gebildeten Rings. Die Schlaufe zeigt nach oben.

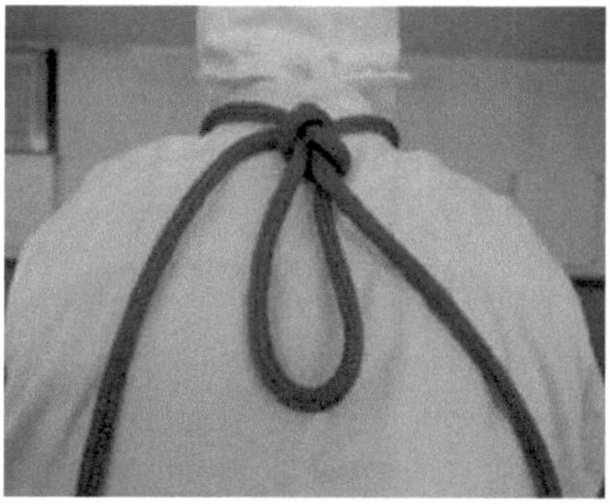

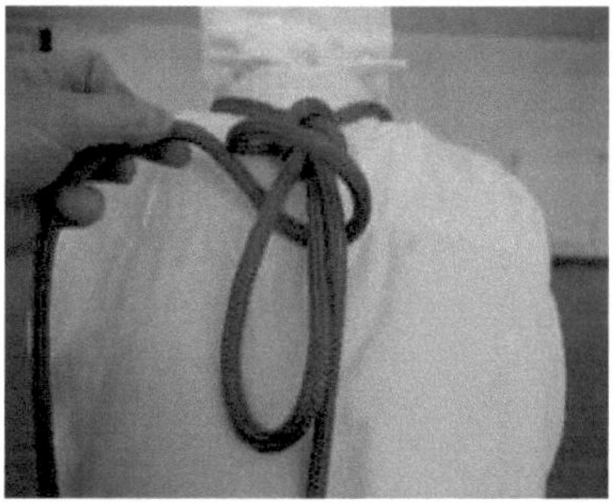

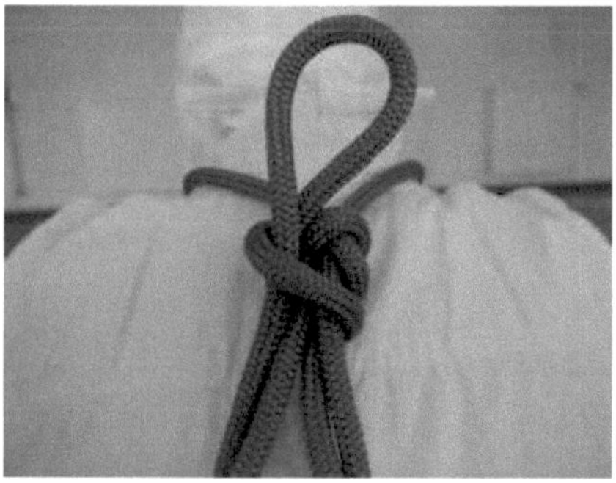

Man wendet sie nach unten. Mit dem linken Seilende schlingt man um die gesamten nach unten hängenden Seilteile und zieht wieder mit einer neuen gebildeten Schlaufe durch den entstandenen Ring.

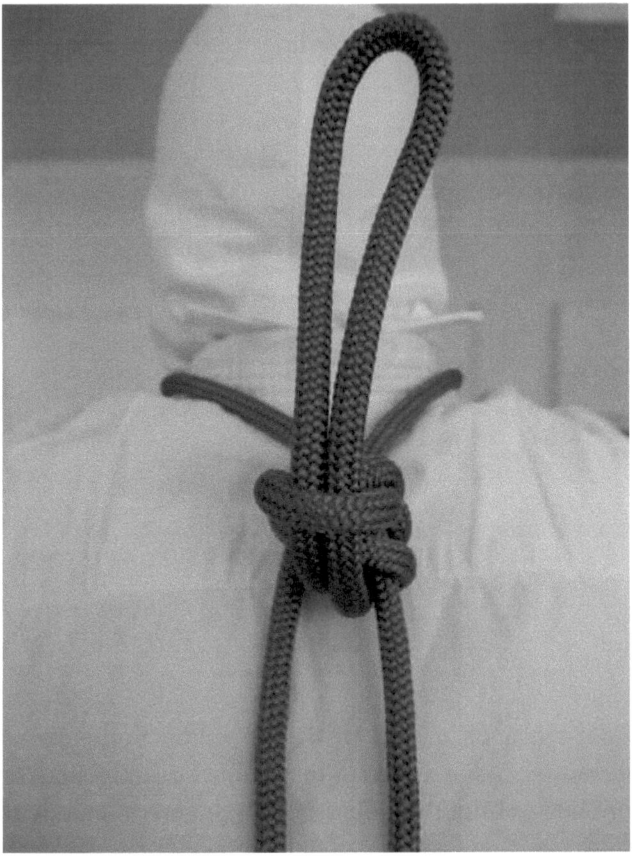

Die nach unten hängende Schlaufe zieht man nach oben durch die obige Schlaufe und zieht diese zusammen. So hält die erste Schlaufe gut nach oben. Man kann sie aber auch nach unten ziehen. Das rechte Seilende kann immer noch gezogen werden.

Falls man ab Foto 5 mit dem rechten statt dem linken Seil weitermacht, kann man später nicht mehr das rechte Seil ziehen. Somit kann sich die Schlaufe auch nicht mehr am Hals zusammenziehen. Dann wiederum kann die gebildete große Schlaufe größenmäßig verändert werden.

3.1.1.1.2. Dreh-Technik (Maki Musubi):

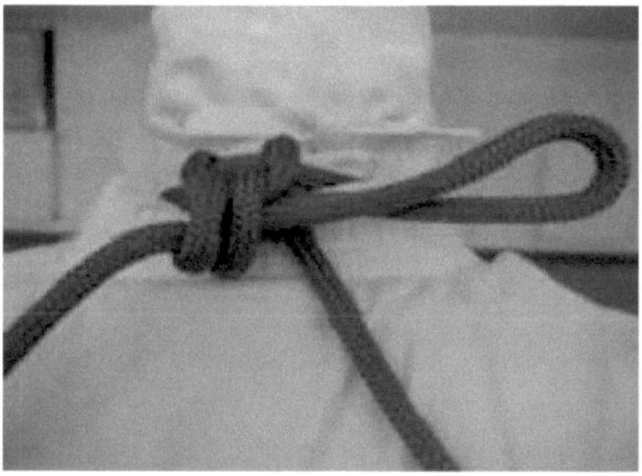

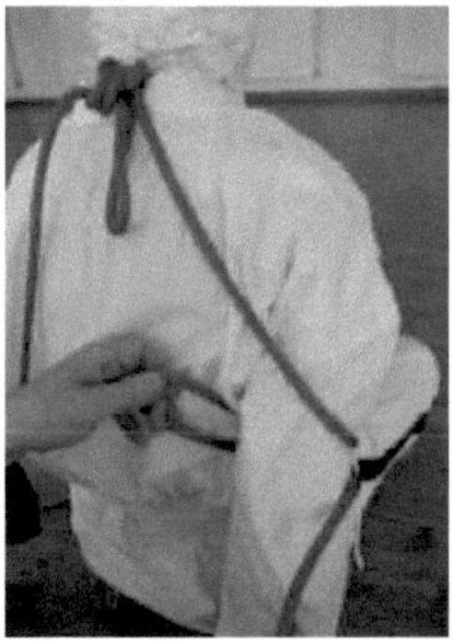

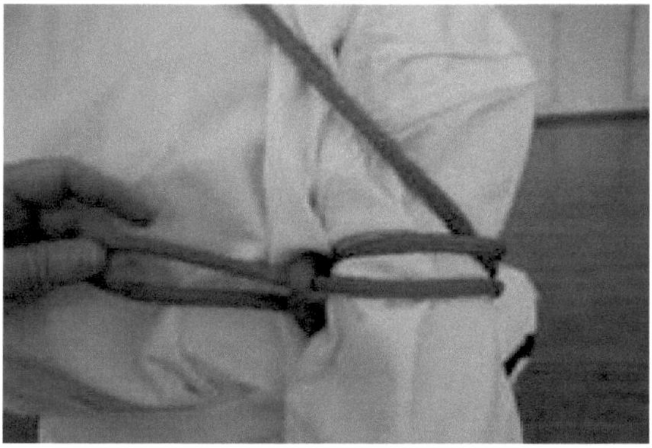

Diese Dreh-Bindung (Maki-Musubi) dient zur Hals-Arm-Befestigung. Die Arme werden hierbei nach innen auf den Rücken gedreht. Man beginnt mit einem durchgezogenen Doppelknoten am Hals. Das Seil lässt sich nicht zusammenziehen. Die am Arm durchgezogene Schlaufenkombination ist eine der Grundbindungen im Hojojutsu.

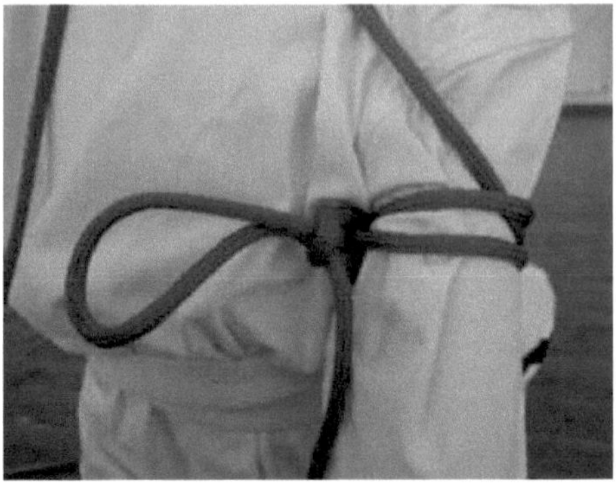

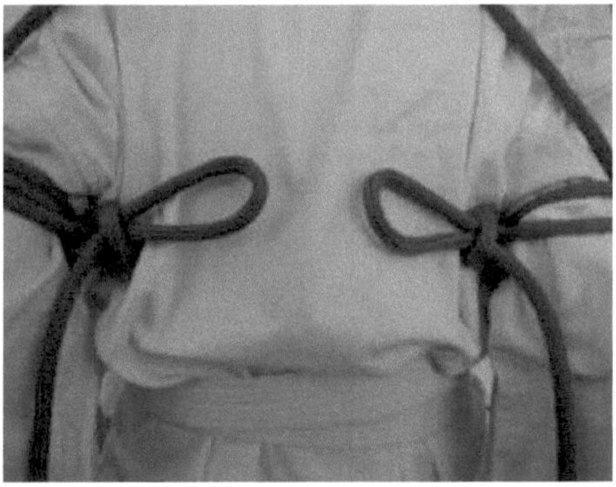

Das Seil wird erst einfach um den Arm gezogen, es entsteht eine Schlaufe. Man bekommt die Schlaufen, in dem das Seil doppelt genommen wird. Durch diese wird nochmals das Seil gezogen. Durch zusammenziehen entsteht ein Knoten, ähnlich der Ketten Methode. Es entsteht eine Festigkeit am Arm, die die Arme auch nicht nur nach hinten, sondern auch etwas nach oben zieht. Die Schlaufen werden später in den unterschiedlichsten Varianten in die Bindung einbezogen.

3.1.1.1.3. Beginn der Kreuz-Technik (Jumonji Musubi):

Diese Bindung kann gut mit dem Original des Stände-Seils (Kurai Nawa 3.4.) kombiniert werden.

Die Kreuz-Bindung dient der Festigung zwischen Hals, Händen und den Oberarmen. Die Beweglichkeit soll in zwei Richtungen eingeschränkt sein.

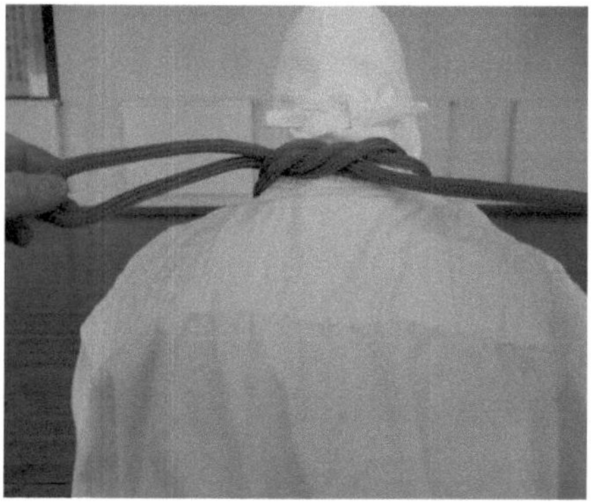

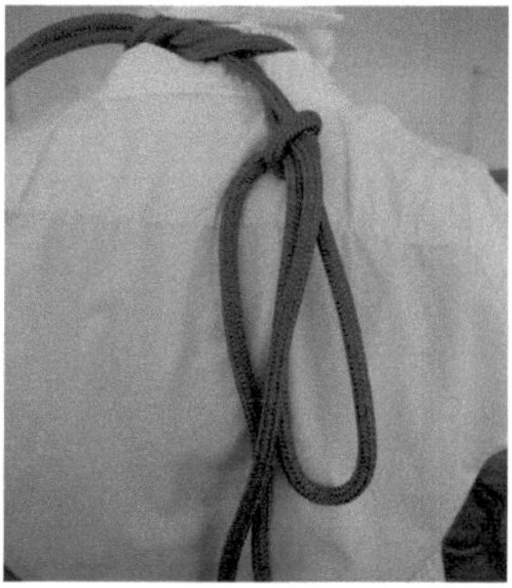

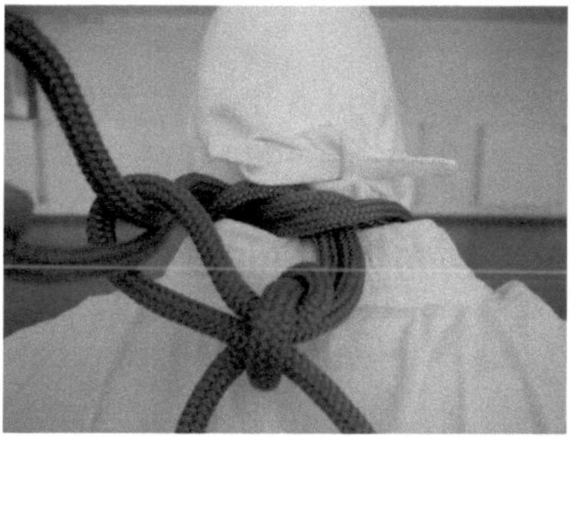

Man beginnt mit dem Doppelseil (kann die Mitte des ganzen Seils sein). Nach einer einfachen Schlinge bildet man (siehe 2. Foto) mit einem Ende des Seils eine weitere Schlaufe. Diese wird mit der ersten Schlaufe vom Hals eingefangen.

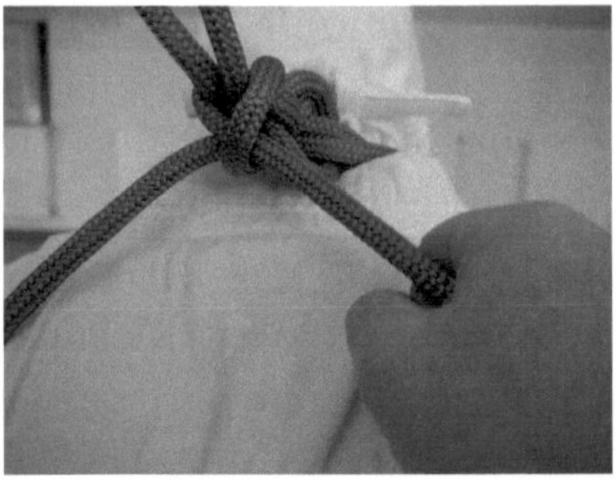
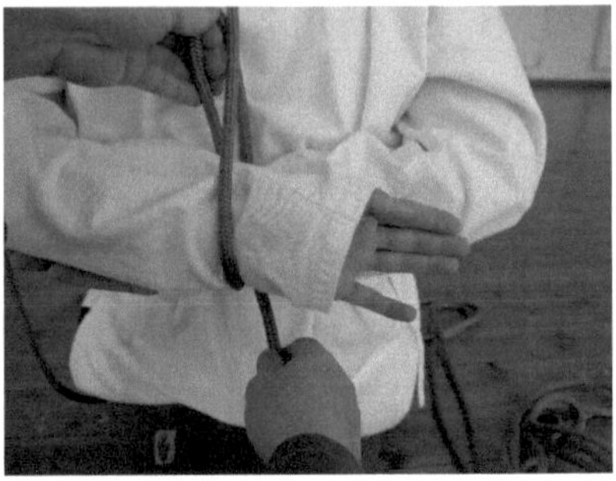
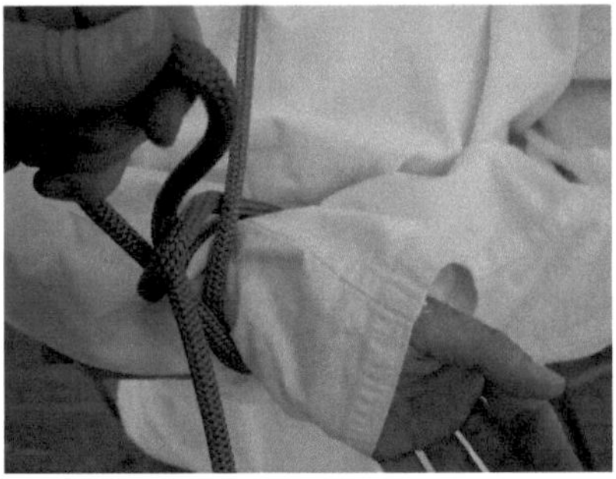

Das Seilende wird gezogen und somit ist die erste Schlaufe am Hals fixiert. Man macht mit dem Seilende, das man in der rechten Hand hatte (mit dem man die Schlaufe zugezogen hat) weiter. Man führt es zu den Händen /Handgelenken schlingt diese mit einem Doppelseil (das Seil wird doppelt gehalten und damit um die Gelenke gelegt) fest. Den Gegenzug bildet die wie am Hals gezogene Doppelschlaufe.

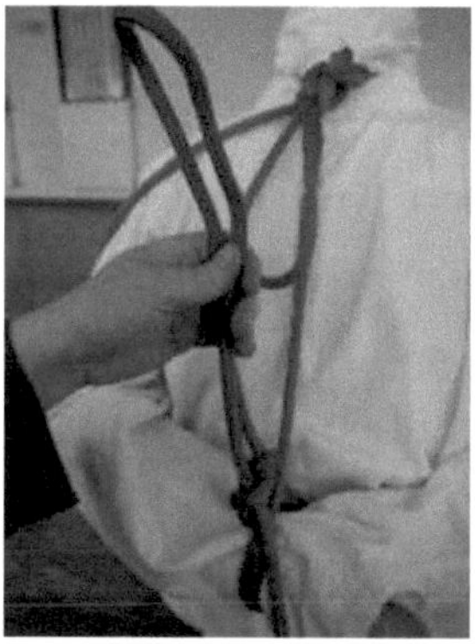
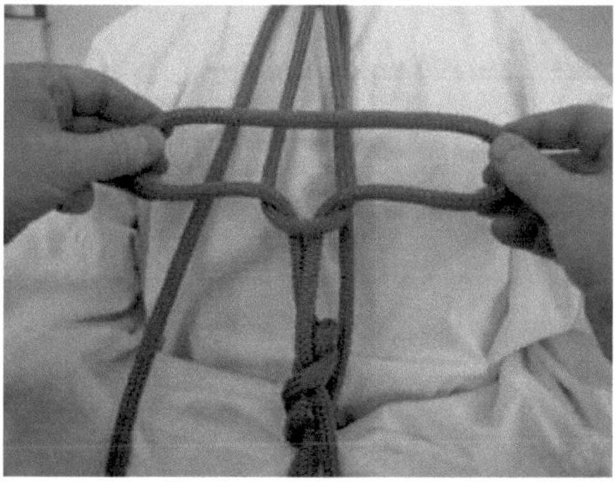

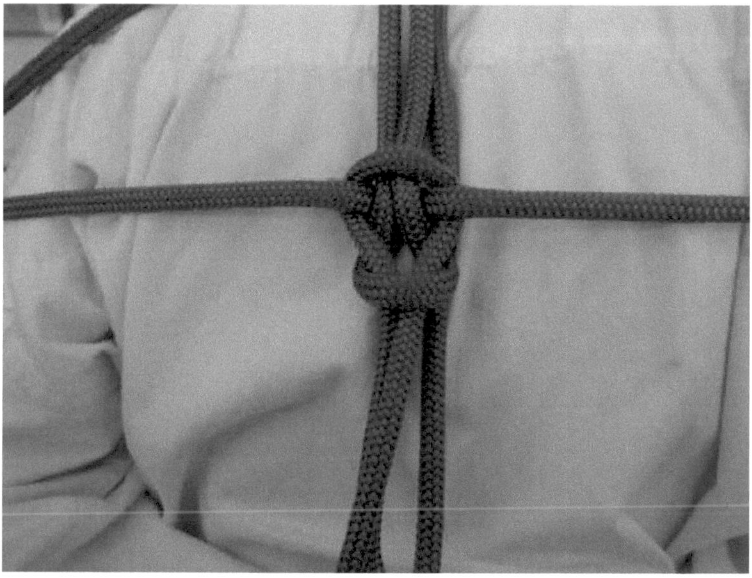

Die Doppelschlaufe wird höher gezogen und mit der ersten Schlaufe vom Hals verbunden. Man zieht das Ende des anderen Seils durch die Schlaufen und zicht das Seil der unteren Schlaufe fest. So entsteht das Kreuz. Mit dem anderen Seilende werden jetzt die Oberarme gebunden. Vorschlag: es geht mit der oben gezeigten „Dreh-Bindung“ recht gut.

3.2. Feierliches Binden

3.2.1. Das Gegebene Seil (Watashi Nawa):

Hier wird die Technik des „Verschlungenen Seils", oder „Gegebenen Seils" (Watashi Nawa) gezeigt. Es wird mit einem 10 m langen Hanfseil von 6mm Durchmesser gebunden.

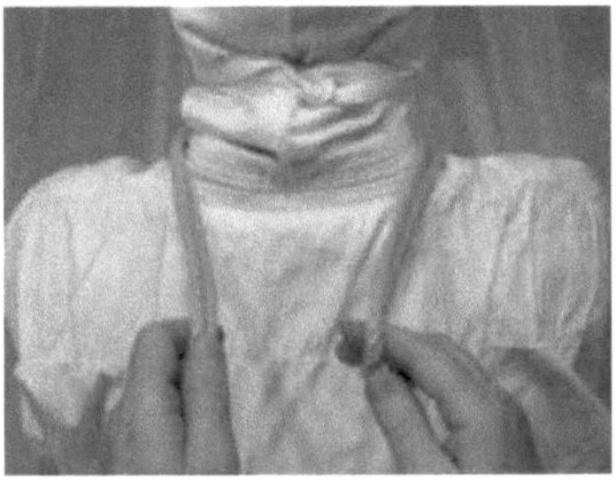

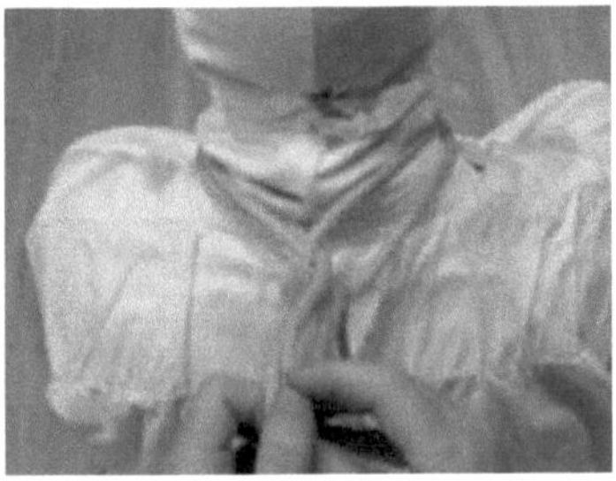

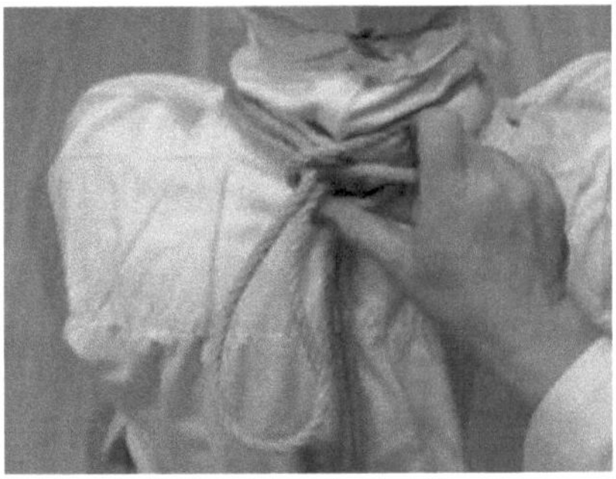

Man beginnt mit der Mitte des Seils. Legt es um den Hals und zieht die eine Seite des Seils durch die entstandene Schlaufe. Die beiden Seile werden nach links und rechts getrennt, wobei zwei Schlaufen entstehen. Danach wird das Seil mit der Kusari-Methode (kusari = Kette) bis zur Mitte jedes Armes geflochten. Hier erfolgt ebenfalls ein Umbinden des Armes mit dem Seil. Kein Verknoten. Durch die auch hier wieder entstandene Schlaufe wird weiter links und rechts den Unterarm herunter mit der Kusari-Methode geflochten.

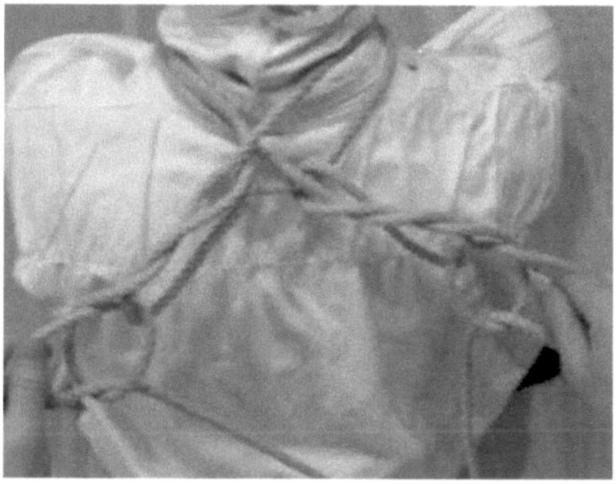

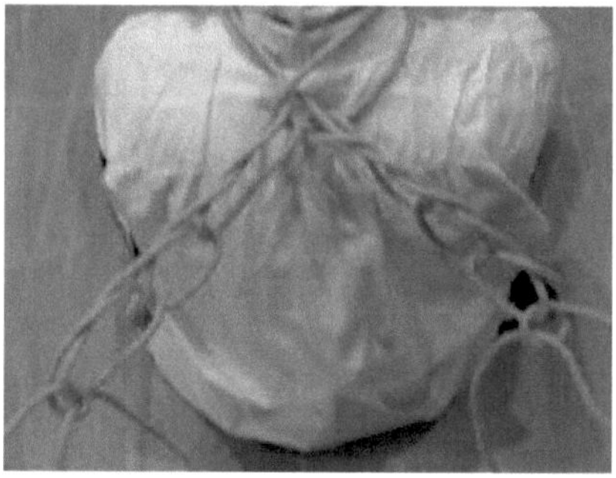

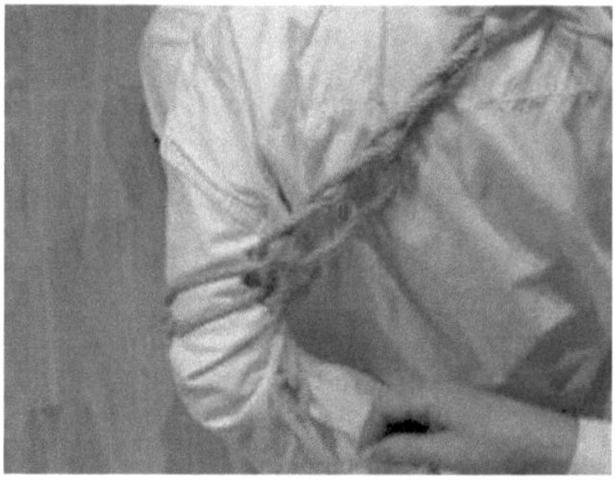

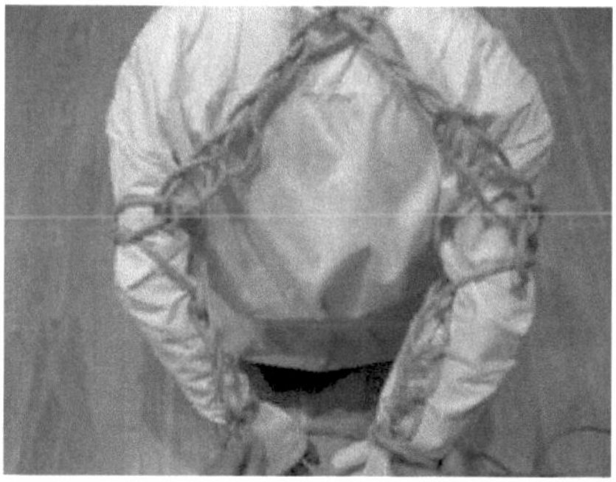

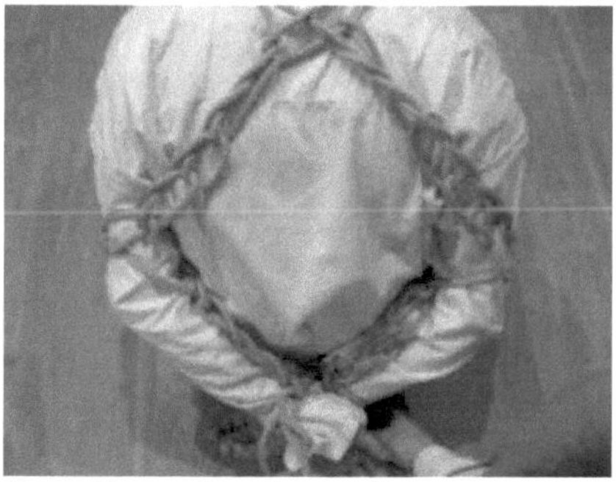

Am Handgelenk angekommen werden diese durch verlängerte Schlaufen und den Enden der Schnur umwickelt, bis sie über Kreuz fest sitzen. Man kann einen Knoten zur Sicherung anbringen um den Rest vor der Brust des Opfers zu knoten, so dass es nicht an die Seilenden kommen kann.

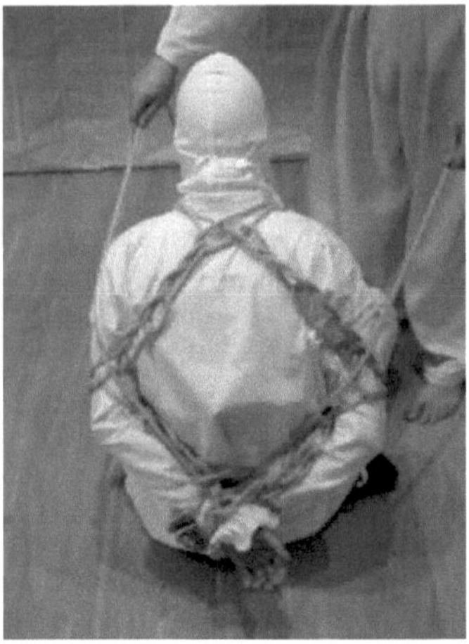 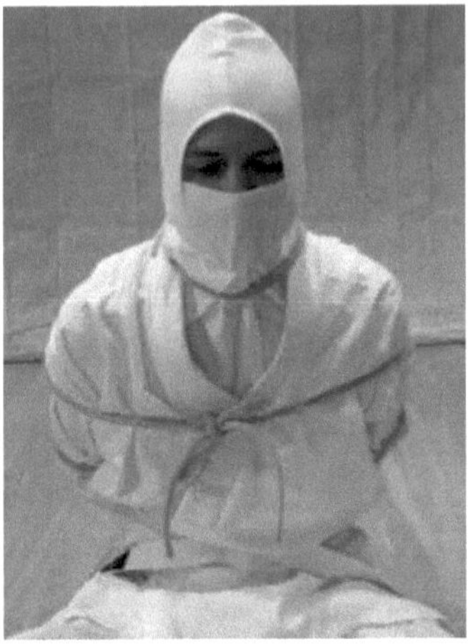

Auf dem Rücken ist viel Seil verarbeitet worden, auf der Vorderseite der Person sind nur zwei Schnüre zu sehen. Daher der Name.

Im Anschluss zeige ich dieselbe Bindung. Der Unterschied ist, dass sie mit einem dickeren (10 mm Durchmesser) und 25 m langen Kunstseil gebunden wurde. Dadurch konnte die Bindung in der halben Zeit erfolgen. Ebenso ist die Bindungshärte höher, d.h. die Fesselung ist straffer und sicherer.

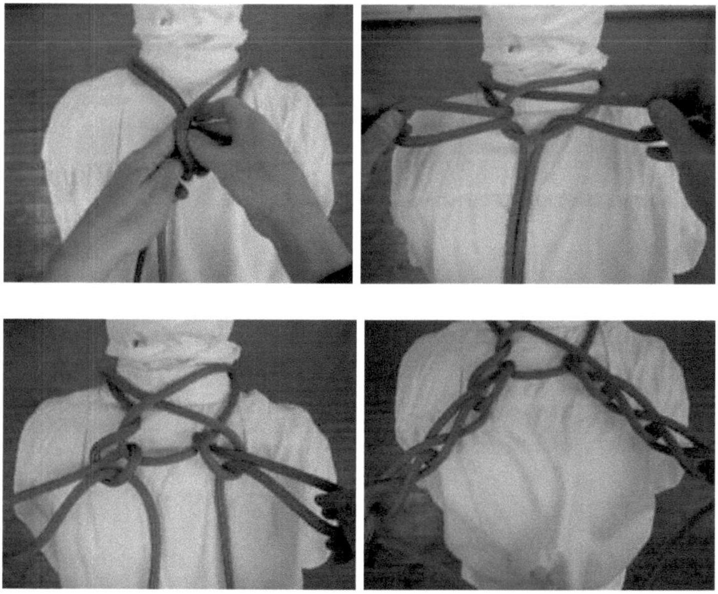

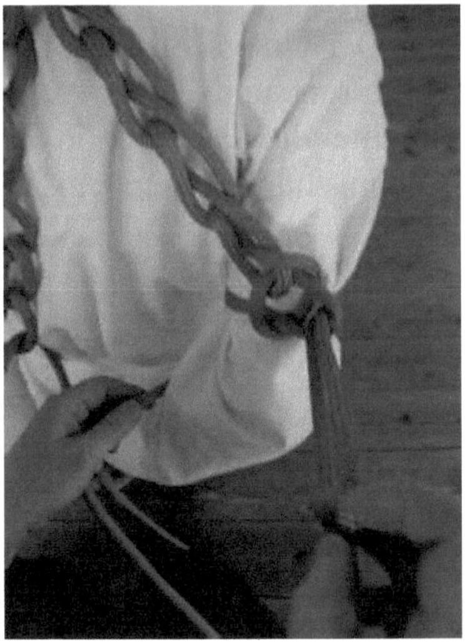 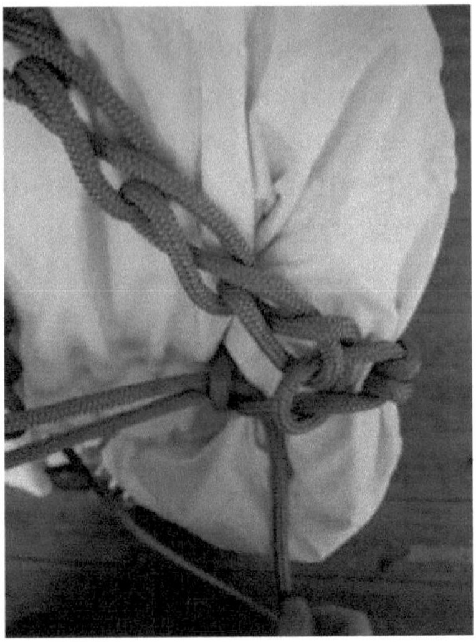

Hat man eine Länge bis zum Oberarm über dem Ellbogen erreicht, geht man mit dem Seil von innen nach außen um den Arm, bildet wieder eine Schlaufe und fixiert sie durch Bildung einer weiteren Schlaufe. Das an beiden Armen.

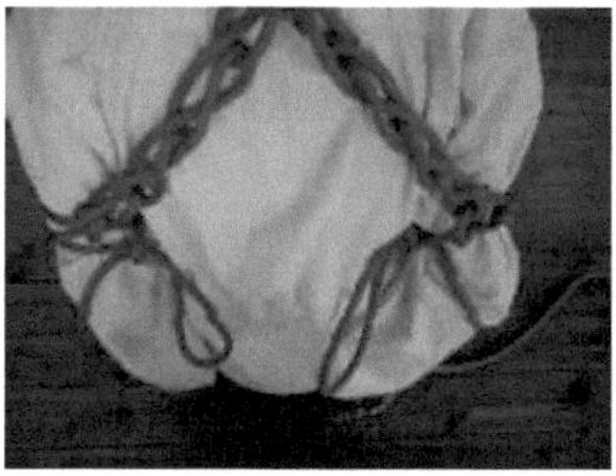

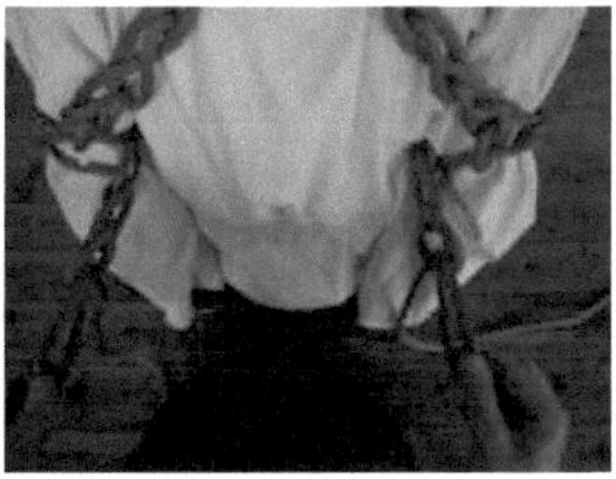

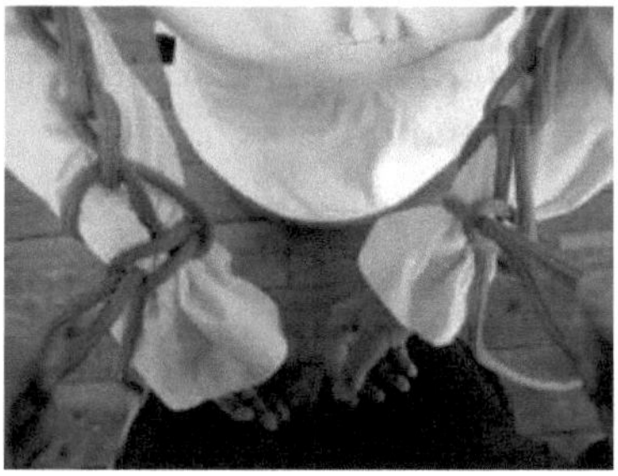

Ab da beginnt man das Seil wieder mit der Ketten-Methode bis zum Handgelenk zu verlängern. Die Handgelenke werden ebenfalls mit gebildeten Schlaufen umwickelt, Die Schlaufenden werden zusammengeknotet. Die über Kreuz liegende Handgelenke können unterhalb der gebildeten Knoten umwickelt werden. Hier haben wir das überschüssige Seil über Kreuz nach oben gezogen und in der Rückenmitte verknotet.

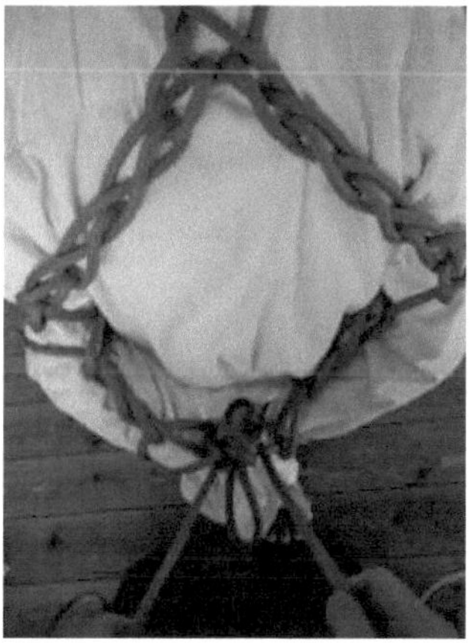

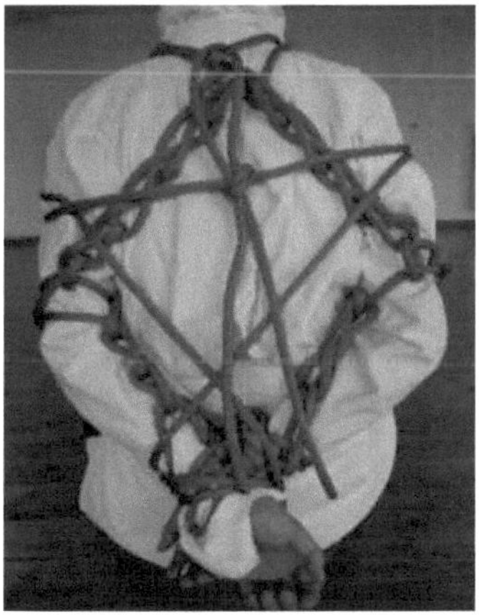

3.2.2. Das Holzstäbchen Seil (Waribishi-Nawa):

Diese Bindung gehört zu den seltenen Bindungen, da sie die Arme vor der Brust gebunden hält. Sie erhielt ihren Namen dadurch, dass man mit dieser Bindung auch noch mit Stäbchen essen konnte, ohne dass sich die Bindung löste. Sie wurde eher bei feierlichen Anlässen benutzt.
Man bringt eine Schlaufe durch den Unterarm nach vorne und zieht das andere Ende des Seils hindurch.

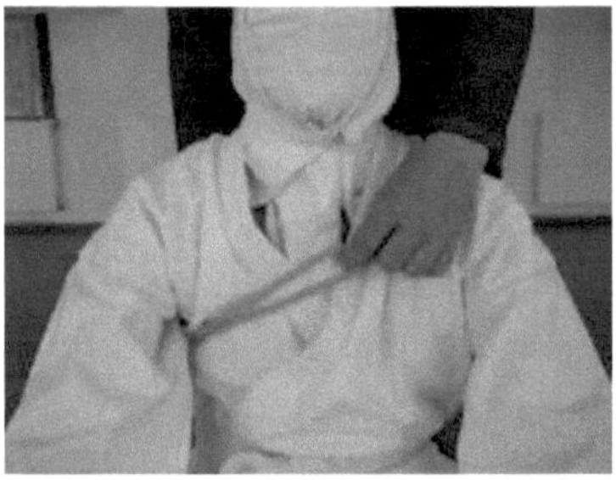

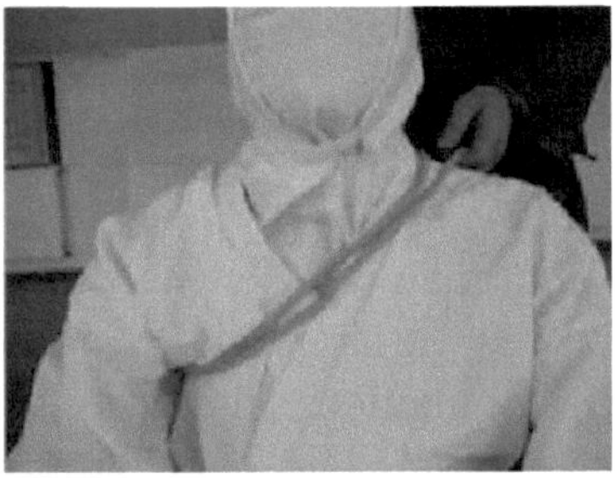

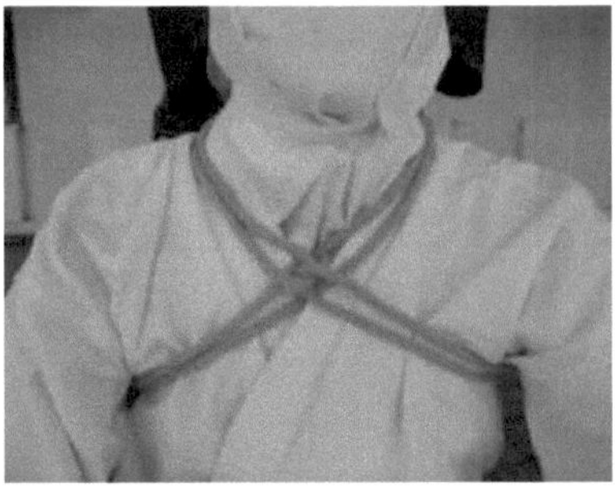

Danach bringt man die andere Seite des Seils als Schlaufe an der Achsel hindurch und zieht das andere Seilende hindurch. Man knotet die beiden Schlaufen zusammen.

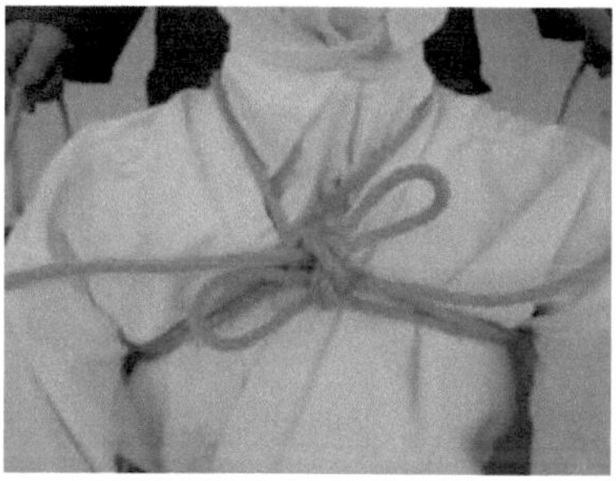

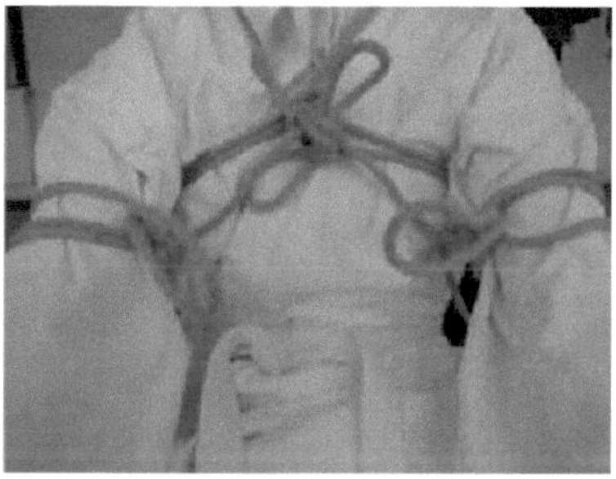

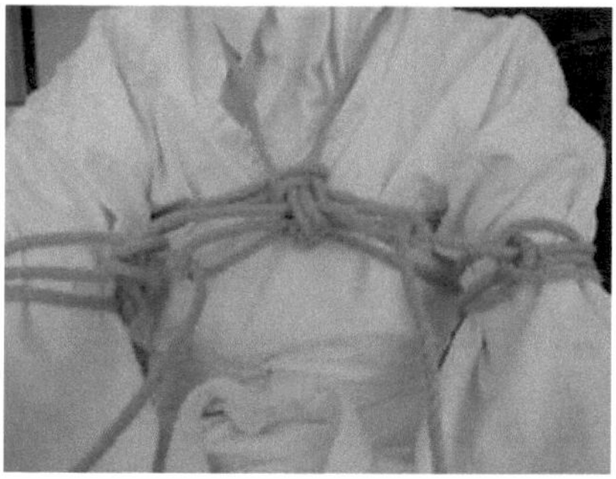

An den Armen wendet man die schon bekannten Schlaufen-Methoden zur Fixierung an. Durch alle vier entstandenen Schlaufen zieht man von links das linke, von rechts das rechte Seil hindurch.

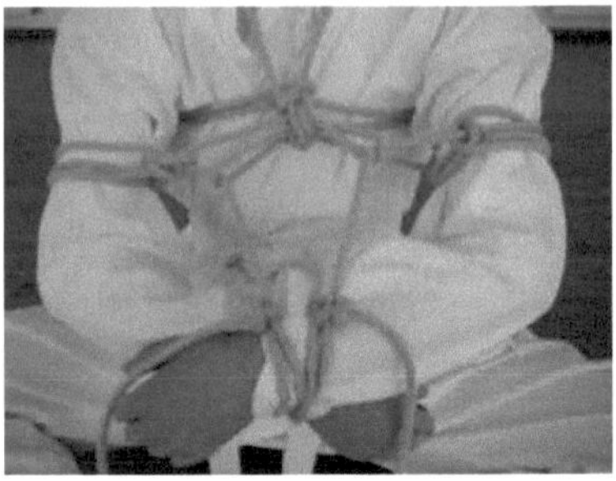

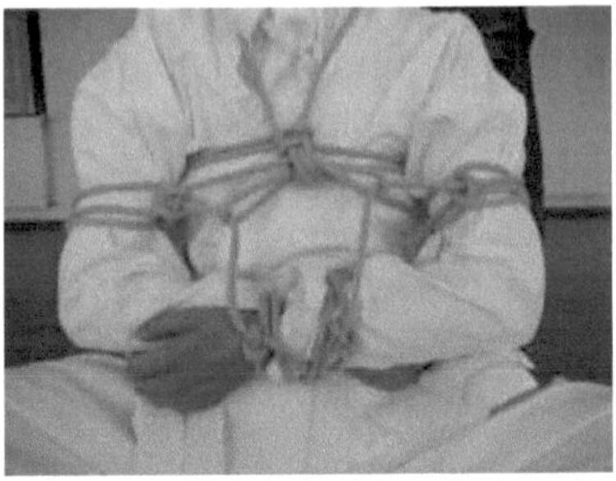

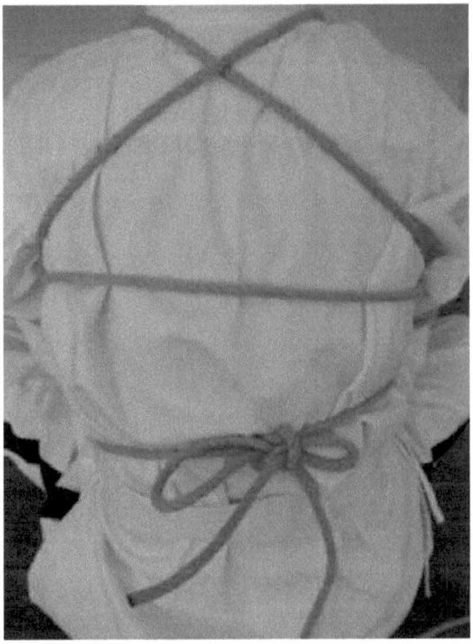

Die Arme werden beide gleich mit den Seilenden umwickelt, wobei beim zweiten Umwickeln die Schlaufentechnik angewandt wird. Die Seilenden werden unter den Händen nach hinten auf den Rücken geführt.

3.2.3. Das Prediger Seil (Oizuri Nawa):

Diese Bindung gehört zu den Bindungen, die zwar hinten gebunden werden, aber durch den Zug am Rücken den Brustkorb und die Armdurchblutung einengen. Je kleiner man die Schlaufen macht, desto unangenehmer wird die Bindung. Einer Überlieferung nach wurde diese Bindung meist bei Predigern angewandt, da nur ein kleiner Ruck am Seil ihnen die Luft nahm und sie so (für eine Zeitlang) schwiegen.

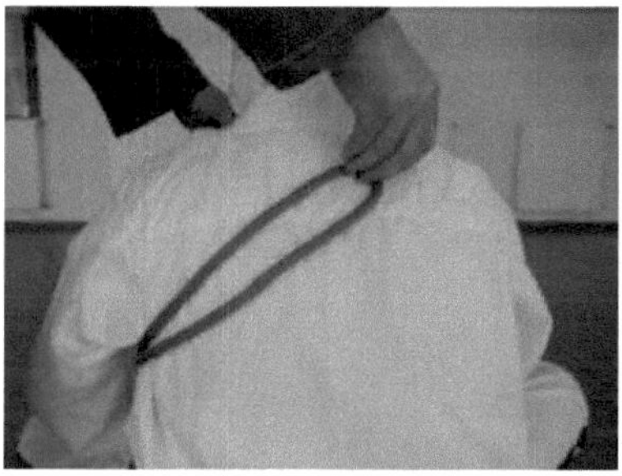

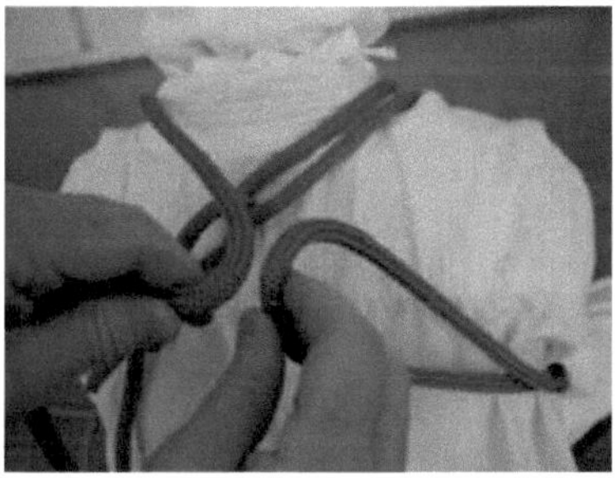

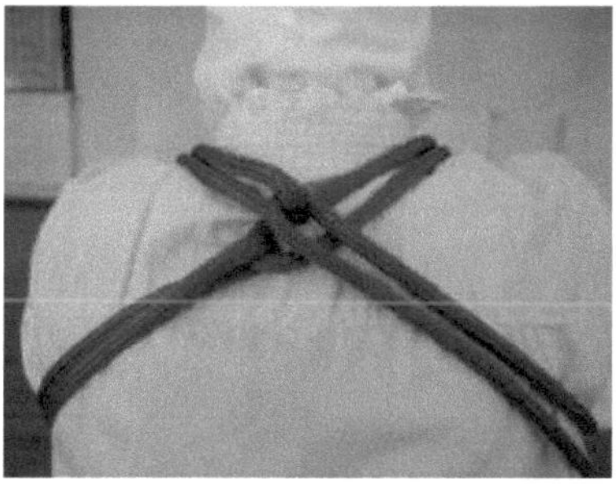

Man beginnt wie beim Holzstäbchen Seil, aber hier auf dem Rücken. Das entstandene Kreuz bleibt und die Enden werden um den Hals nach hinten zusammengebunden (siehe „Mann-Bindung“). Es entsteht eine Schlaufe.

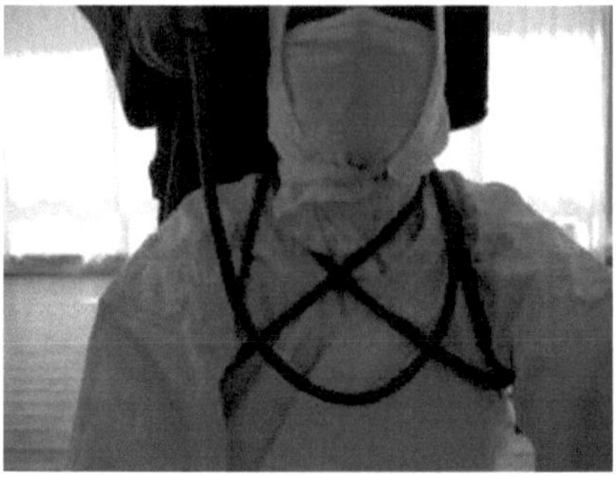

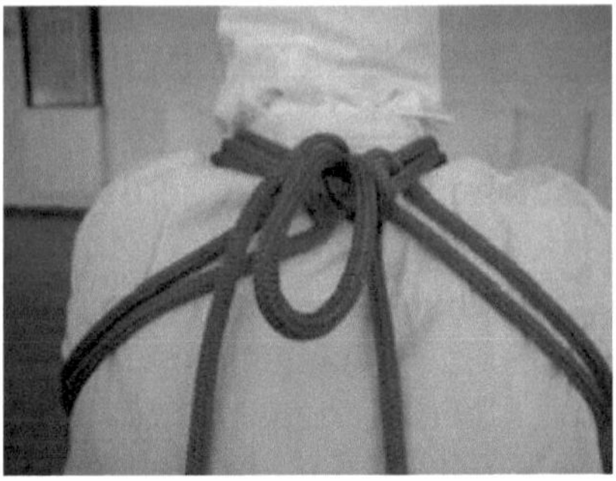

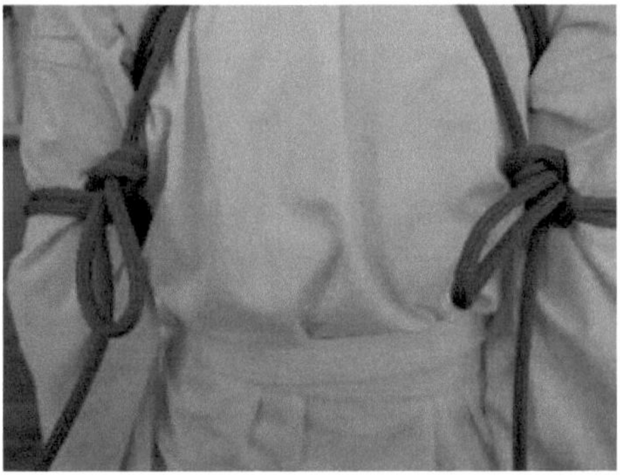

Man zieht die beiden Seilenden nach links und rechts an die Arme und bindet wieder mit der Schlaufenmethode, wobei man hier das Seil vorher nochmals um den Arm schlingt.

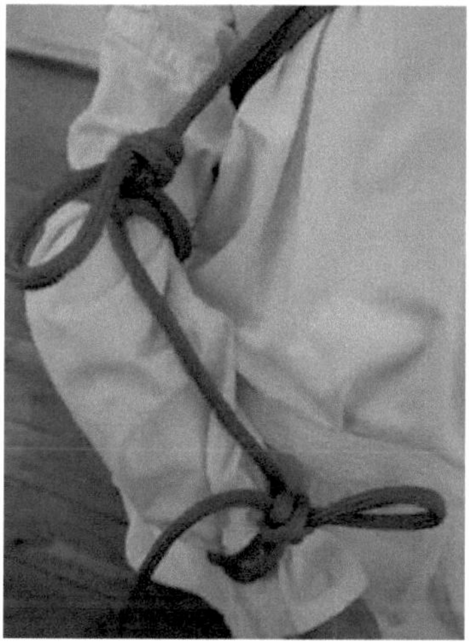

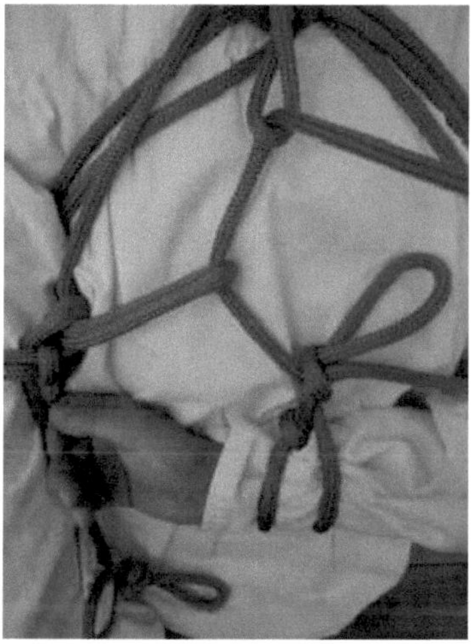

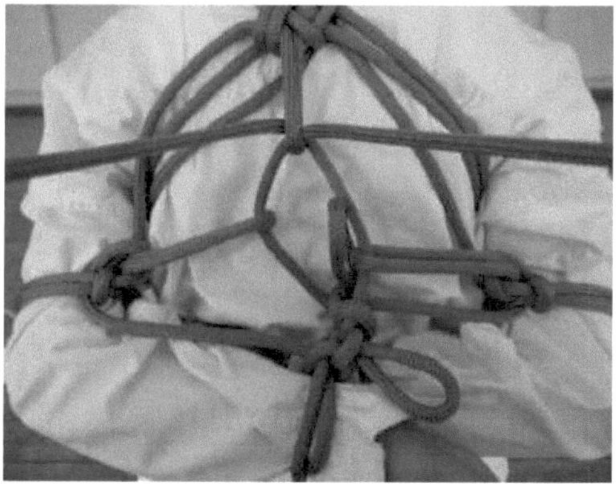

Das gleiche wird am Handgelenk gebunden. Man zieht nun das rechte Seilende durch die linke Oberarmschlaufe und die Halsschlaufe. Das linke Seilende führt man durch die rechte Armschlaufe, dann durch die Halsschlaufe. Erst jetzt führt man das rechte Seil durch die Schlaufe der linken Hand, das linke Seil durch die Schlaufe der rechten Hand.

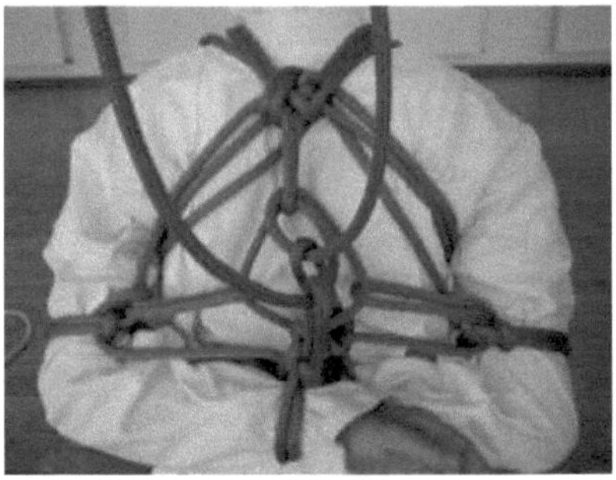
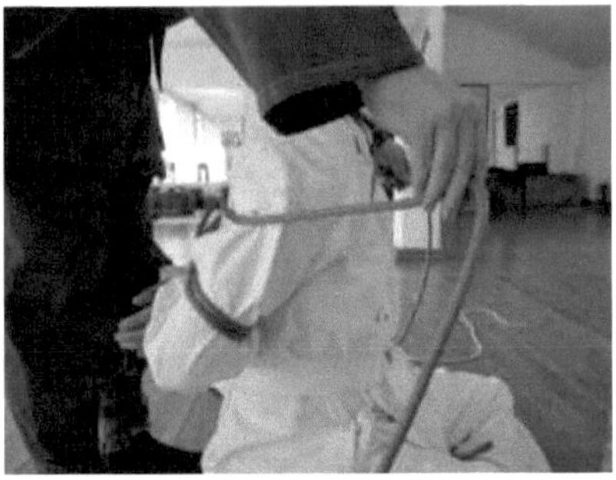

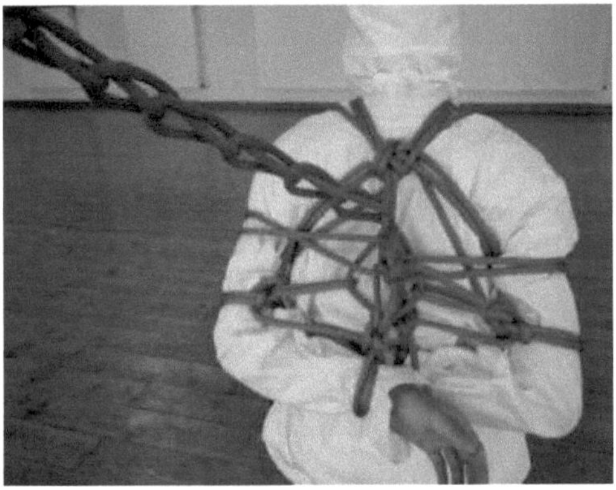

Man zieht kräftig zusammen und führt das Seil um die Brust herum wieder nach hinten. Dort kann man die Ketten-Methode zum Abtransport benutzen (siehe letztes Bild).

3.2.4. Das Hängende Seil (Tasuke Nawa):

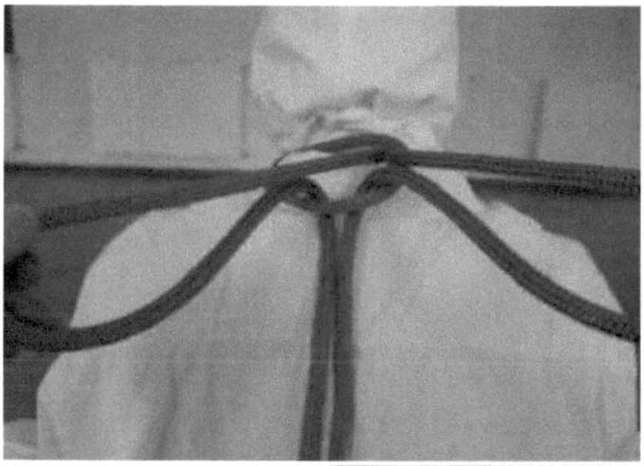
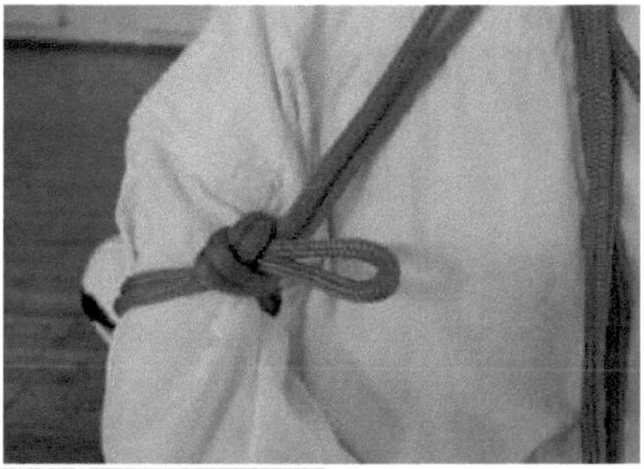
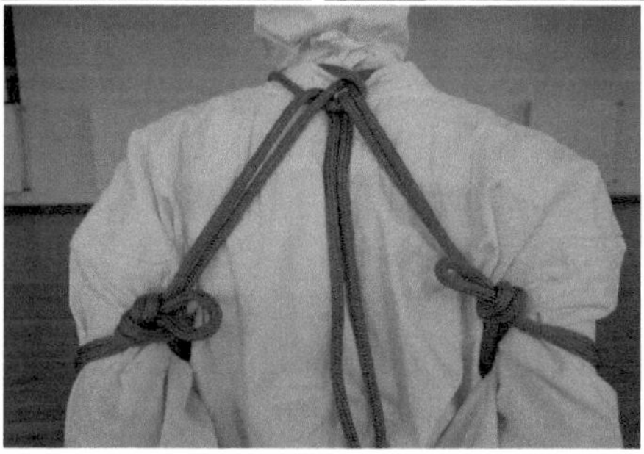

Man beginnt mit der Mitte des Seils. Legt es um den Hals und zieht die beiden Enden durch die Schlaufe bis zu den Armen. Da man durch Zug an den Enden die Arme zusammenziehen kann, wird hier kein aufwendiger Knoten angewandt. Es soll eine gewisse Flexibilität vorherrschen.

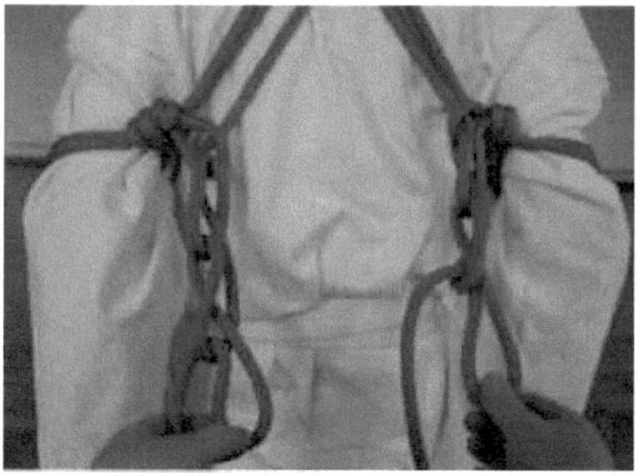
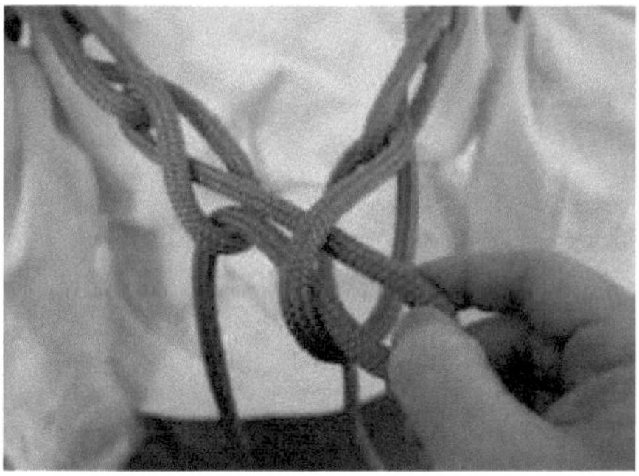

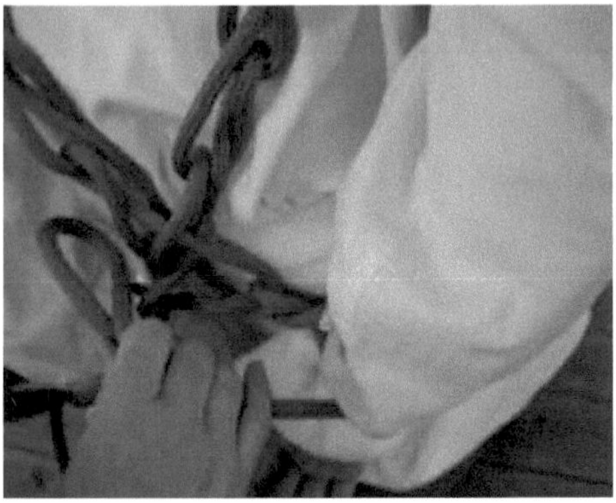

Das von hinten nach vorne gebrachte Doppelseil wird nach oben verbunden, so dass eine Schlaufe verbleibt. Die Seilenden, die aus der Schlaufe des Halses kommen werden mit der Ketten-Methode bis zu den Handgelenken verlängert. Zum besseren Halt verschlingt man die linke und rechte Kette und bindet die Handgelenke mittels einer Doppelschlaufe in eine Winkelstellung. Die Ellbogen sind gebeugt.

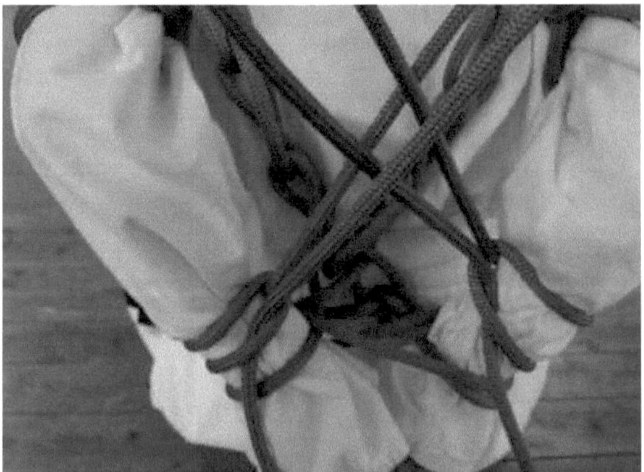

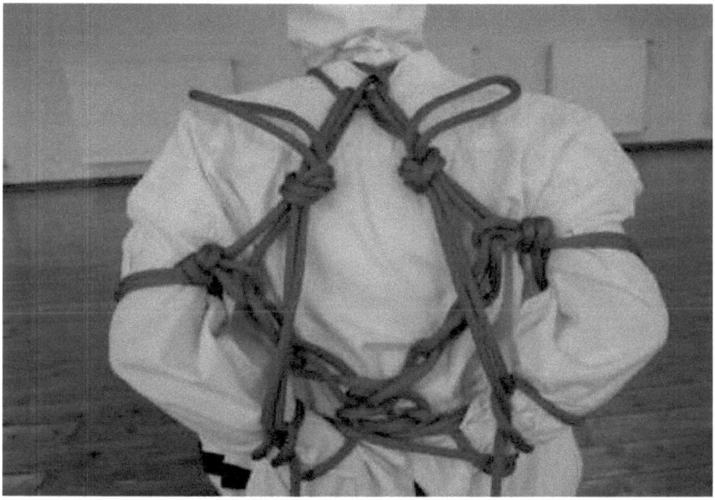

Zur Hebelung und Abtransport bildet man zwei längere Schlaufen und befestigt sie seitengleich. Zum Abtransport wird das jeweilige Ende wieder durch die großen Schlaufen gezogen. Hier muss man auf die Seitengleichheit achten. Nur so entsteht der Zug an den Armen. Der Name entstand aus der Seilanordnung aus der Halsschlaufe.

3.3. Das Schneidende Seil (Kiri Nawa):

Das Merkmal der Schneidenden Seile ist ein Knoten in Höhe der Schulterblätter. Es sind immer unterschiedliche Knoten und erfüllen daher auch immer andere Bindungserfolge.

3.3.1. Kiri Nawa I (das Original):

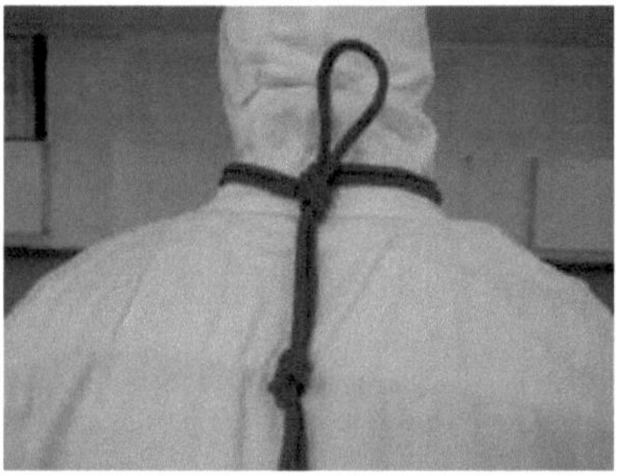

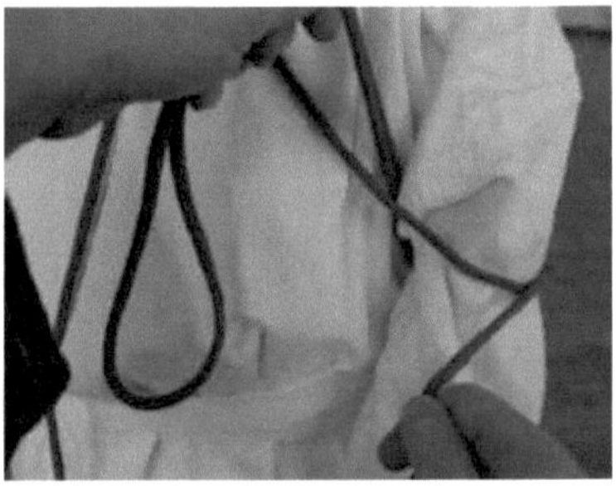

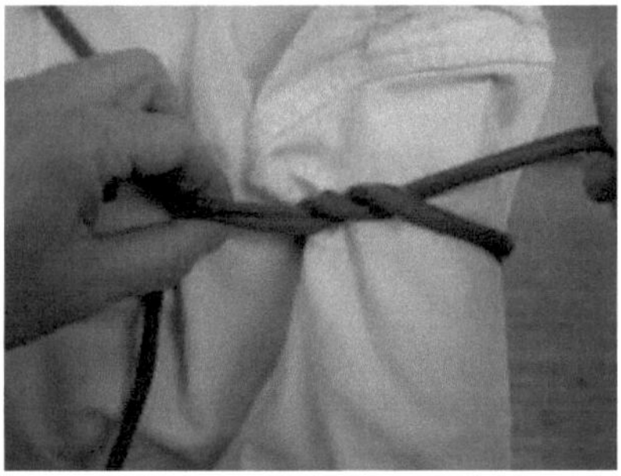

Bei Kiri nawa eins muss das Seil vorbereitet werden. Das Seil muss einen Knoten in Höhe der Schulterblätter des Partners haben. Die richtige Lage entspricht der Armlänge des Partners.

Das Seil wird doppelt durch den Arm, oberhalb des Ellbogens gelegt, verknotet, und mit der verbleibenden Seilschlaufe entgegengesetzt zurückgeführt und wieder mit dem vom Knoten kommenden Seil verknotet.

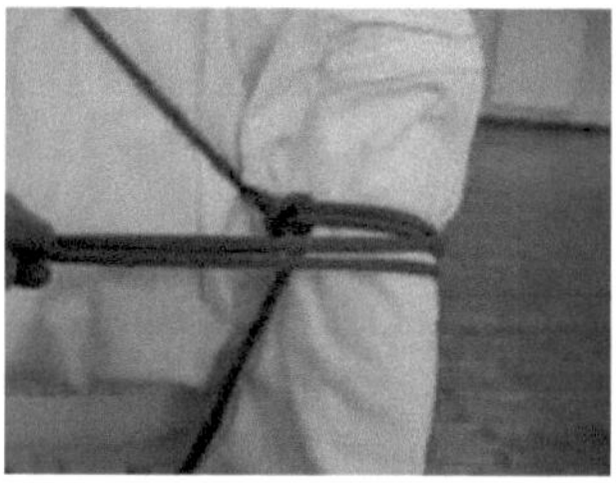

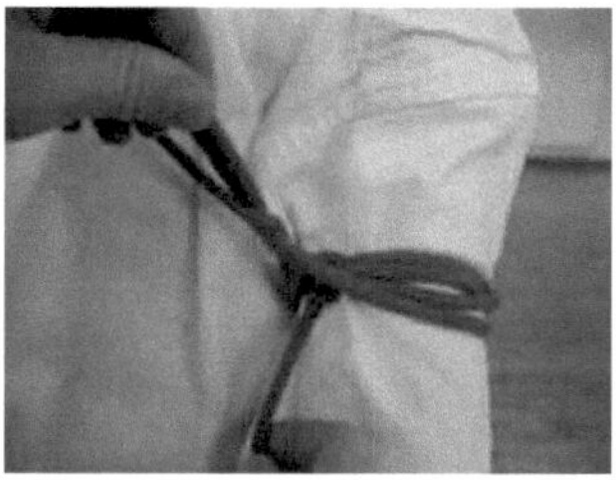

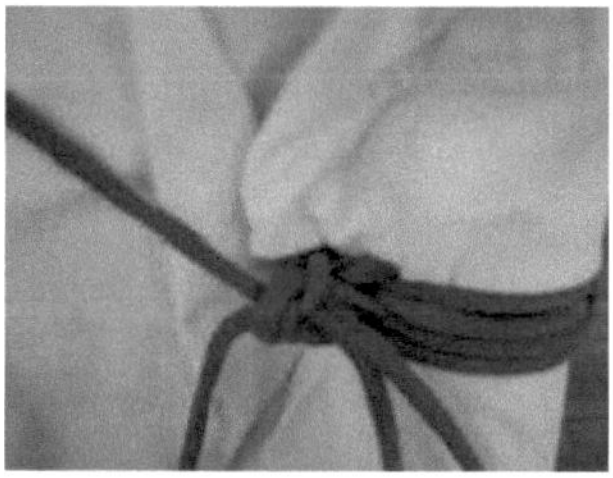

Das somit vierfach um den Arm verlaufende Seil kann nicht gedreht werden, da der Zug gegenläufig ist. Hat man beide Arme so gebunden, zieht man sie in der Mitte des Rückens mittels eines Ziehknotens zusammen. Es entsteht ein Dreieck.

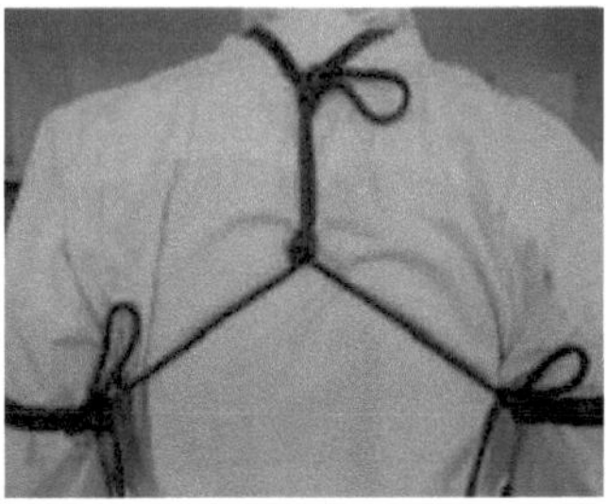

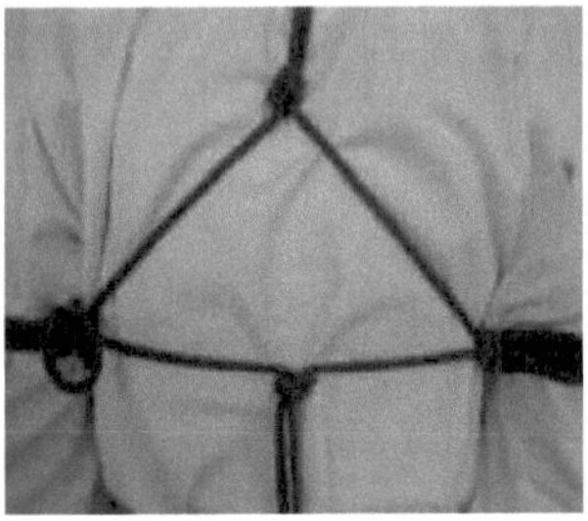

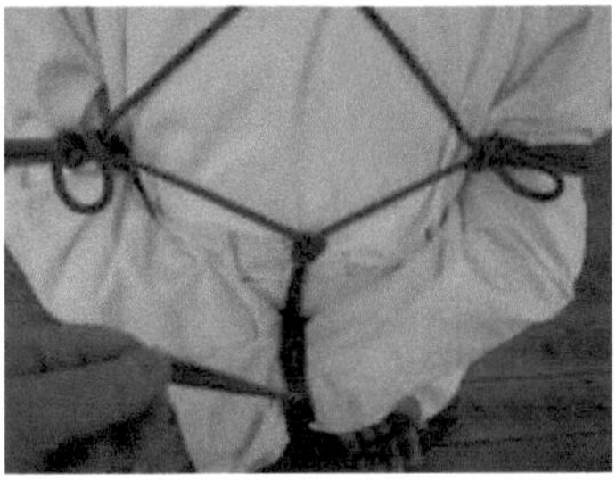

Bei übereinander gelegten Unterarmen verfährt man genauso wie bei der Oberarmbindung.

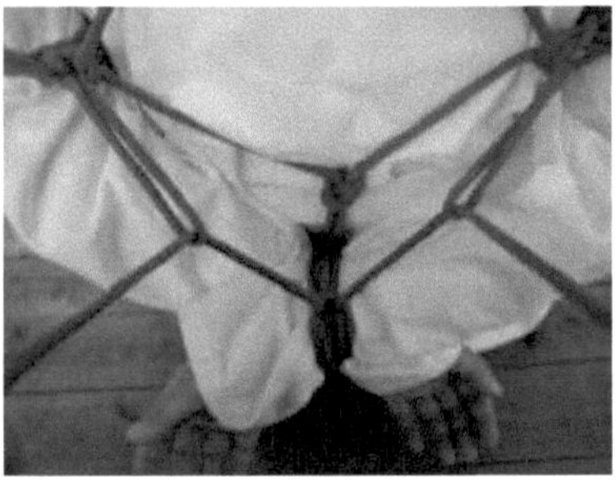

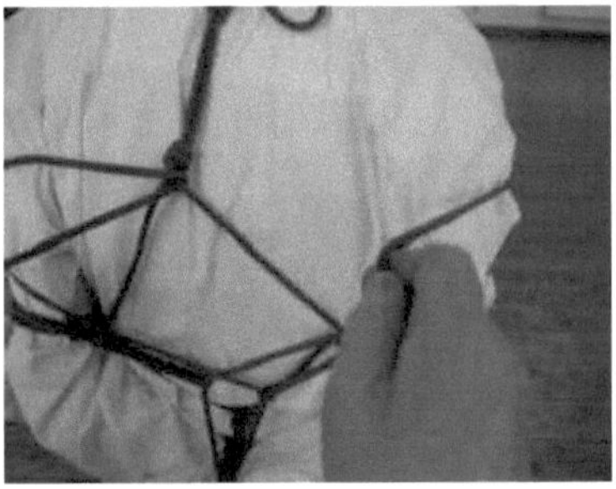

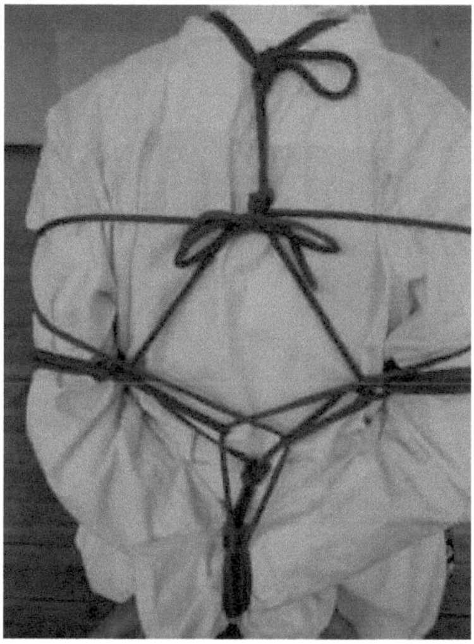

Zum besseren Halt werden die Schlaufen der Arme über Kreuz nach vorne um den Oberkörper gezogen und beendet wird die Bindung am Ausgangesknoten an den Schulterblättern. Die Bindung geht relativ schnell und liegt an Druckpunkten des Armes und der Handgelenke an. Es kann sein, dass daher auch der Name kommt. Ist aber nicht überliefert.

3.3.2. Kiri Nawa II (Kombination mit dem Rohr Seil (Tsutsu Nawa)):

Die Abwandlung von Kiri nawa zwei liegt in der waagerechten Endhaltung der Arme. Daher auch der Name. Das Seil verläuft ebenfalls rohrartig am Körper.

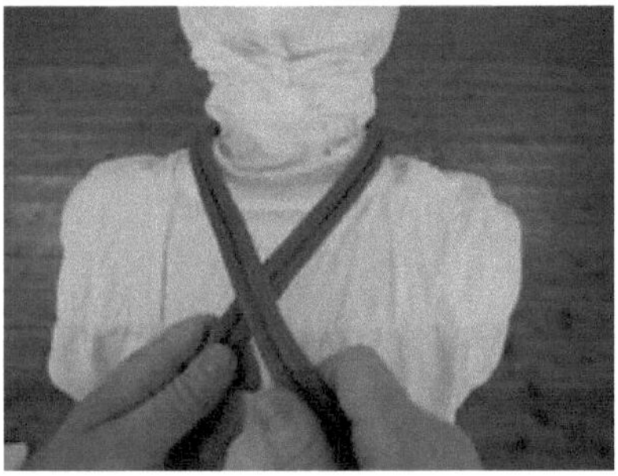

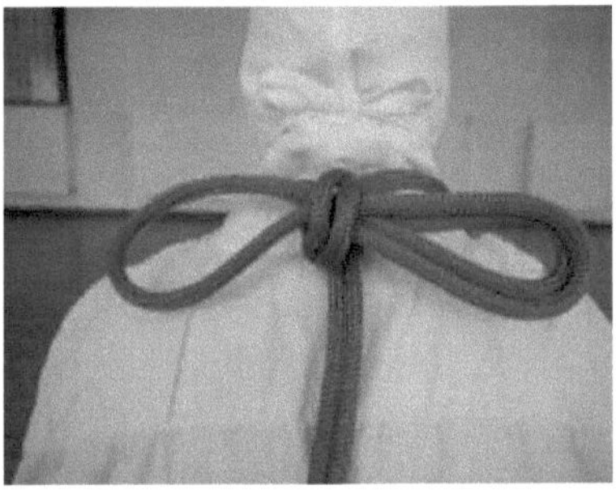

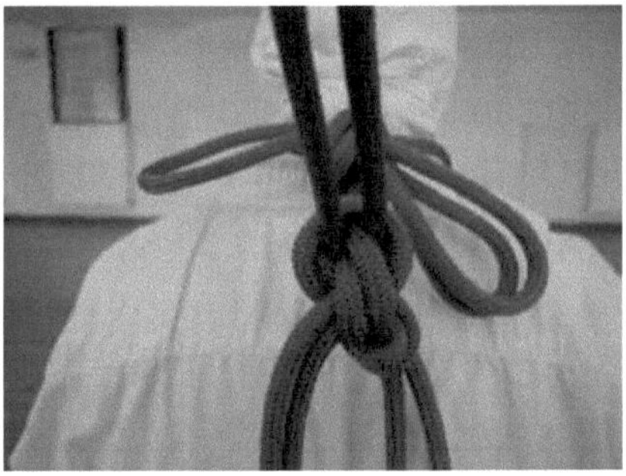

Man beginnt mit einem Doppelseil am Hals und bindet es mittels eines Ringknotens, so dass zwei feste Schlaufen entstehen. Danach kommt der Kirinawa Knoten. Er sitzt wiederum zwischen den Schulterblättern.

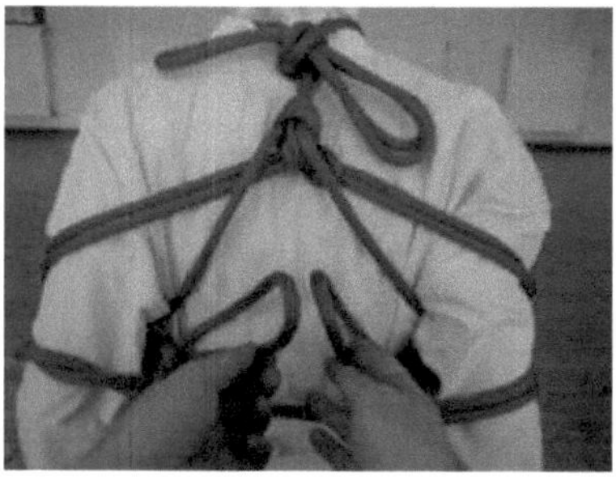

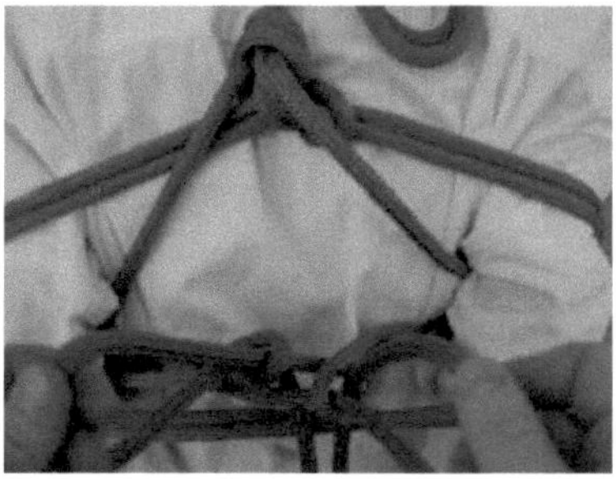

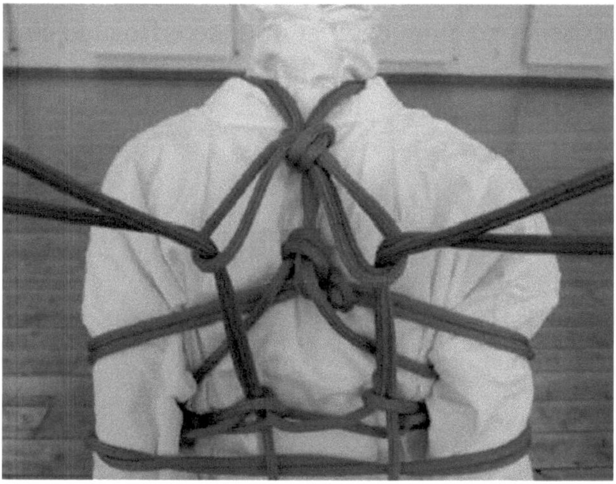

Es kommen zwei Doppelseile und zwei einzelne Seile heraus. Die Doppelseile schlingt man um die Oberarme direkt, die einzelnen Seile schlingt man entgegengesetzt um die Arme. Die entstandenen Schlaufen verbindet man mit den Seilenden der einzelnen Seile. Diese werden gegensätzlich durch die Armschlaufen gezogen. Doppelseilig schlingt man durch die Halsschlaufen.

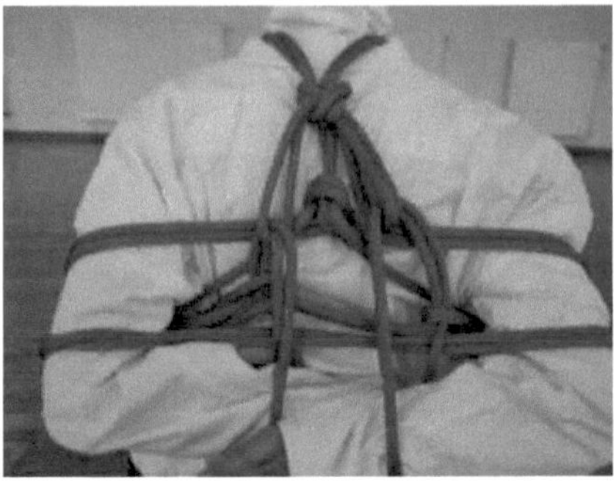
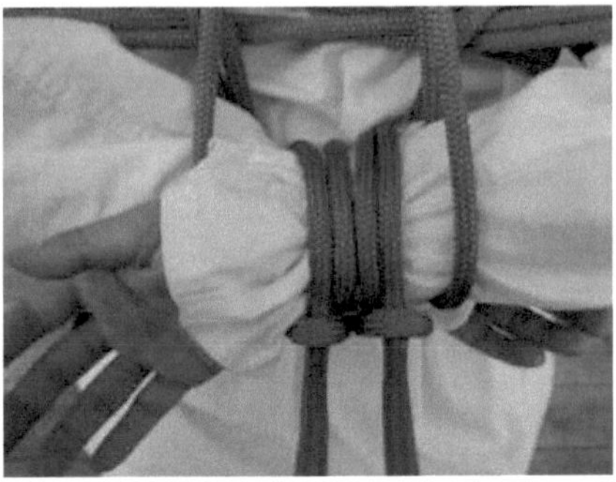

Man zieht die Seile an und beginnt mit den Handgelenken. Sie werden auch parallel gelegt und mittels doppelt gelegten Seilen nach oben gezogen, so dass sie parallel zu dem Seilen der Oberarme liegen.

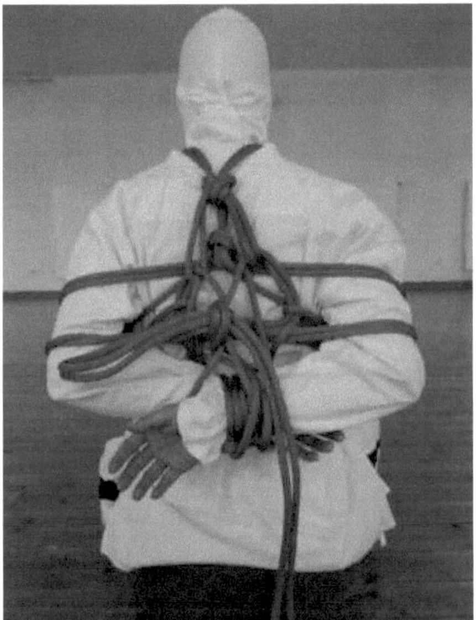

Hier haben wir das Restseil nach oben umbunden, da ein 25m langes Seil benutzt wurde.

3.3.3. Kiri Nawa III (Kombination mit dem Fallenden Blüten Seil (Rakka Nawa)):

Kiri Nawa drei gehört zu den eher schwierigen Bindungen. Wie man beim letzten Foto sieht, muss bei der Bindung der Fallende-Blüten-Charakter herauskommen. Ein weiterer Schwierigkeitsgrad ist das Herausfinden der Länge der Schlaufen zum Körper/Rücken des Partners. Hier bringt nur Übung den entsprechenden Erfolg, da jeder Partner mit seiner unterschiedlichen Statur andere Seil-/Schlaufenlängen benötigt.

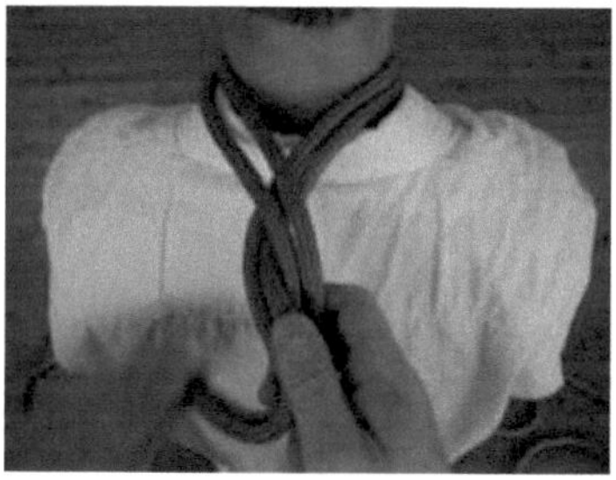

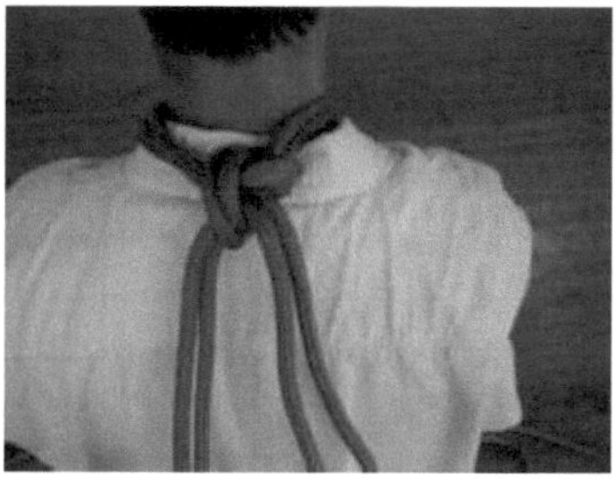

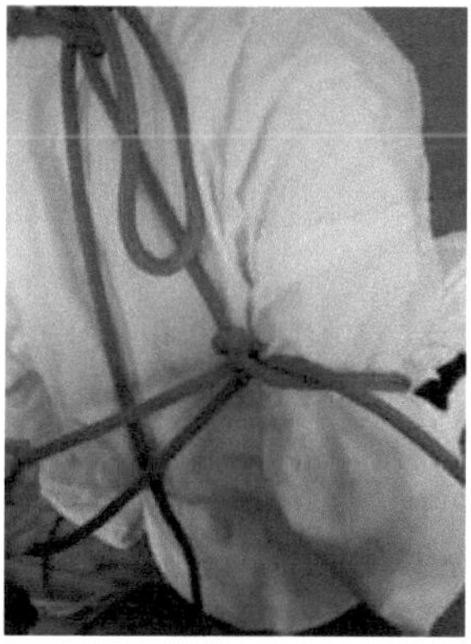

Man beginnt wieder mit einem Doppelseil um den Hals. Man dreht das Seil aber doppelt herum und zieht das Ende der Schlaufe von unten nach oben. So kommt die Schlaufe später korrekt nach unten. Mit dem freien Seil umschlingt man den rechten sowie den linken Arm. Auch hier wird das Seil diesmal um sich selbst gedreht.

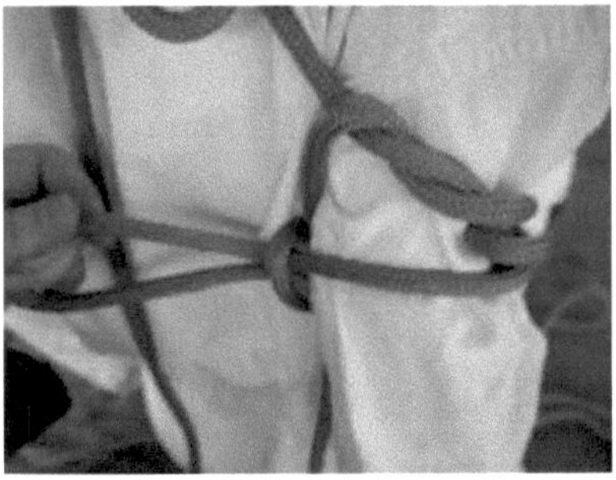
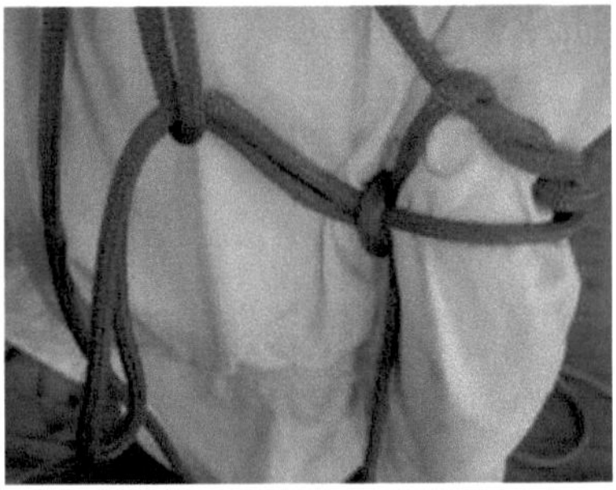

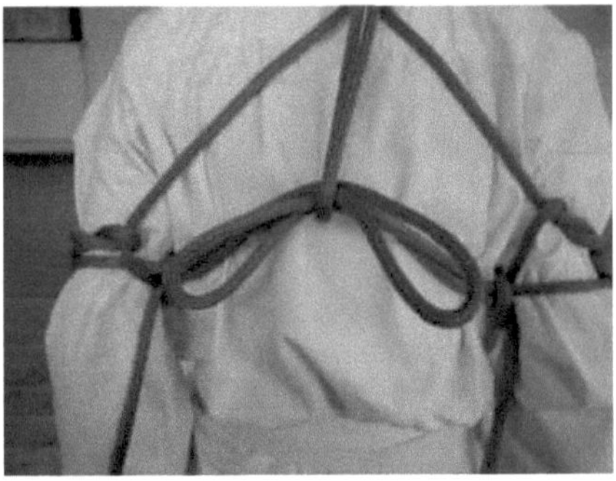

Das Schema mittels der von unten durch den Arm geführten Schlaufe wird auch hier wieder angewandt.

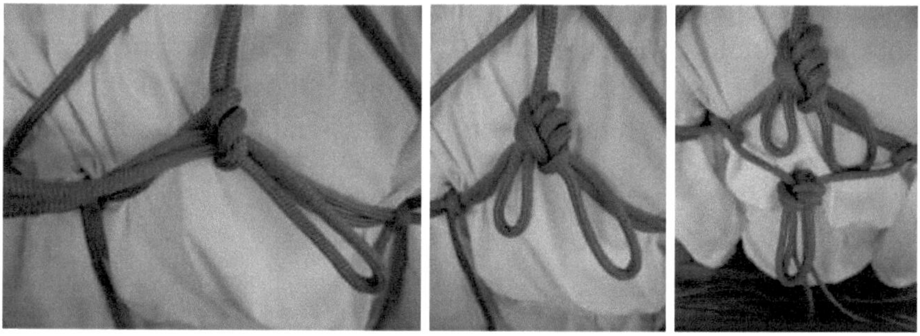

Die Seile (Schlaufen) werden um die Seilschlaufe gedreht und am Ende geknotet. Es bleiben immer Schlaufen übrig, die zum Schluß hin untereinander verbunden werden. Danach macht man mit den unter dem Arm herkommenden Seilenden weiter. Sie werden angezogen und bilden zwei Schlaufen, die man zusammen in einen gemeinsamen Knoten bindet.

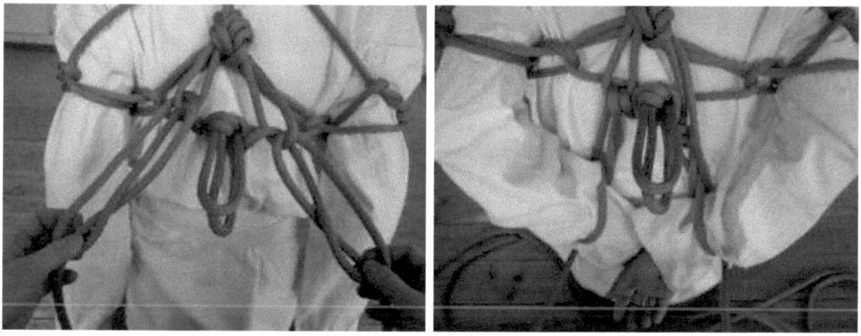

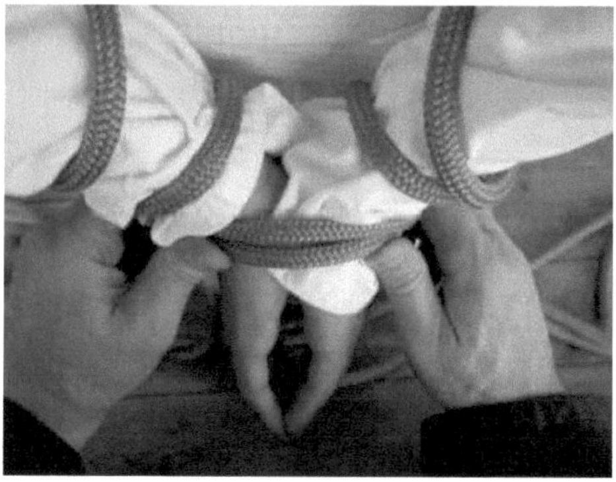

Aus den Enden wird das Seil durch die beiden Schlaufen des Kirinawa Knotens gezogen. Man verlängert sie wieder mit der Ketten-Methode und führt das Seil um die Handgelenke/Unterarm. Erst einmal dann ein zweites Mal in Richtung Hände. Diese legt man zusammen und bindet sie waagerecht.

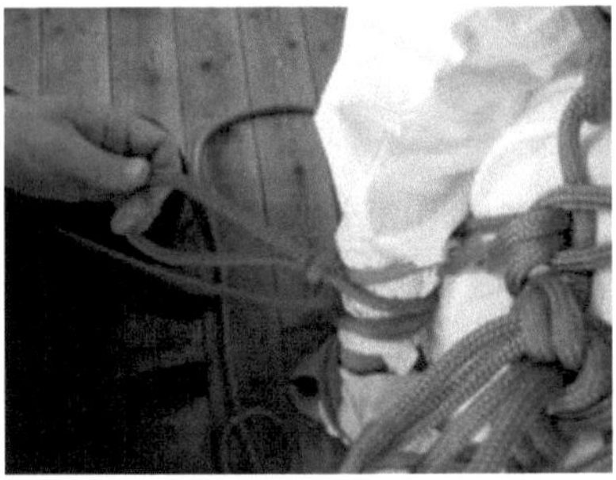

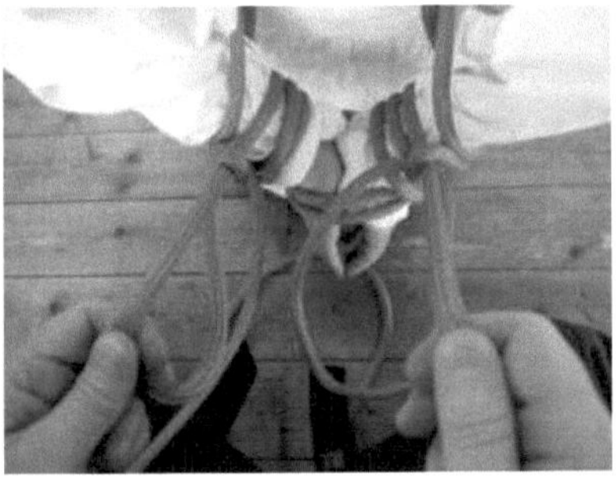

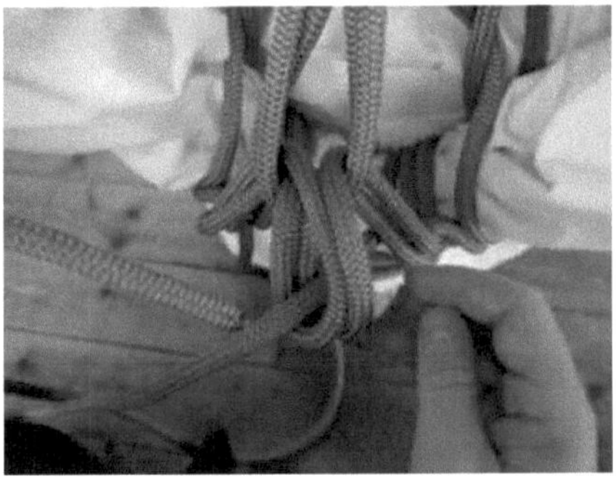

Man führt das Seil links und rechts wieder zurück in Richtung Unterarm, bildet Schlaufen, zieht beide durch die zuletzt gebildeten Schlaufen unterhalb des Kirinawa-Knotens, zieht das Seil durch die Schlaufen, die nach vorne zeigen hindurch, so dass eine zweite waagerechte Linie zu den Händen entsteht. Man bindet die Enden nach vorne vor dem Bauch zusammen.

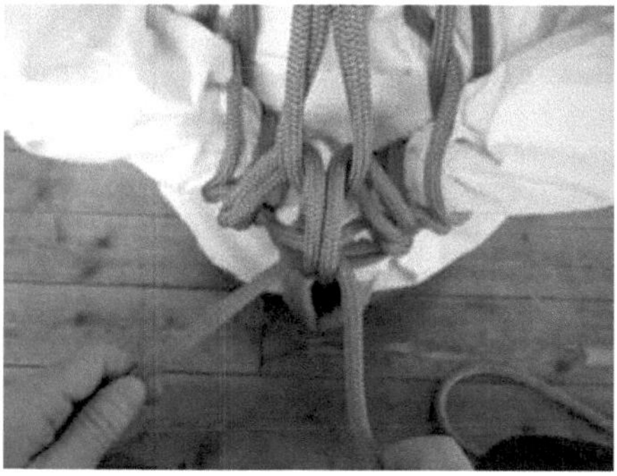

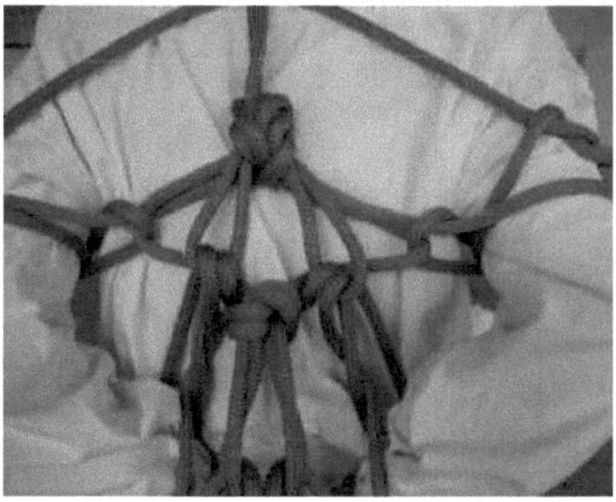

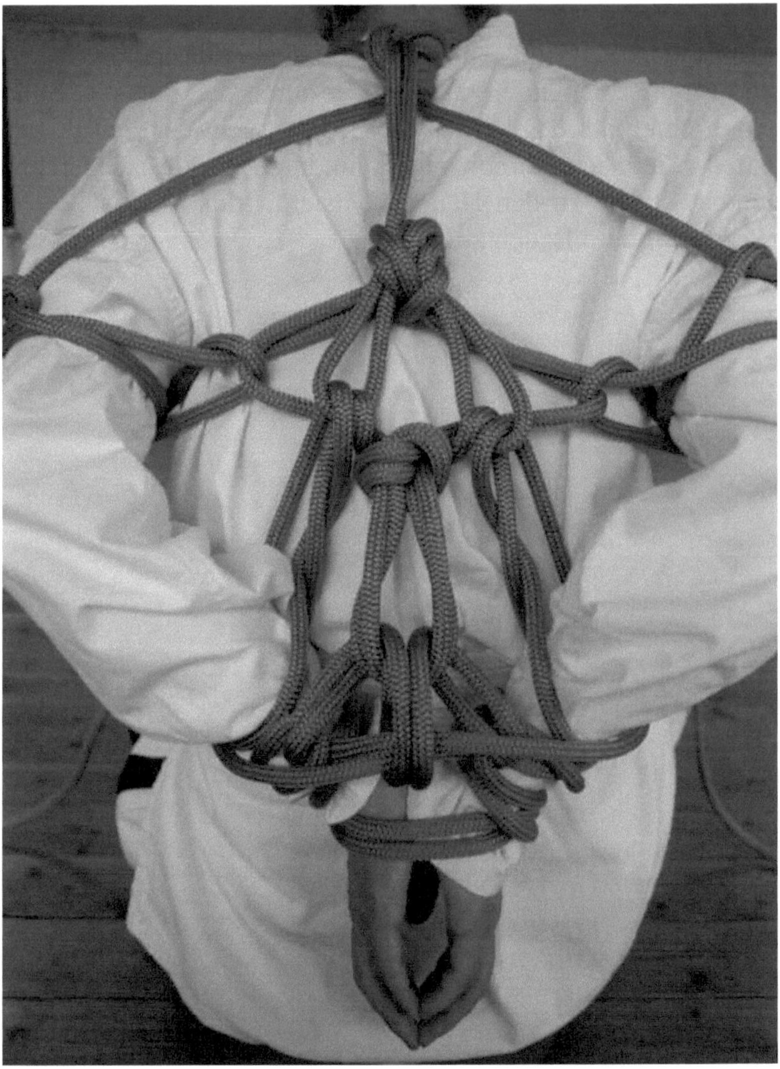

Das Seil sollte man zwischen jedem neuen Schritt (d.h. nach jedem Knoten der nächsten Ebene) immer wieder straffer nachziehen. Der fallende Blütencharakter kommt durch die verschiedenen Ebenen zu Stande.

3.4. Das Stände-Seil:

3.4.1. Das Original (Kurai Nawa):

Es wird mit einem kurzen Seil gebunden, ca. 3-4 m. Die Bindung ist nicht kompliziert, da das Ständeseil für gehobene Bevölkerungsschichten galt. Es fällt in der Bindung auch kaum auf. Es kommt darauf an, dass die Arme nicht zur Seite und die Hände nicht nach unten bewegt werden können.

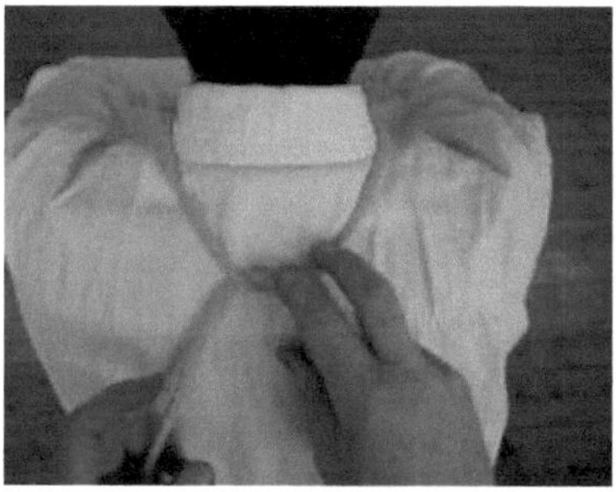

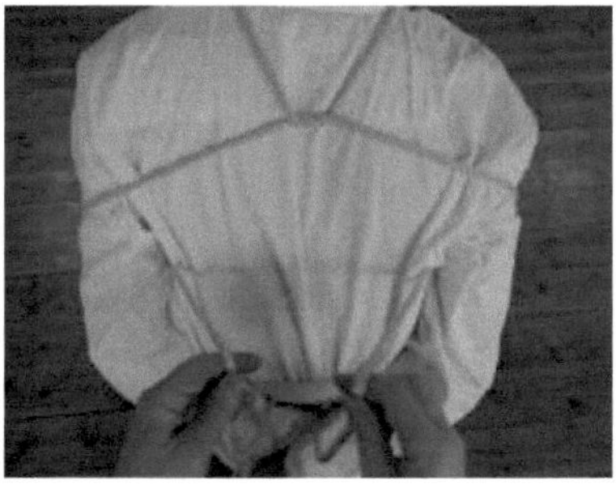

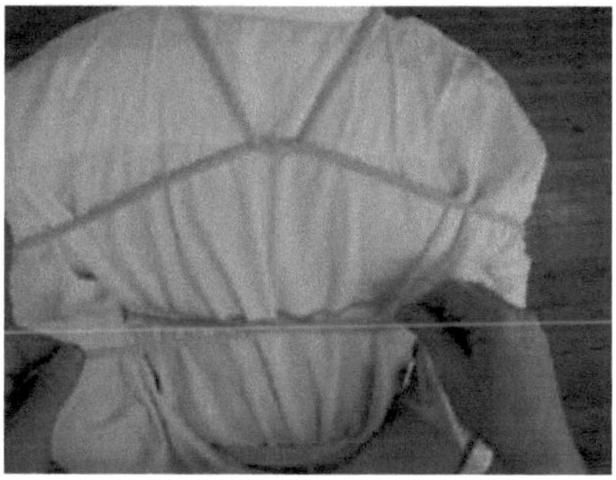

Man beginnt mit einer einfachen Schlaufe um den Hals, die beweglich ist. Sie wird nicht fixiert, d.h. bei einer Eigenbewegung wird der Hals/Kehlkopf gewürgt. Das Seil zieht man von vorne um die Arme, knotet sie wieder auf dem Rücken zusammen.

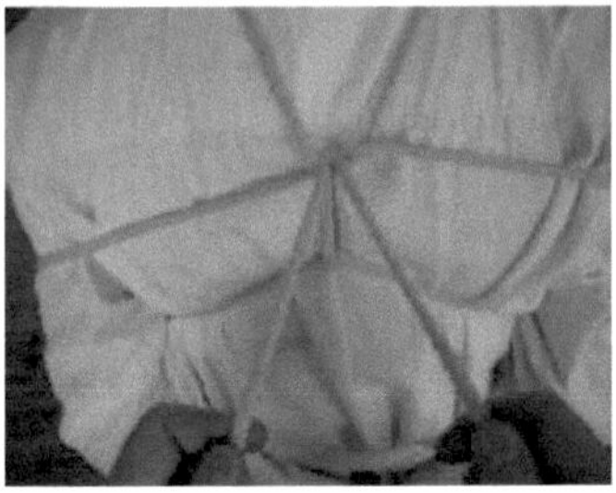
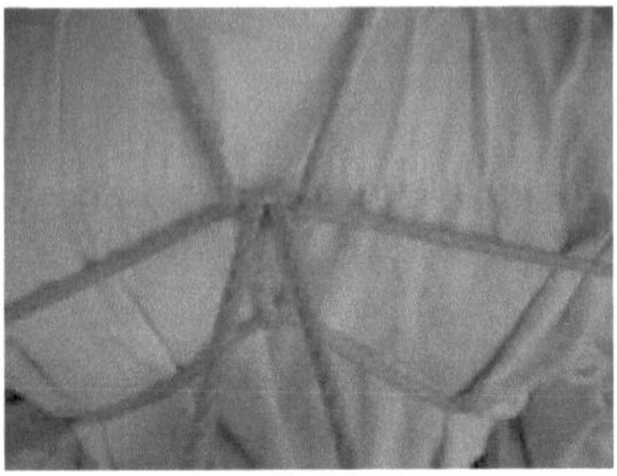
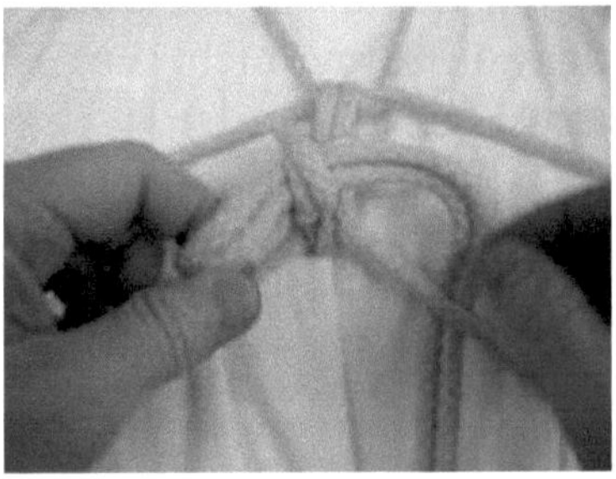

Man führt die Enden durch die Halsschlaufe von hinten nach vorne, zieht eine Schlaufe um den Steg und führt das Seil in die Schlaufe. Man zieht zusammen und es bildet sich ein Knoten.

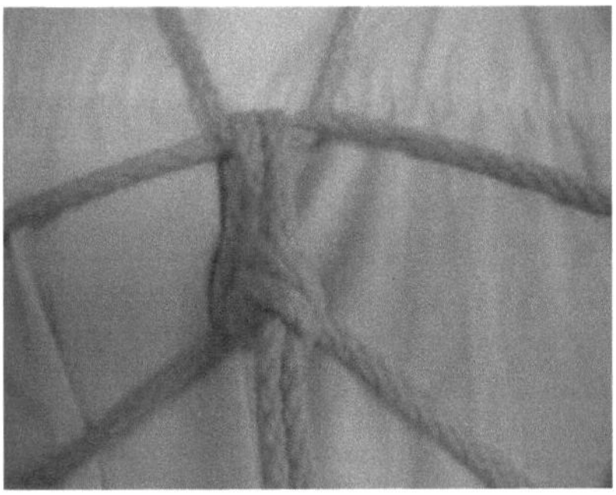
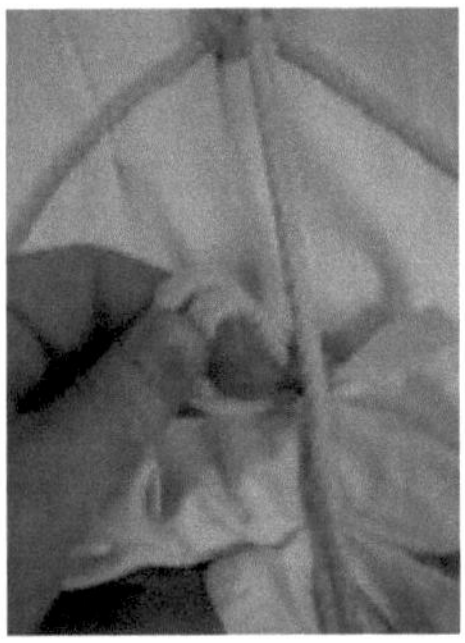

Man legt das Restseil um die beiden Handgelenke, mit dem doppelt liegenden Seil dreht man um das von oben kommende Seil, zieht die Arme mit dem Seil höher, schlingt das Seil nochmals doppel-liegend zur Schlaufe zu.

Den Abschluss bildet das Festziehen des Seils von unten um den Unterarm nach oben. Dort bindet man das Ende am senkrechten verlaufenden Seil zusammen. So werden die Hände noch ein Stück nach oben gezogen.

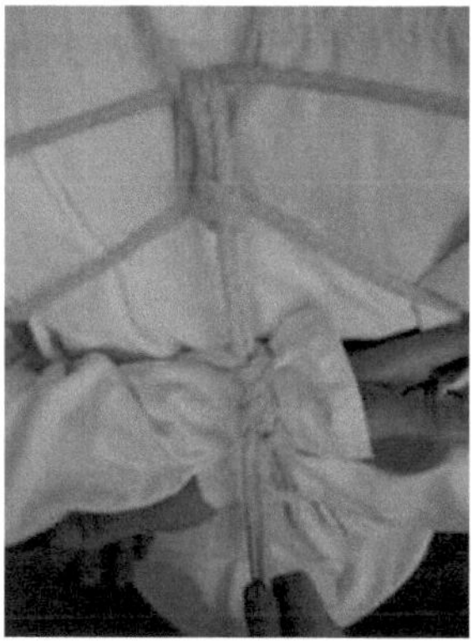

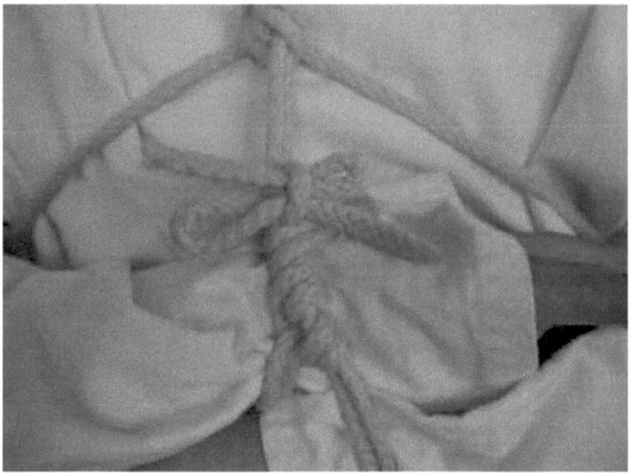

Trotz der wenigen Bindung ist die Beweglichkeit recht stark eingeschränkt. Versucht man die Hände auseinander zu ziehen, wird am Hals gewürgt, da die Oberarme den Druck dorthin umleiten.

3.4.2. Das Mönchs Seil (Yamabushi Nawa):

Das Mönchsseil wird im Schulterblattbereich verstärkt. Es sollte den Sinn haben, den Gefangenen an einer Wand oder Wagen anzuhängen. Die Mönche wurden so „geordnet“, da meist nicht erkennbar war, wer der Rangniedrigste bzw. Ranghöchste war.

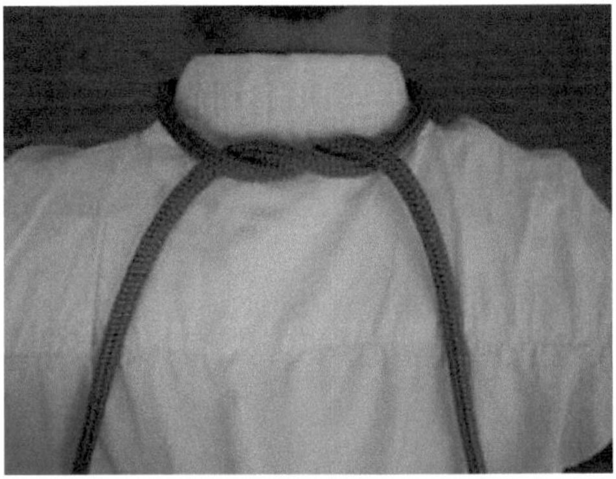

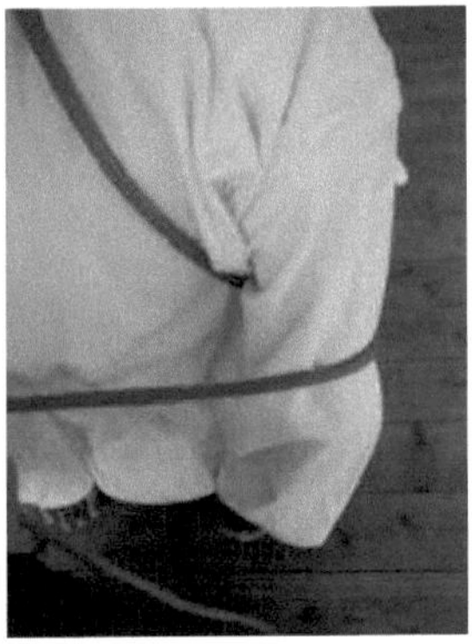

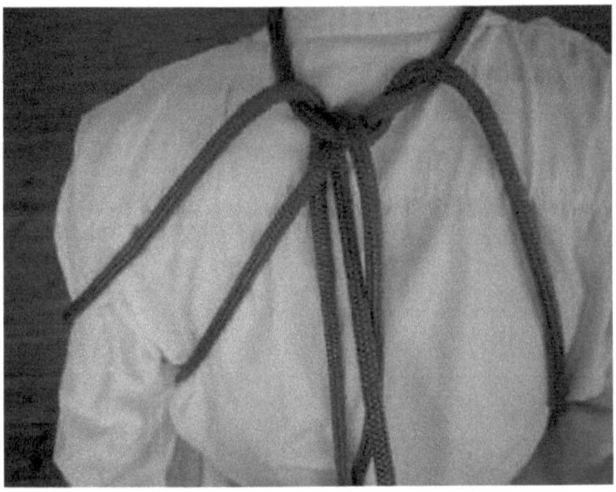

Man beginnt mit einer Halsschlaufe, zieht das Seil von Hinten nach vorne um die Arme, schlingt es durch die Halsschlaufe, und zieht nach unten. Hier muss man darauf achten, dass der Partner nicht hier schon gewürgt wird.

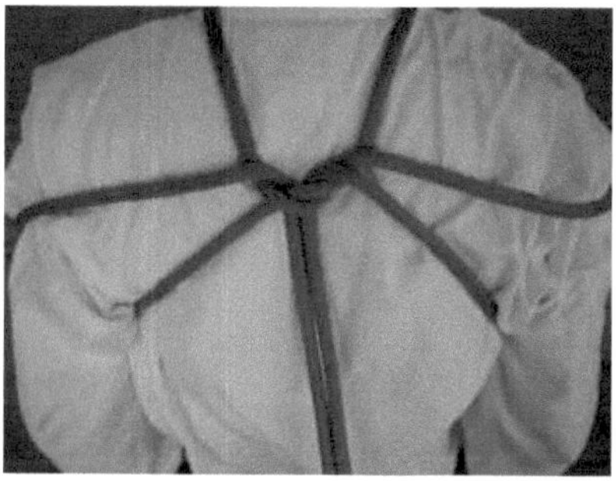

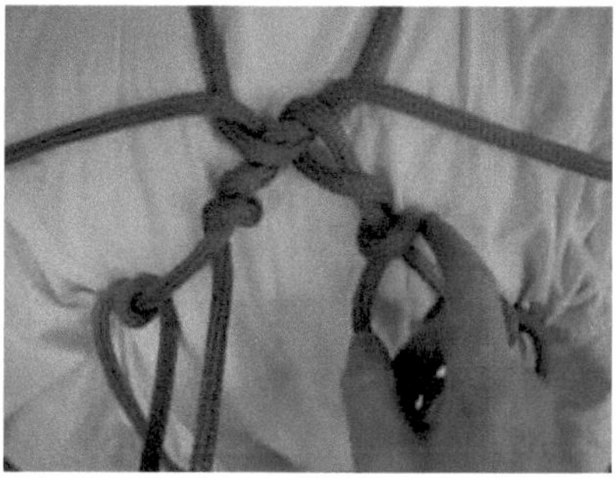

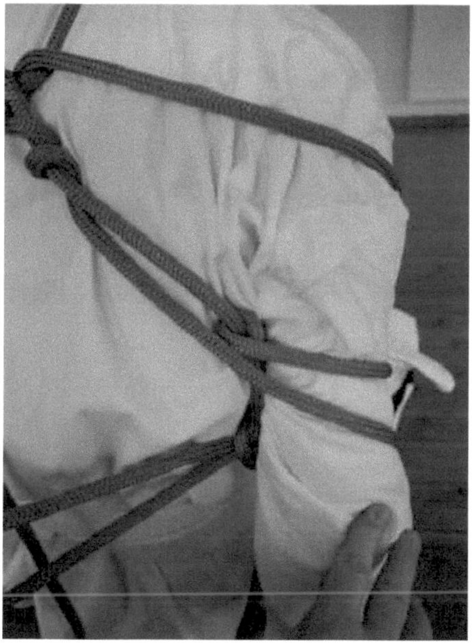

Man bildet zwei Schlaufen und dreht diese um die unteren Seile der Arme. Die Schlaufe muss so lang sein, dass sie noch bis unter die Armbeuge passt. Die Schlaufe wird wieder verlängert (Ketten Methode).

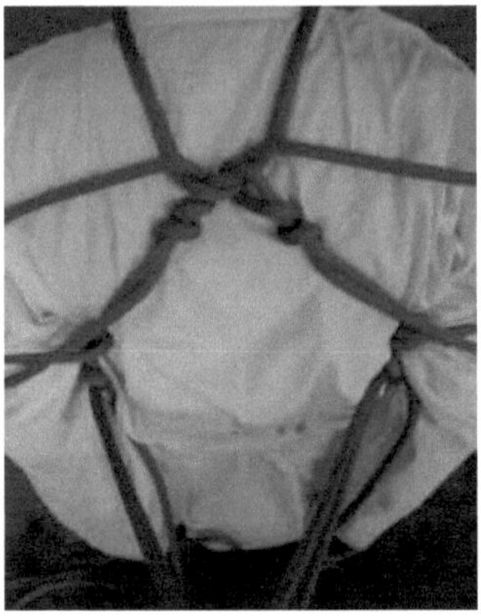

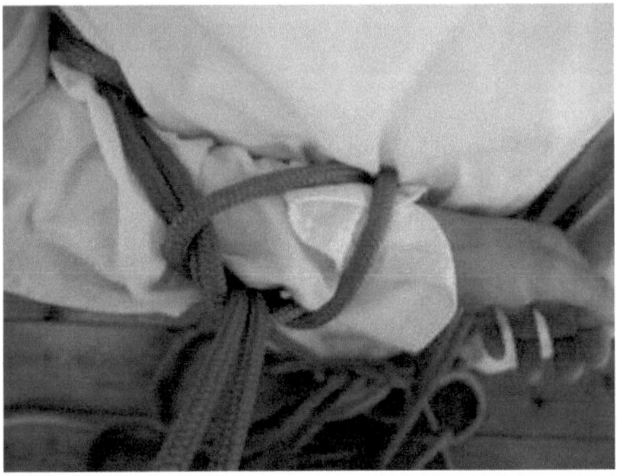

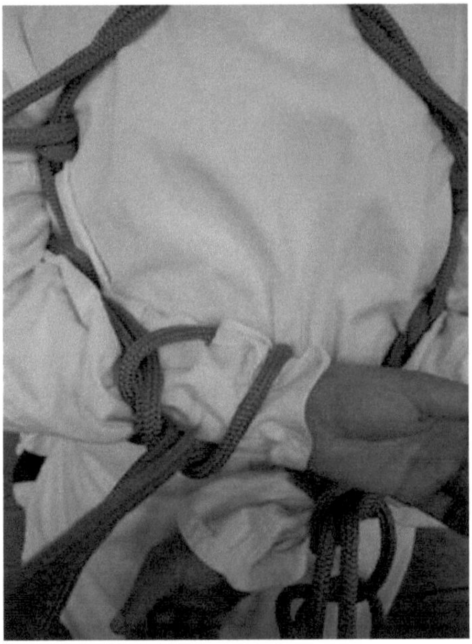

Mit dem Doppelseil geht man um die Unterarme, zieht mit einer weiteren Doppelschlinge fest, jeweils linken und rechten Arm.

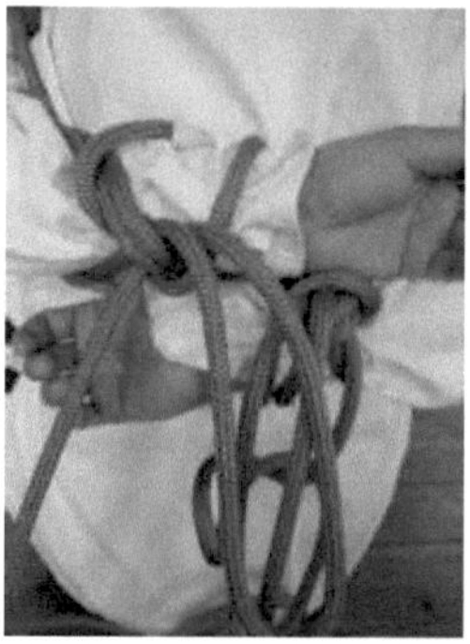

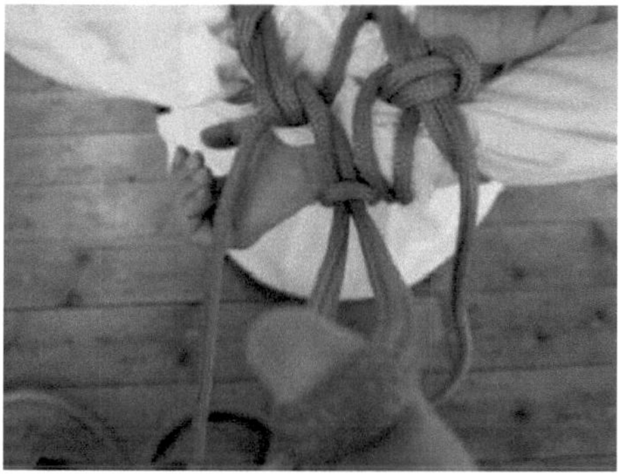

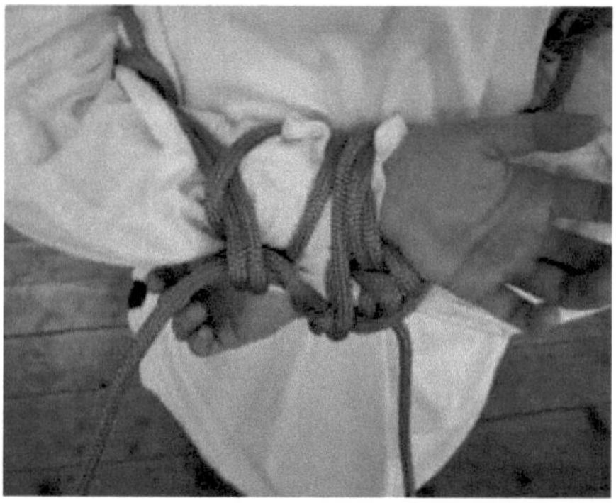

Die Seilenden werden durch die Schlaufen gezogen und festgezogen. Die feste Bindung an den Handgelenken ist beim Hängen unabdingbar. Den Abschluss bildet das Hochziehen des Endseils wie beim Original.

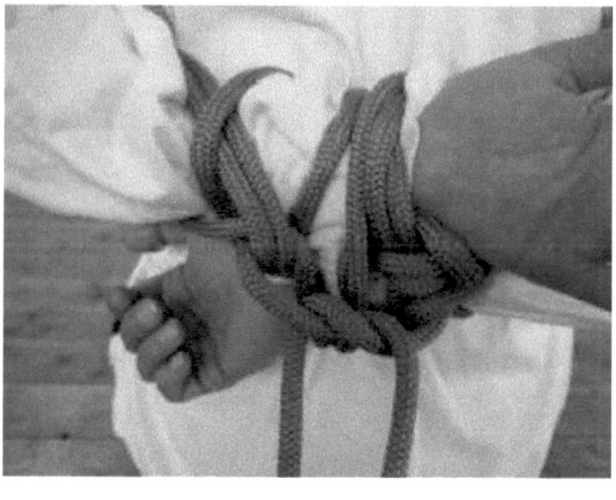

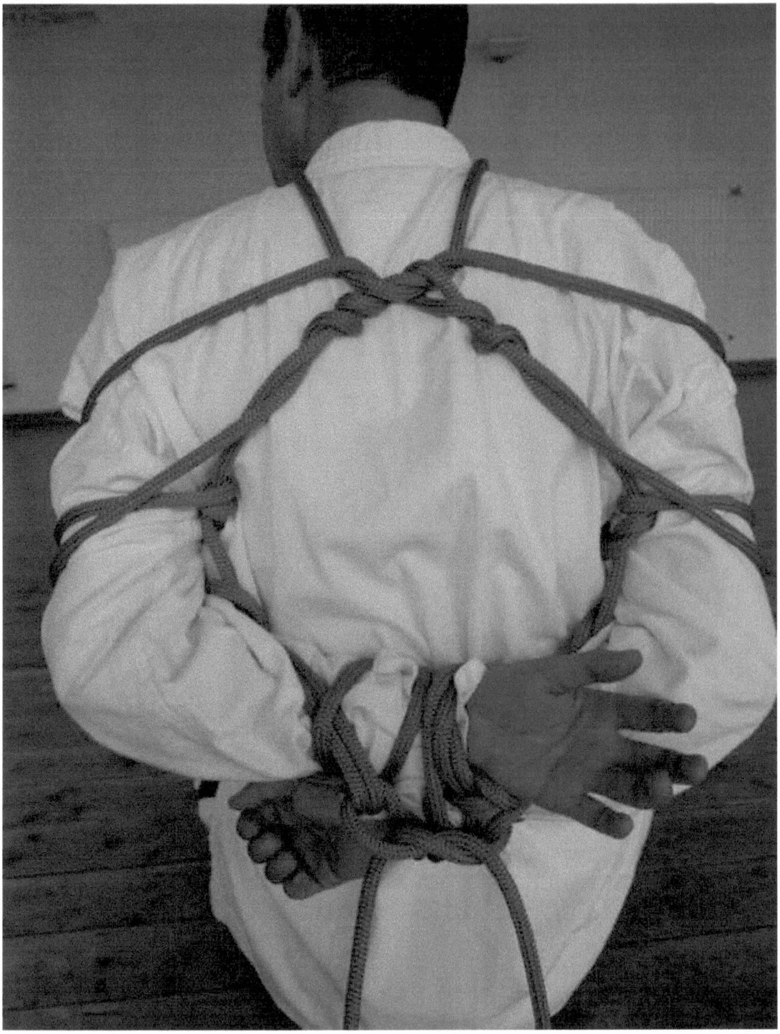

Wir haben hier nach der Händebindung das letzte Foto bemacht, um das Bild nachvollziehbar zu gestalten.

3.4.3. *Das Hohe-Arm Seil (Takete Nawa):*

Diese Bindung wurde an Personen angewandt, die ihre Hände noch zum Tragen benutzen müssten (letztes Bild). Mehrere Personen wurden hintereinander gehend zusammengebunden.

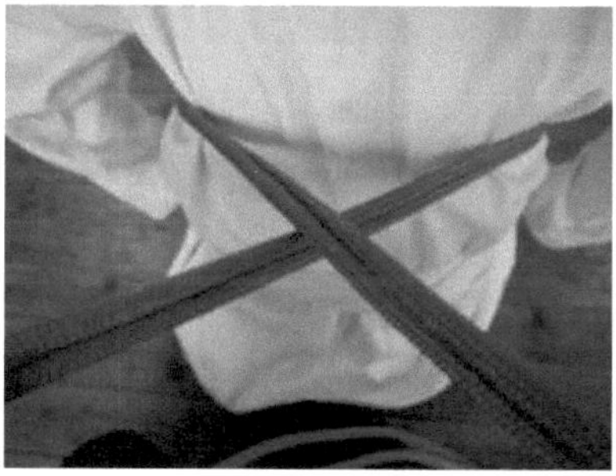

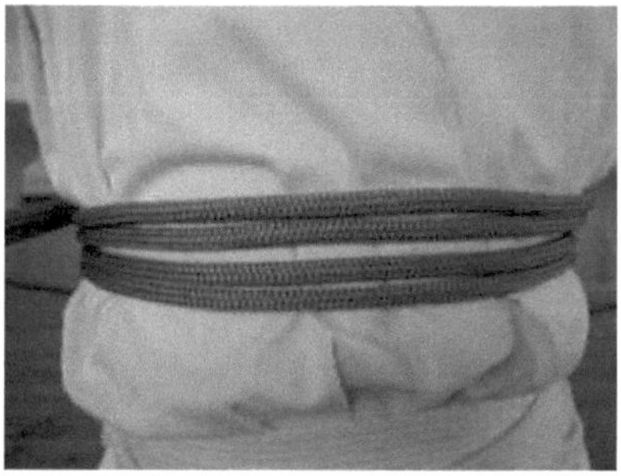

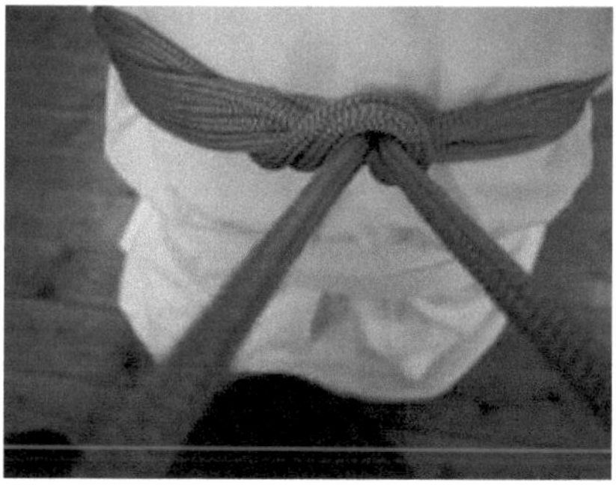

Man beginnt mit einem doppelt gelegten Seil, schlingt es in Bauchhöhe zweimal bis zur Rückenmitte um den Körper, zieht die erste Lage vor und schlingt die beiden letzten Enden hindurch.

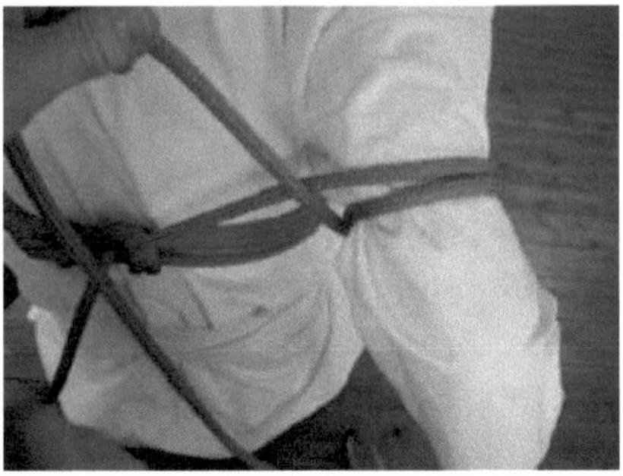
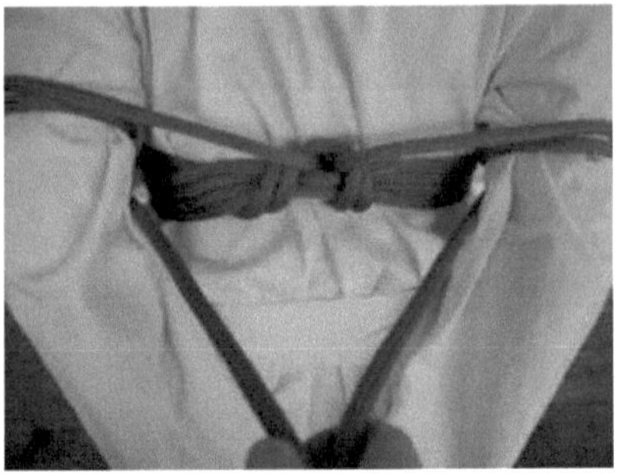

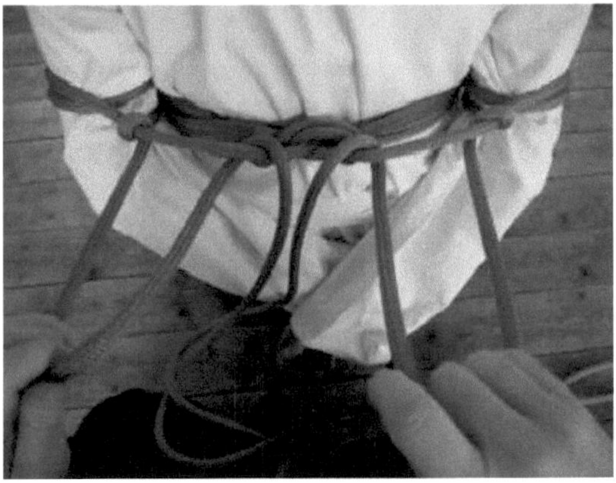

Mit den Seilen dreht man zweimal von oben um den Oberarm, rechten und linken, zieht fester, dass die Arme wieder am Körper anliegen. Man bildet mit jeweils linkem und rechtem Seil Schlaufen, zieht diese um die freien Seile, die von den Armen kommen und benutzt diese zum Binden der Unterarme.

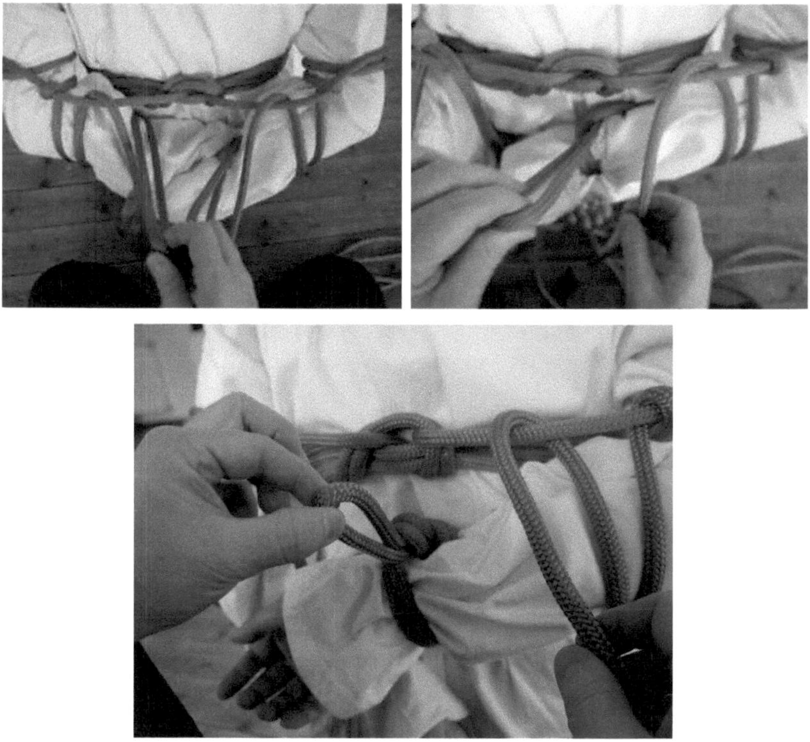

Man schlingt die Seilschlaufen zweimal um die Unterarme, bildet einen Knoten, eine kleine Schlaufe entsteht am Unterarm. Durch diese wird das freie Seilende gezogen.

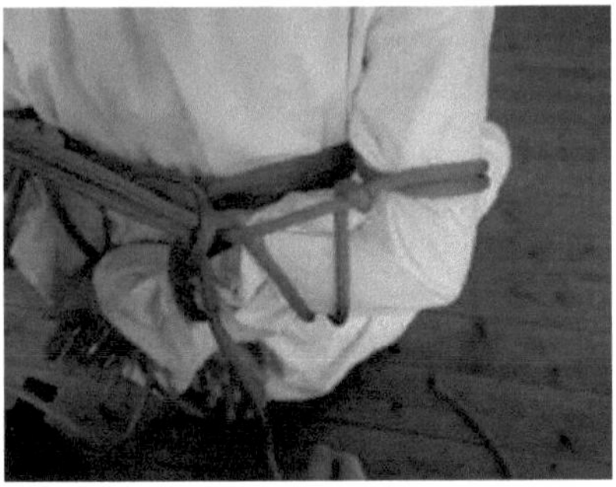
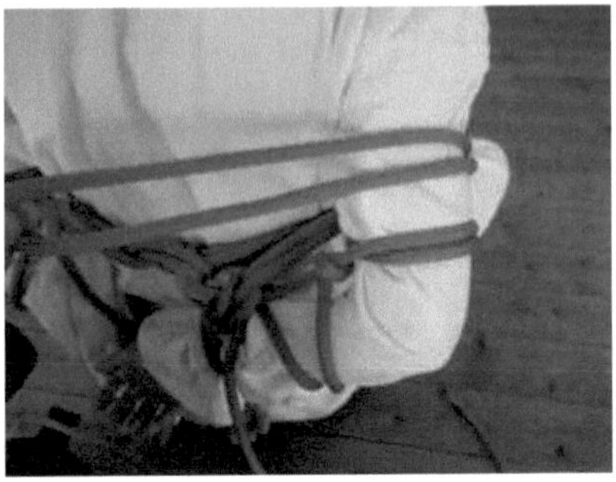

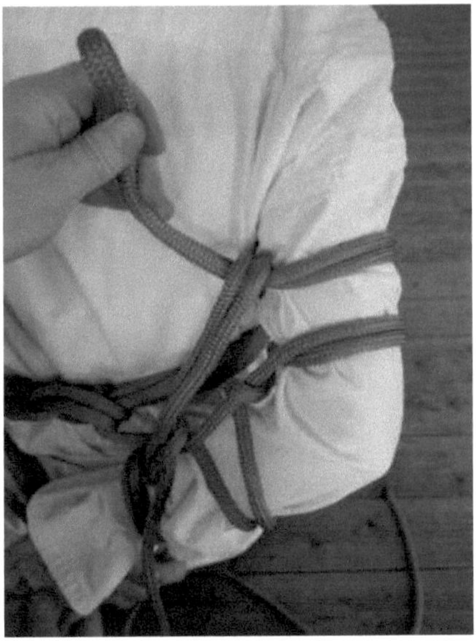

Die Schlaufe wird von hinten nach vorne um den Arm gezogen, das Seil wird wieder aufgenommen und geknotet.

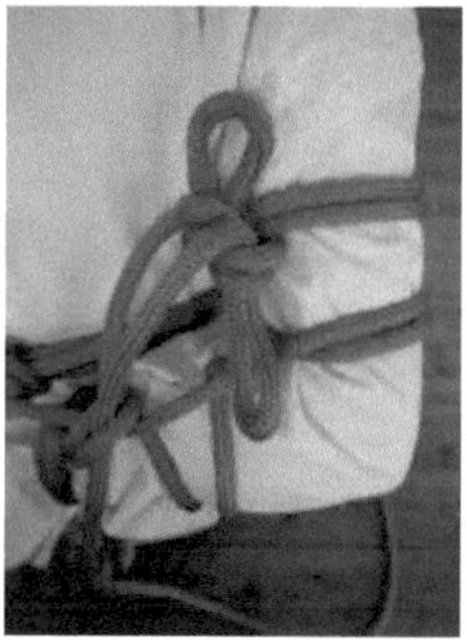

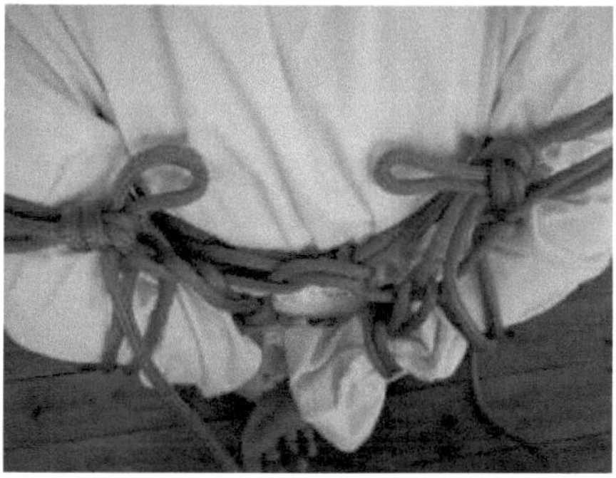

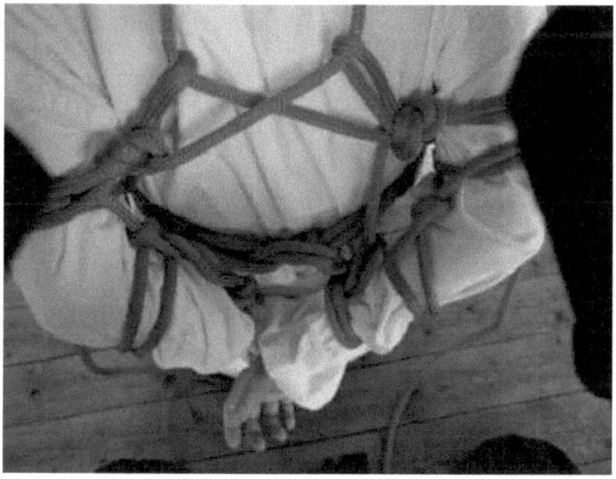

Die freien Seilenden zieht man seitenverkehrt durch die Schlaufen nach oben um den Hals. Man zieht die Enden am Bauch zusammen und befestigt sie am Seil vor dem Bauch.

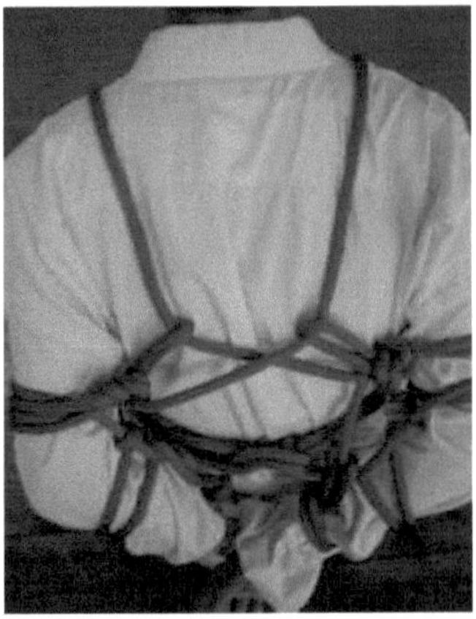

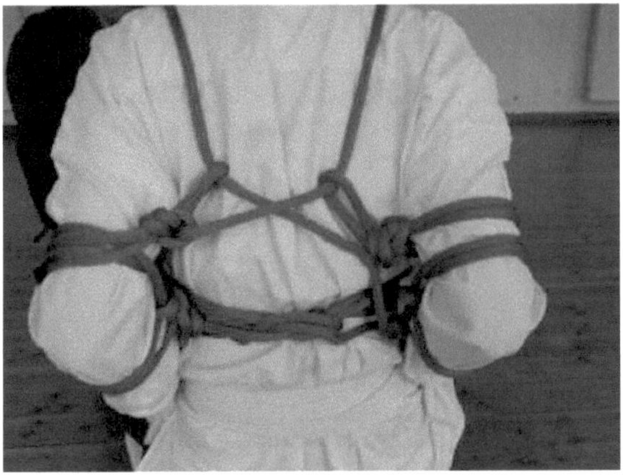

Wie man sieht, kann der Gebundene seine Arme bis zu einer bestimmten Position anwinkeln und seine Hände nach vorne/Seite bringen.

3.5. Bambusknoten-Technik (Take no Fushi) (erweiterte Form):

Diese Bindung gehört zum klassischen Repertoire der Bindungen. Es soll durch seine Schlaufenbildung rund um den Körper ein Zusammenziehen bewirken.

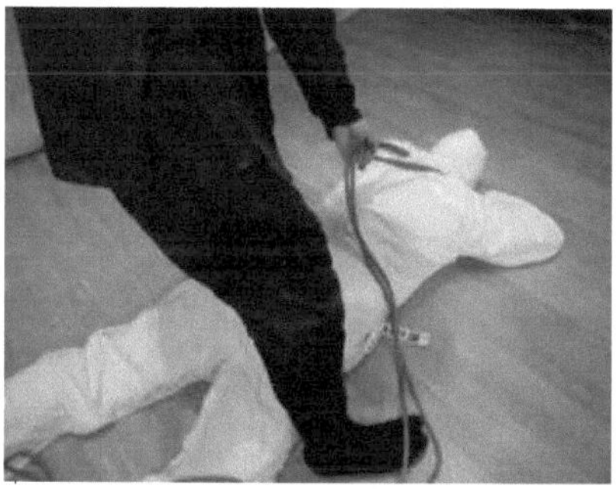
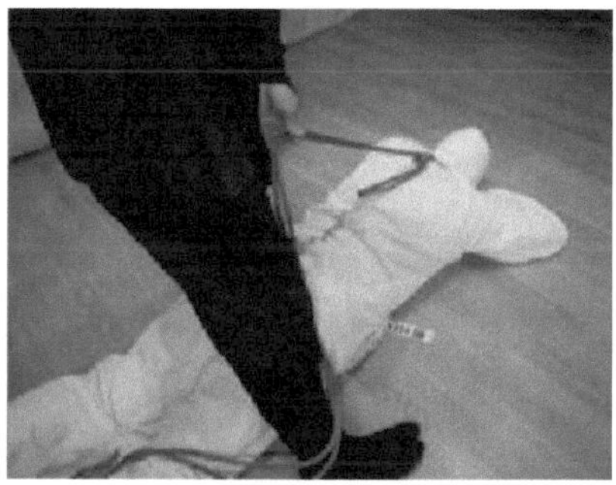

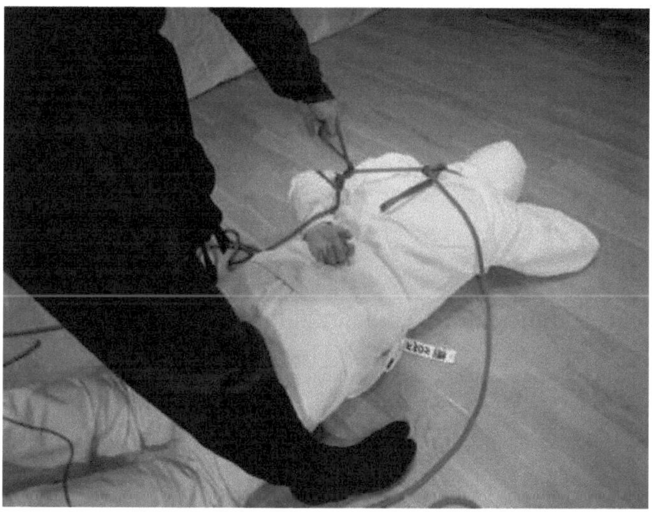

Man legt die Mitte des Seils um den Hals. Bindet den Knoten wieder so, dass er nicht zugezogen werden kann. Das wiederholt man am rechten und linken Arm.

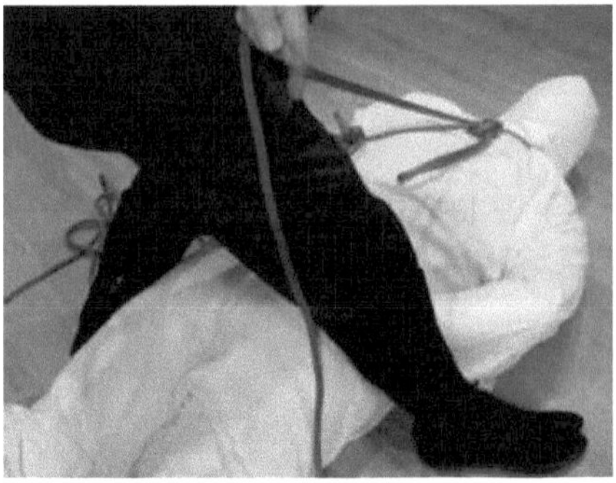 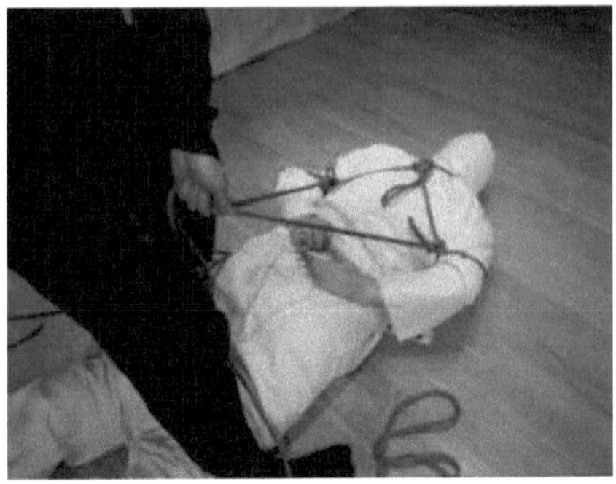

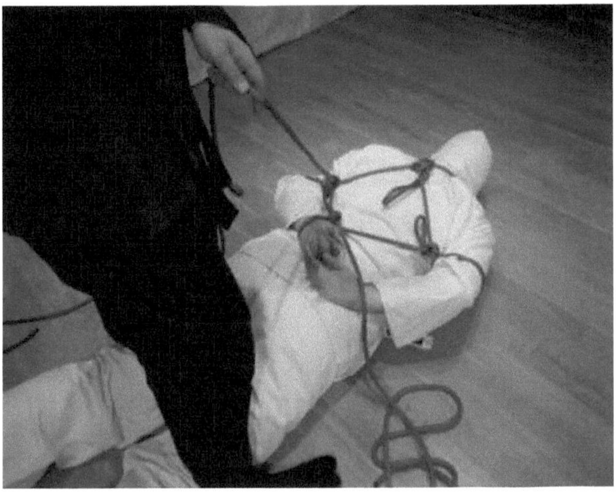

Man bindet die Handgelenke ab jetzt über Kreuz. Das rechte Seil vom rechten Arm bindet das linke Handgelenk, das linke Seil vom linken Arm das rechte Handgelenk.

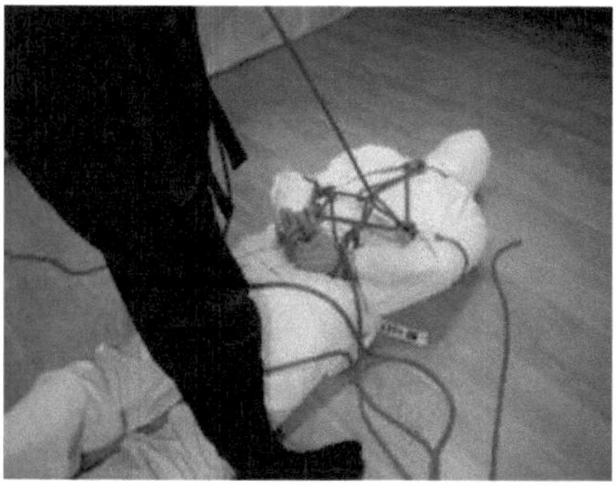

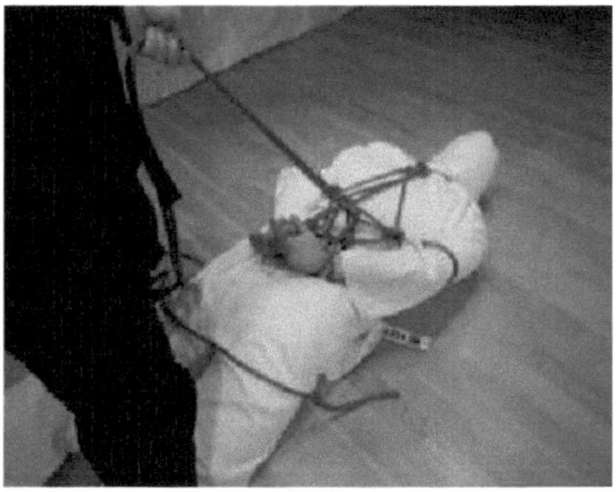

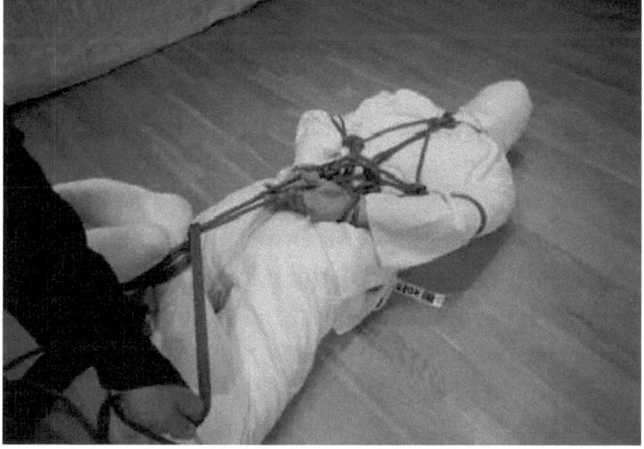

Man zieht das linke Seil von links durch alle Schlaufen, das rechte Seil entgegengesetzt von rechts durch alle Schlaufen. Zieht man jetzt kräftig an beiden Seilenden, so ziehen sich die Schlaufen in die Körpermitte. Zum Transport kann man hier mit der Ketten-Methode weitermachen. Jetzt ziehen wir das Seil bis zu den angewinkelten Beinen weiter.

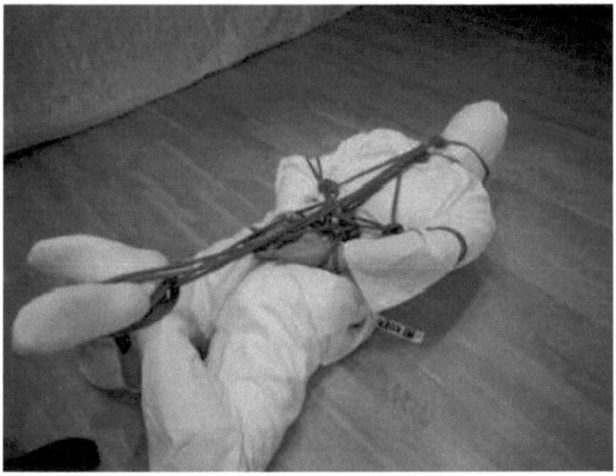 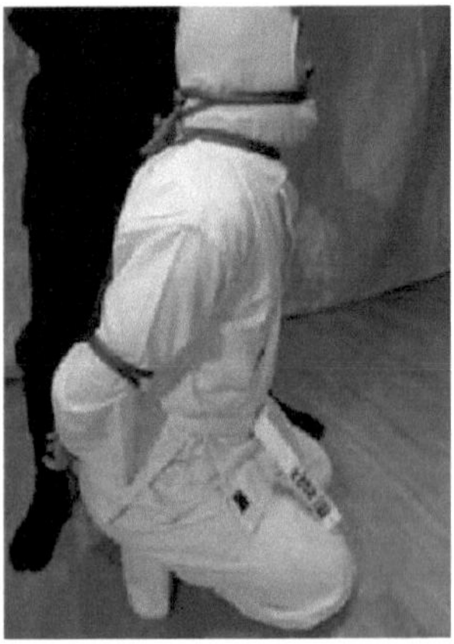

Dabei ist das entgegengesetzte Binden um die Beine von Bedeutung, um einen festen Halt zu gewährleisten. Bei der erweiterten Form war die „Ruhigstellung“ von vorrangiger Bedeutung. Man zieht das Seil von den Füßen zum Hals/Nacken. Dort bildet man einen Knoten. Wie das letzte Foto zeigt, konnte der Gefangene noch knien. Den Abschluss bildet hier der Mundzug, der den aufrechten Sitz unterstützt. Falls man das Seil um die Augen zieht, wird der Kopf in eine Rücklage gebracht. Lässt man die Beinbindung weg, kann der Abschluss auch der Zug um die Augen sein (siehe 4.5.). Danach kann wieder die Ketten-Methode zum Transport angewandt werden.

Teil 4

4. Karinawa-Techniken

4.1. Eskortieren und Transportieren

Das Eskortieren oder Transportieren wurde früher mit einer Honnawa-Technik vollzogen. Aufzeichnungen zu folge wurden aber auch Karinawa Techniken benutzt, die einen schnellen Abtransport gewährleisteten.
Im Gegensatz zu Haya-nawa-Techniken, bei denen man denken musste, dass sich der Gegner wehrt, muß man das bei Hon-nawa bzw.Karinawa nicht.
Deshalb wurden hier auch viele künstlerisch, vielleicht sogar als schön zu bezeichnende Bindearten verwandt.

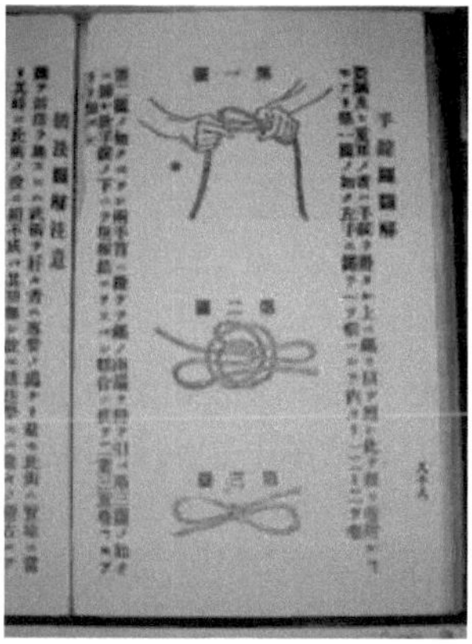

(Zeichnungen von Ginko Adachi, aus dem Buch von Inoguchi Matsunosuke von 1898, Hayanawa Kappo Kenpo Kyohan Zukai)

Es zeigt die bevorzugte Doppelschlinge zum schnellen Zusammenziehen beider Handgelenke.

4.1.1. Ketten Methode (Kusari Musubi):

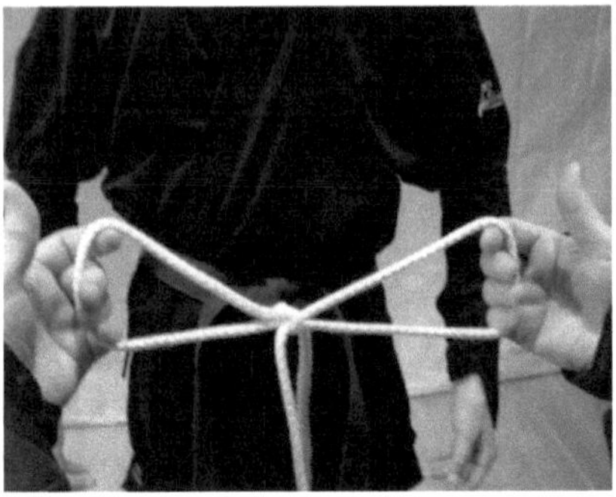

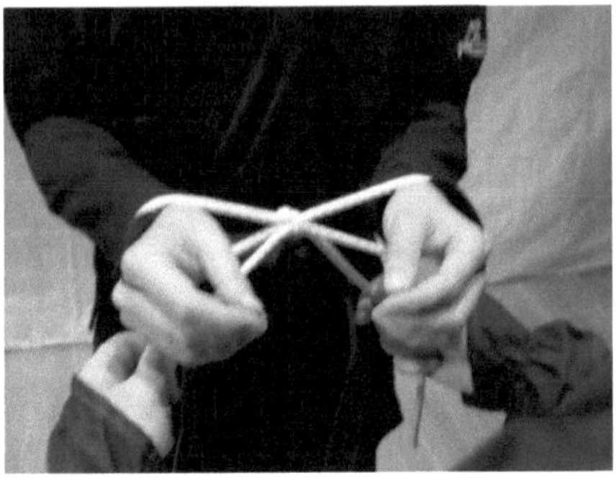

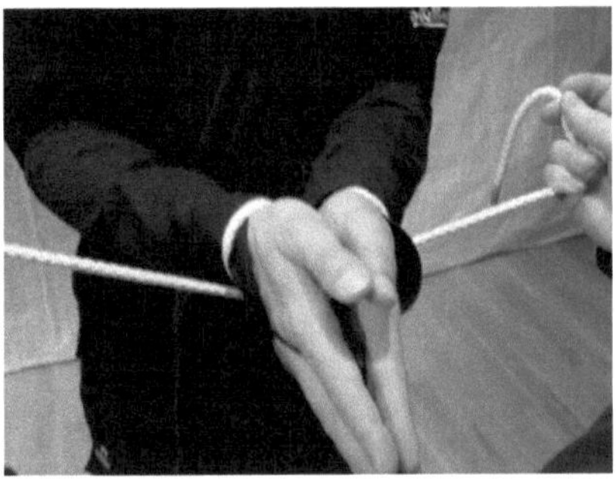

Hier sieht man die (siehe aus obigem altem Buch) gezeichnete Doppelschlaufe. Man stellt sie mit zwei Händen in der Luft leicht her. Dazu legt man das Seil zweimal übereinander und zieht die beiden nach innen zeigenden Seilteile durch die größeren äußeren Schlaufen.

Danach werden die beiden Schlaufen über beide Handgelenke gezogen. Man zieht an beiden Enden, und die Hände werden zusammengehalten. Dieses funktioniert sehr leicht. Danach schlingt man von rechts und links die Enden oben zusammen,

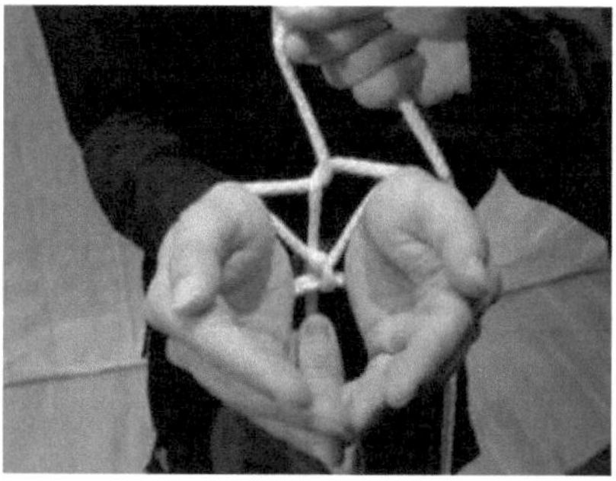

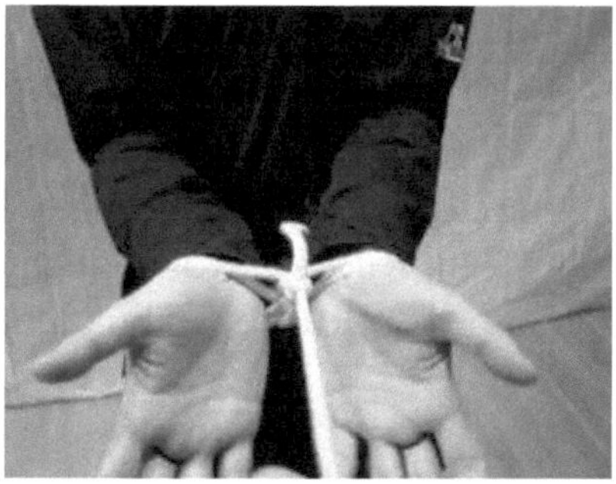

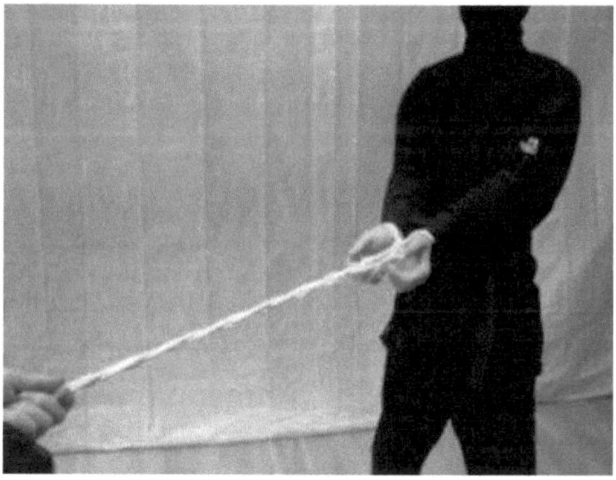

dreht die Schnur und bindet diese zusammen. Danach dreht man das Seil mit der Kusari-Methode (Ketten-Methode) zusammen. Sie ist eine funktionelle Methode, um ein langes Seil zu verkürzen (letztes Foto) und es schnell wieder lang werden zu lassen.
Auf diese Art konnten mehrere Gefangene von nur einer Person abtransportiert werden.

4.1.2. Vierer Bindung:

Sie verläuft, im Gegensatz zur Achterbindung, nur auf der Vorderseite und bindet die Arme. Die Achterbindung verläuft vorne und auf dem Rücken, wobei auch die Arme (anders als unten zu sehen) auf dem Rücken gebunden werden.

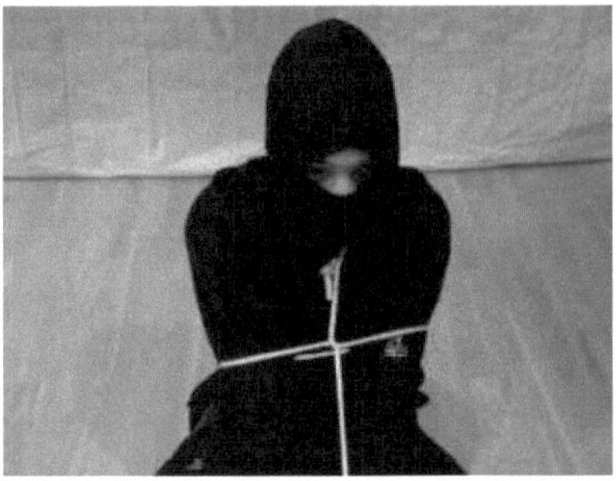

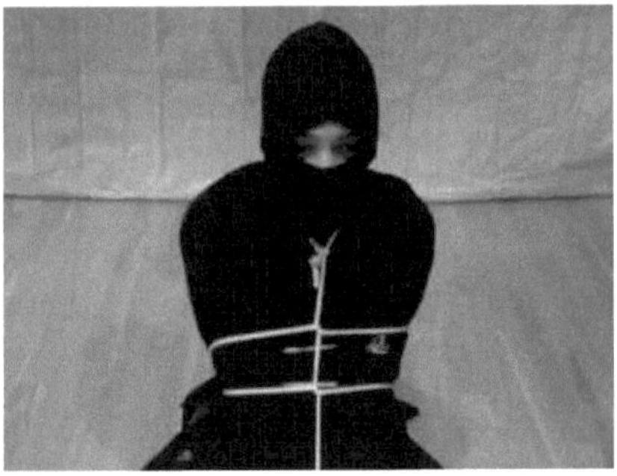

Bei dieser Karinawa-Technik beginnt man mit der Hals-Schlaufe. Das Seil wird ringartig von vorne beginnend um beide Arme geschlungen. Dabei wird das Seil immer von oben in die nächste Ringposition geschlungen. Die Arme werden dabei nach innen verdreht, so dass die Handinnenflächen (siehe letztes Foto) nach außen zeigen.

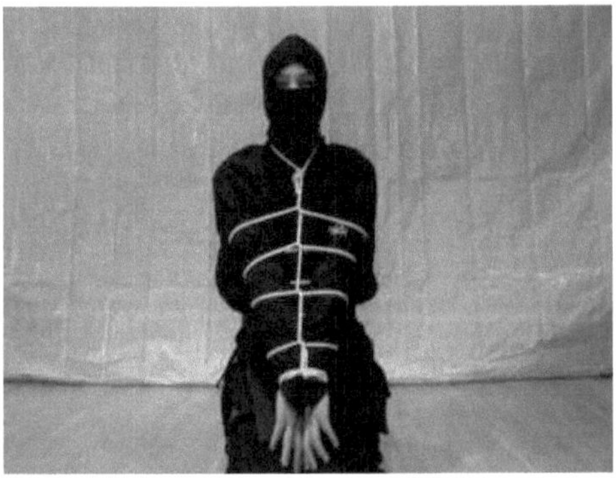

4.2. Das Binden der Finger

Das Binden der Finger gehört zu der Art der Verteidigungsknoten (Kakine Musubi), dessen spezielle Schlaufenbindung mit einem ganz kurzen Seil vollzogen wird. Diese Technik wird an Händen, die auf dem Rücken des Opfers liegen, ausgeführt.

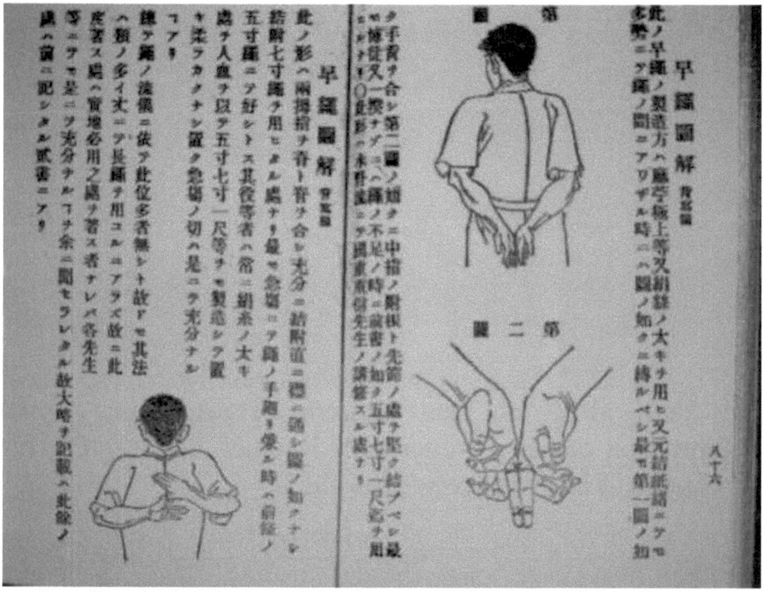

(Aus dem Buch des Inoguchi Matsunosuke von 1898, Hayanawa Kappo Kenpo Kyohan Zukai)

Hier sieht man, wie die Zeigefinger oder die Daumen zusammen gebunden werden. Mal mit, mal ohne Halsschlinge.

4.2.1. Die Vier-Finger-Methode:

Hier beginnen wir, das Seil um den Hals zu legen. Der Daumen der linken Hand wird mit einem Rundumknoten nach oben fixiert. Danach fixiert man den kleinen Finger. Dabei ist zu beachten, dass das Seil in der Handfläche geführt wird. So entsteht eine Spannung von Hand zu Hand.

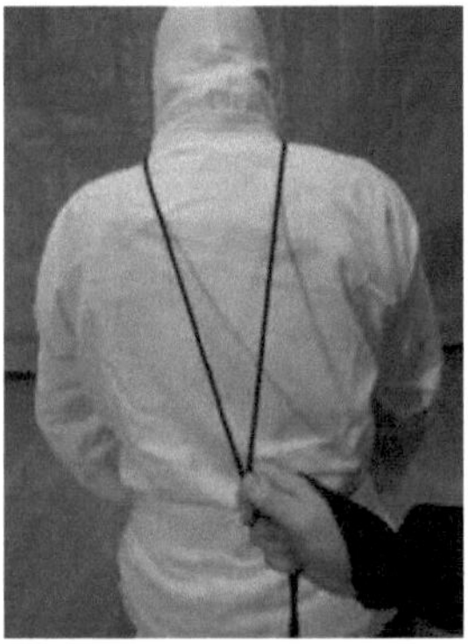

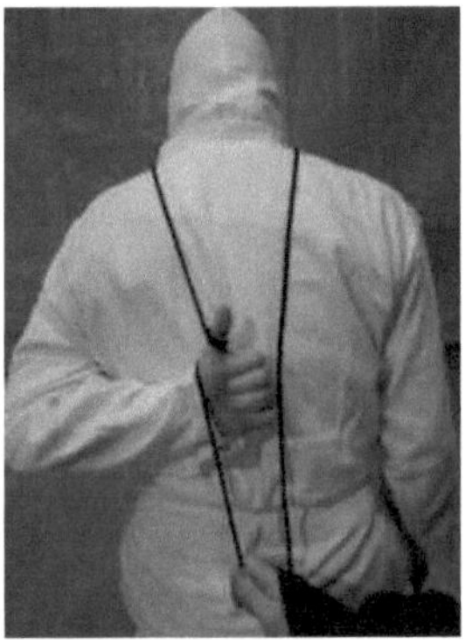

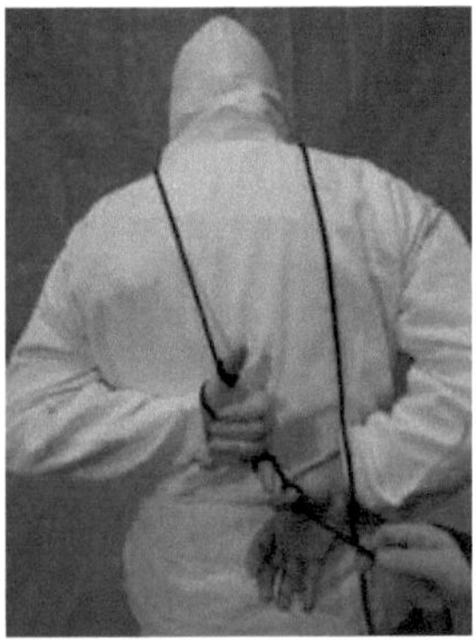

Das Seil kann nicht aus den Fingern herausgezogen werden. Danach führt man das Seil weiter zum Daumen der rechten Hand, dann zum kleinen Finger der rechten Hand.

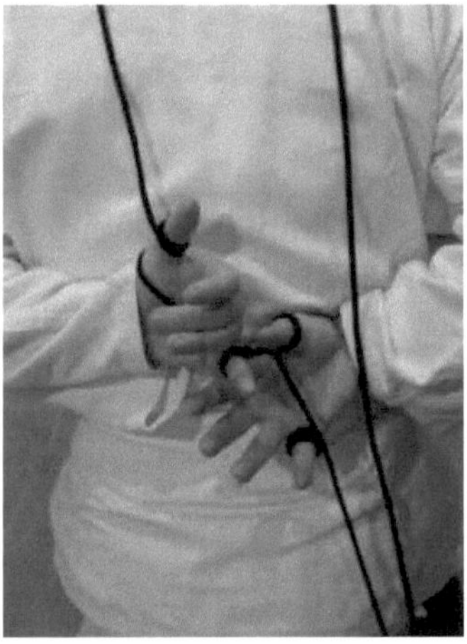

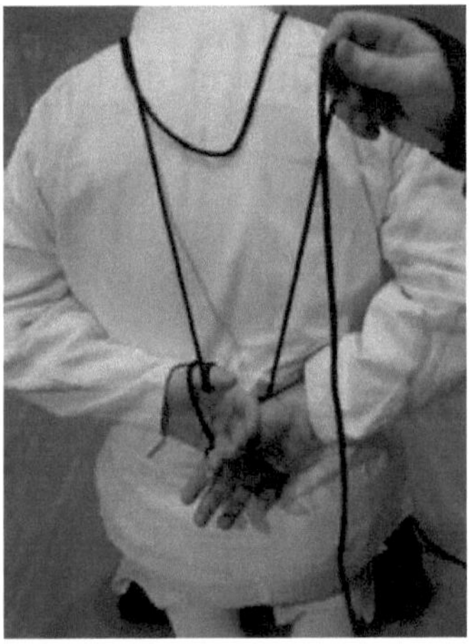

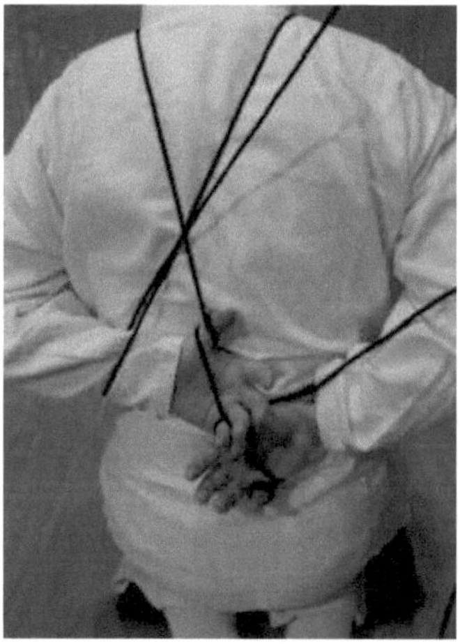
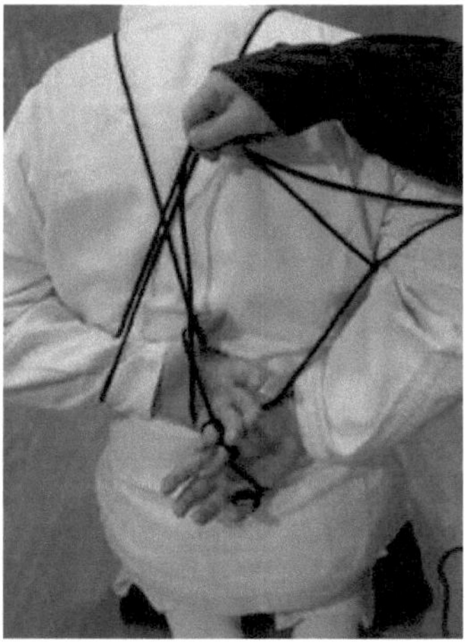

Das Seil wird weiter am Handrücken geführt. Das andere Seilende wird um den linken Arm gezogen. Mit dem Seilende der rechten Hand fixiert man den Oberarm, schlingt es nochmals um den Hals und führt beide Enden im Schulterblattbereich zusammen. Das Zusammenknoten ist individuell zu handhaben.

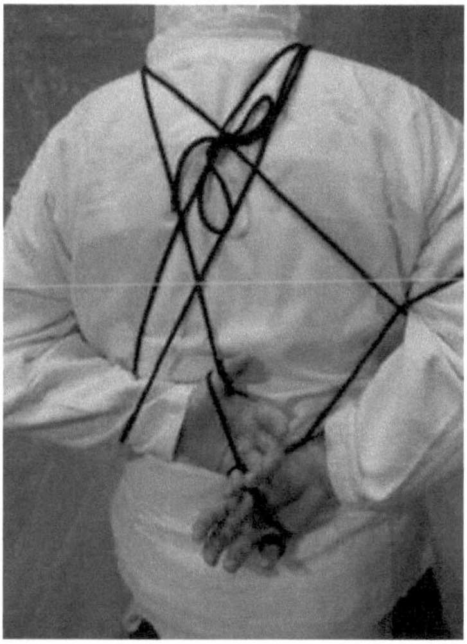

Hier haben wir uns für eine Art Doppelschleife entschieden.

4.2.2. Die Zeigefinger-Methode:

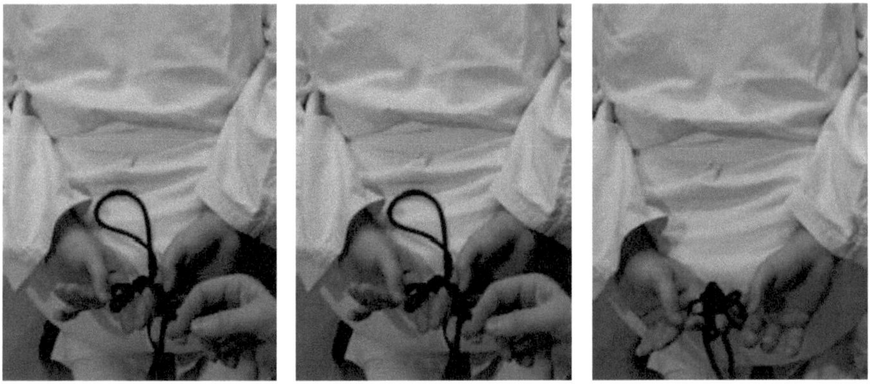

Bei dieser kurzen Bindemethode nutzt man die Beugegelenke der Zeigefinger aus.

Beim Üben ist darauf zu achten, dass der Knoten nicht zu straff gezogen wird. Schnell kann man hier das Blut zum Stauen bringen. Es kommt hier darauf an, die Finger gleichmäßig nebeneinander zu lagern.

4.3. Moderne Techniken

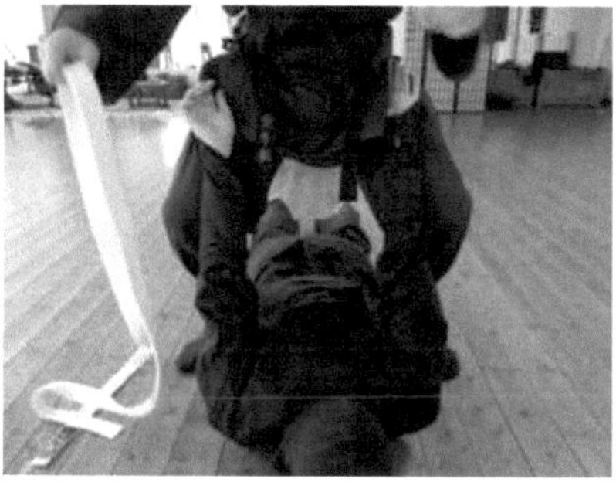

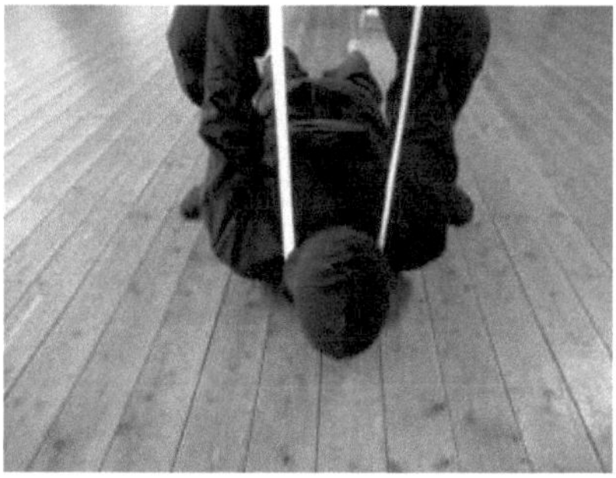

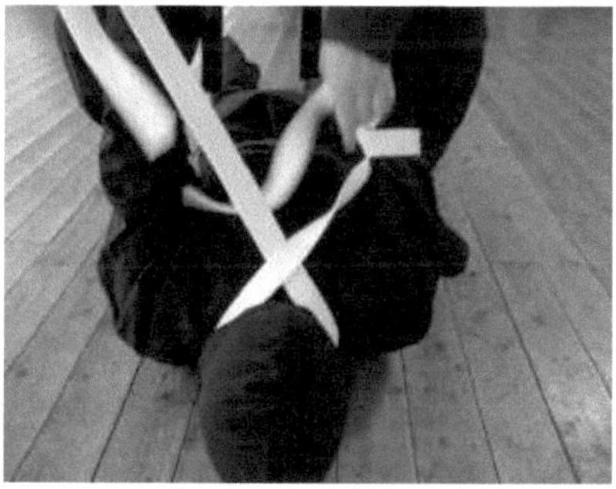

Hier wird der Gürtel eingesetzt, wenn man keinen Halte- oder Würgegriff ansetzen kann/möchte. Wie bei den meisten kurzen Hojo-Techniken beginnt man mit dem Hals. Der Gürtel wird über den Kopf gezogen, zum Hals gebracht und die Enden gekreuzt. Der rechte Oberarm wird mit dem linken Ende, der linke Oberarm mit der rechten Gürtelseite umwickelt.

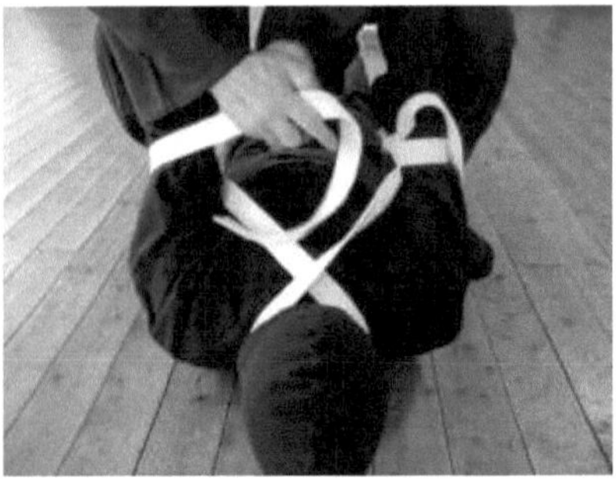
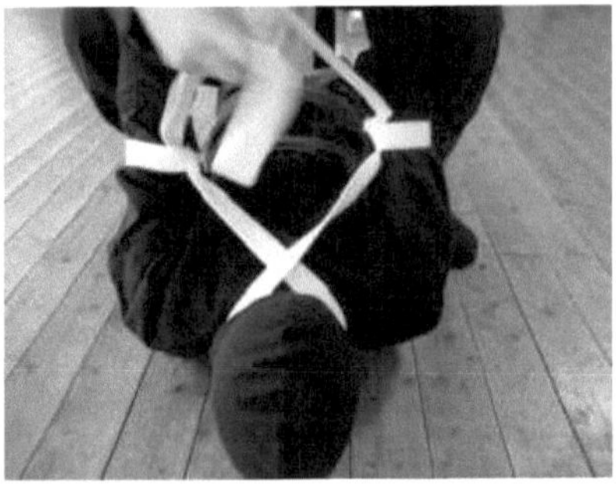

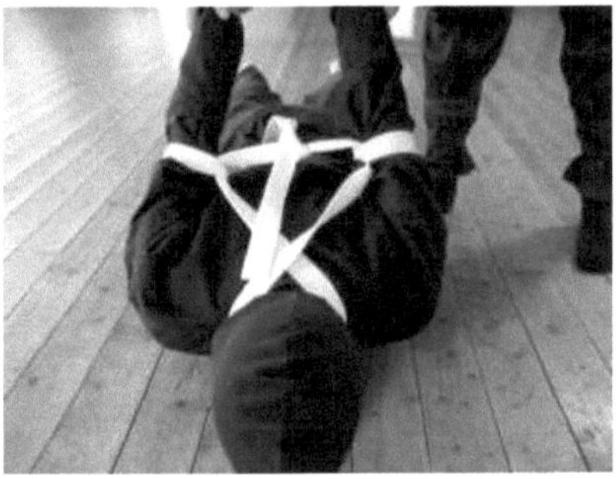

Dabei ist zu achten, dass der Knoten von unten nach oben durchgezogen wird. So kommt das Ende nach oben und der Gürtel sitzt glatt am Arm. Der Gürtel sollte knapp unter dem Gelenk angebracht werden. So wird die Zugkraft auf die Arme beim Zusammenbinden beider Gürtelenden verstärkt. Hat man ihn gut angebracht, ist der Gegner nicht in der Lage die Unterarme abzuklappen.
Mit dieser Technik kann man eine Person schnell und einfach transportsicher machen.

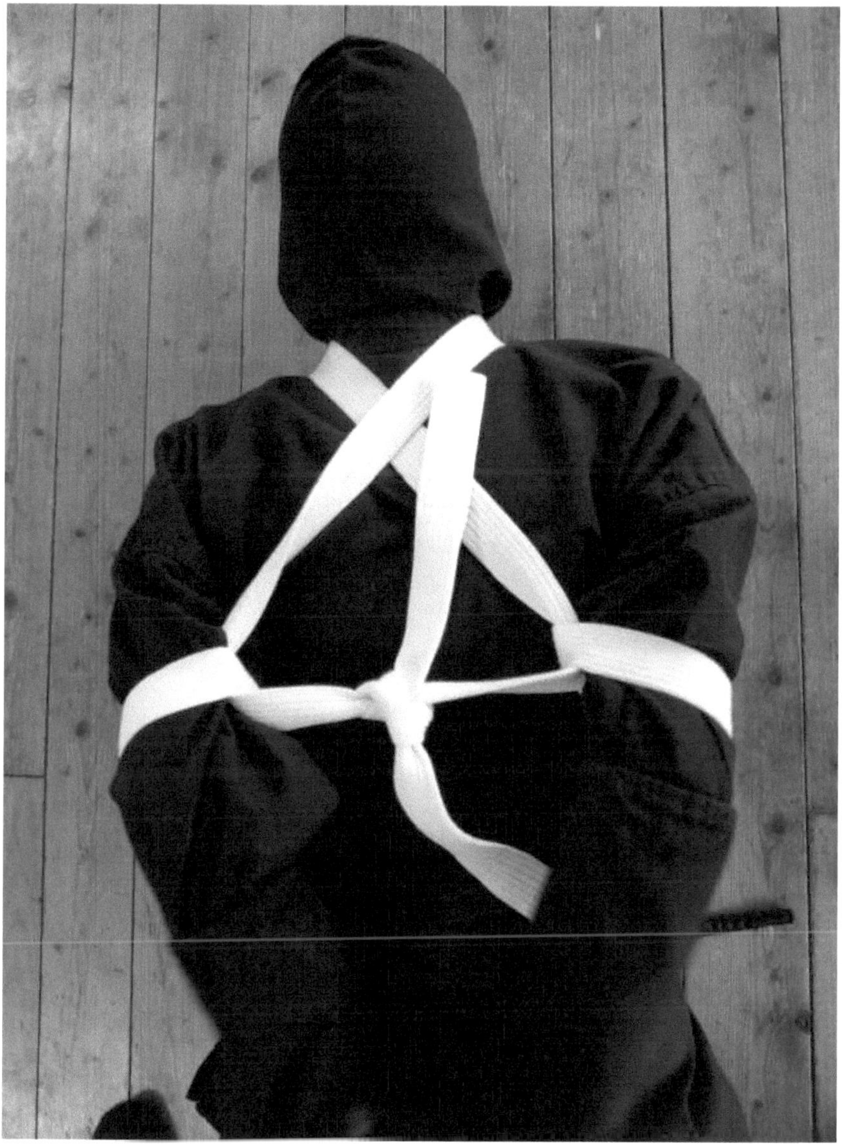

Hier sieht man die Bindung aus dem eigenen Blickwinkel.

Als Variante gilt auch die Transportbindung mit zwei Gürteln. Man beginnt hier bei den Augen statt mit dem Hals.

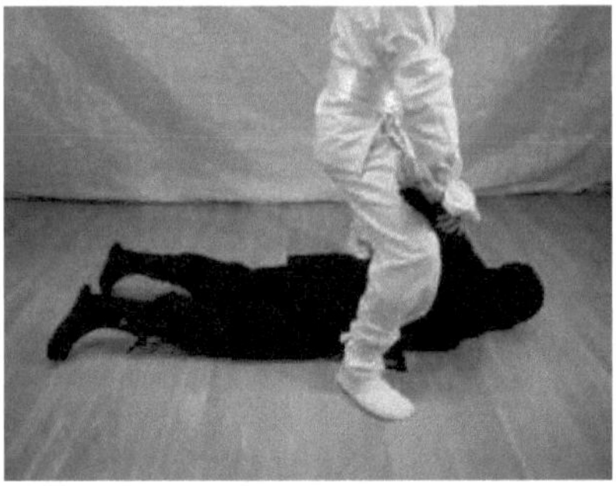

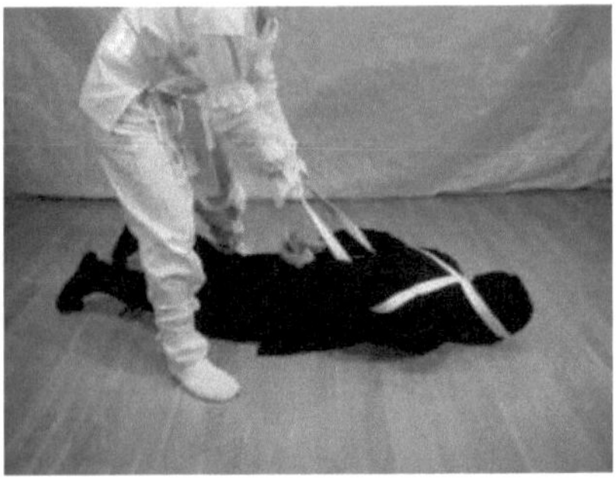

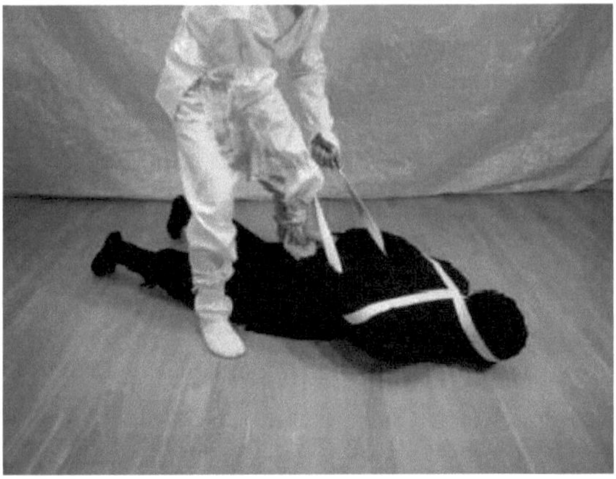

Bewegt der Gegner die Arme, zieht der Gürtel in die Augen, was schmerzhaft ist. Die Gürtelenden werden mit einem einfachen gedrehten (Maki) Knoten zusammengebunden.

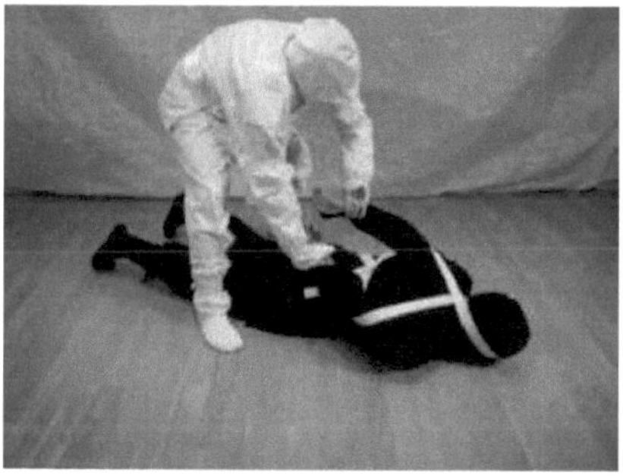

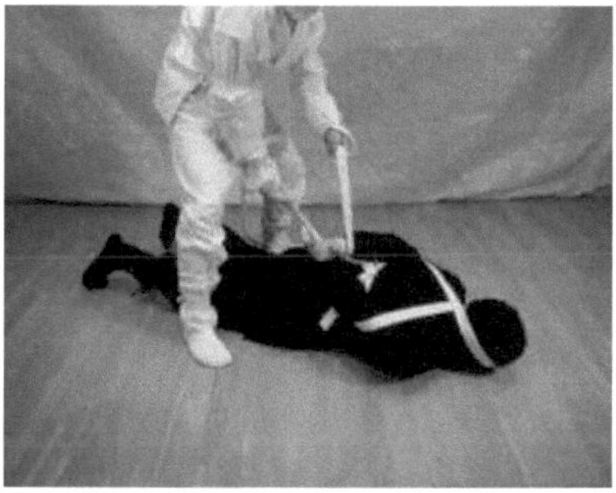

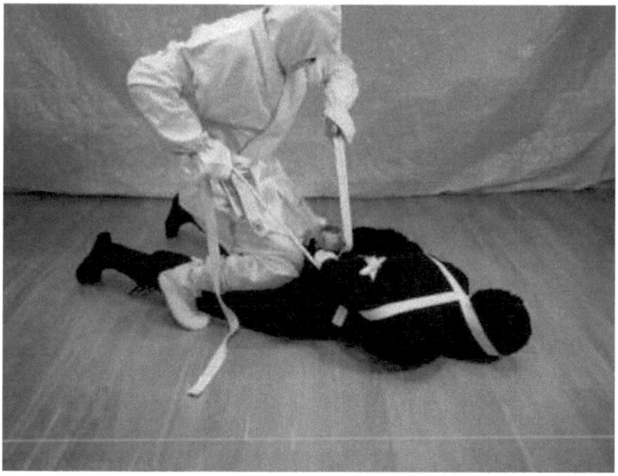

Die Handgelenke werden jeweils erst links dann rechts umwickelt, so dass das zu ziehende Gürtelende immer oben über dem anderen Gürtelteil zum Liegen kommt. Zieht der Gegner daran, zieht sich der Gürtel dadurch immer fester an das Handgelenk, bzw. zieht sich gar nicht mehr, falls es eng gebunden wurde. Danach knotet man die Enden über Kreuz zusammen.

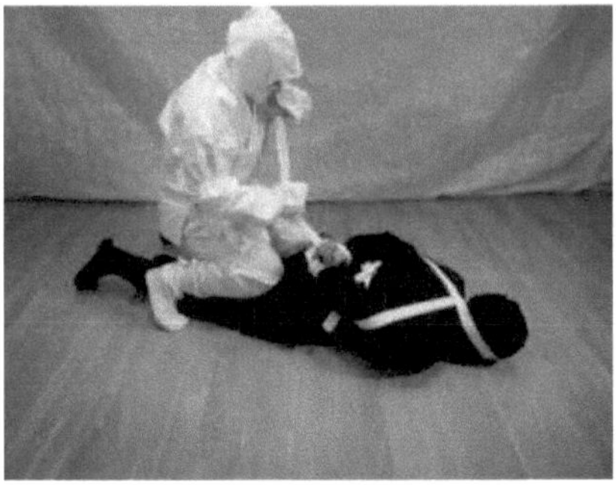

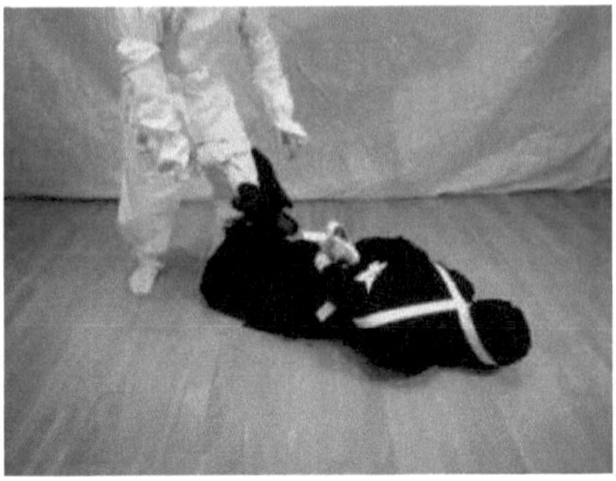

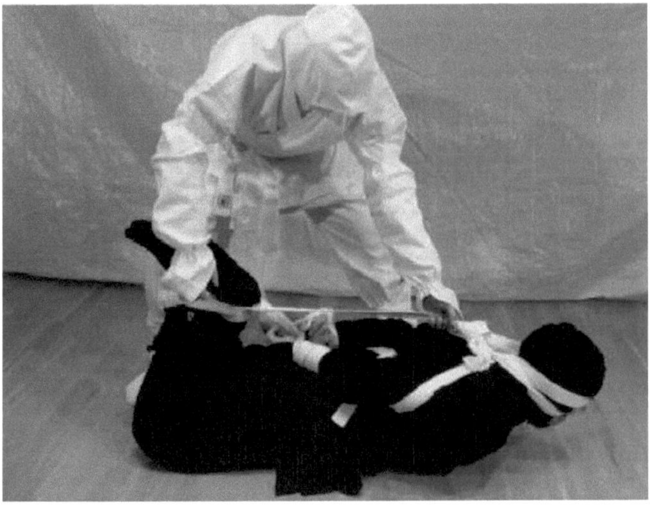

Wie man auf den beiden letzten Fotos gut sehen kann, könnte nach dem Transport der Gefangene schnell mittels eines dritten Gürtels gut am Boden fixiert werden. Der Zug zwischen Füßen und Kopf kann im Halswirbelbereich zu Spannungen führen. Daher muss auch hier wieder mit viel Vorsicht gearbeitet werden.

4.4. Kombination mit Druckpunkten:

Man bezeichnet mit Druckpunkten die Punkte im menschlichen Körper, die auf Meridianen laufen. Meridiane sind Energiebahnen, die Energie in Form von elektrischen Impulsen weitertransportieren. In der Chinesischen Heilkunde wurden sie erforscht und zur Linderung von Schmerzen, Erster Hilfe und der Akupunktur angewandt.
Im Budosport werden sie benutzt, um einem kleineren, schwächeren Menschen die Möglichkeit zu geben, einem größeren, kräftigeren Gegner überlegen sein zu können. Man überlastet den Energiefluss, oder stoppt ihn.

Der Körper besitzt ca. 12 Meridiane auf der rechten und 12 Meridiane auf der linken Seite. Auf der Vorderseite läuft das Konvektions-, auf dem Rücken das Gouverneursgefäß mit insgesamt 14 Meridianen.
Überlastet man diese Meridiane mittels Druck, Schlag oder Reibung, kommt es zu Muskelkrämpfen, Disfunktion von Körperteilen, Bewusstseinsverlust, Atemstillstand oder sogar zur Veränderung der Herzfrequenz.

Um für das Hojojutsu von Nutzen zu sein, kommen nur Punkte zur Anwendung, die auf einen Knochen gedrückt ihre Wirkung zeigen. Das heißt, es kommen nur Punkte zur Sicherung oder Kontrolle zur Anwendung.

Das Seil wird mittels eines Holzstabes (Länge 8 cm, Durchmesser 1 cm) in seiner Wirkung punktuell unterstützt.

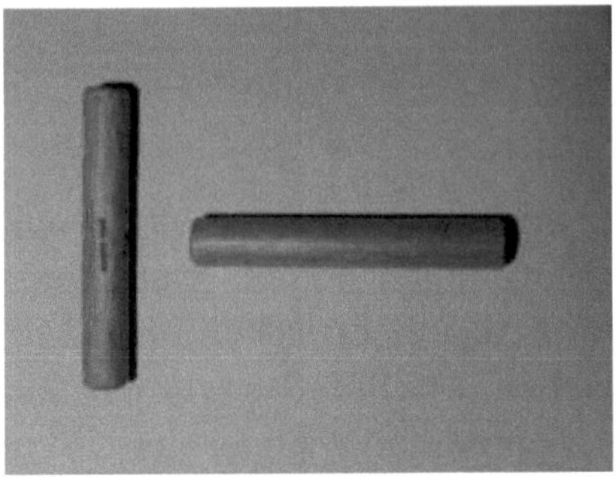

Da nicht jeder Mensch auf Schmerzpunkte oder deren Reize gleich reagiert (manche reagieren auf bestimmte Punkte gar nicht), muss man bei der Anwendung immer 1-2 Ersatzpunkte im Hinterkopf haben.

Wir haben beispielhaft vier Punkte ausgewählt, die auf den Knotenbindungen der meisten Techniken liegen:

1. Am Hals den Punkt „Dickdarm No. 18“.
   Er liegt auf der linken und rechten Halsseite auf Höhe des Kehlkopfbereiches.
   Bei Druck auf die Innenseite des Halses entsteht Schmerz. Da fast jede Bindung mit dem Seil am Hals beginnt, ist dieser Punkt gut geeignet.

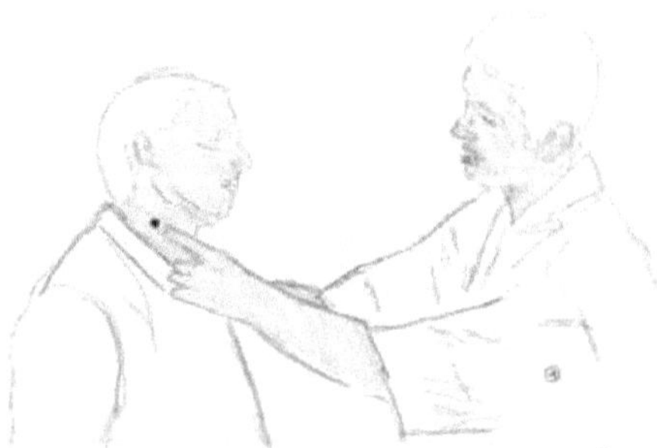

2. Am Arm den Punkt „Dreifacher Wärmer No.12“.
   Er liegt im V-Ausschnitt des Trizepsmuskels auf der Oberarm Rückseite.
   Man drückt ihn in Richtung Knochen.
   Hier kommen Bindungen zum Einsatz, die um den Oberarm laufen.
   Hierzu gehören sehr viele Techniken.

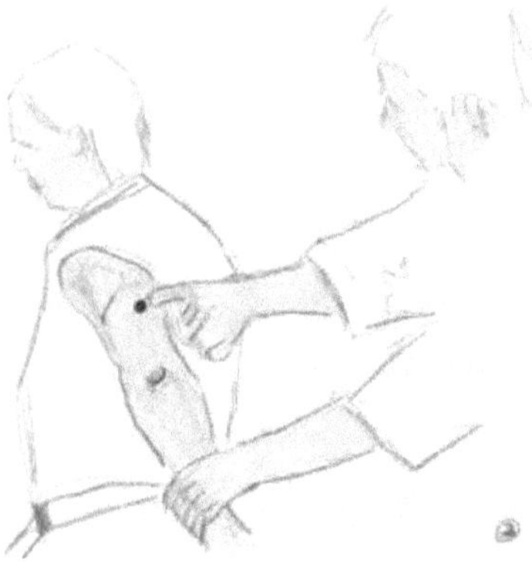

3. Am Arm den Punkt „Herz No. 2“.
   Er liegt auf der Innenseite des Oberarms, 3 bis 4 Finger vom Knöchel entfernt.
   Man drückt ihn ebenfalls in Richtung Knochen, wodurch ein Schmerz entsteht.
   Er wird angesprochen, wenn das Seil/Gürtel um den Arm gelegt wird und zugezogen wird.

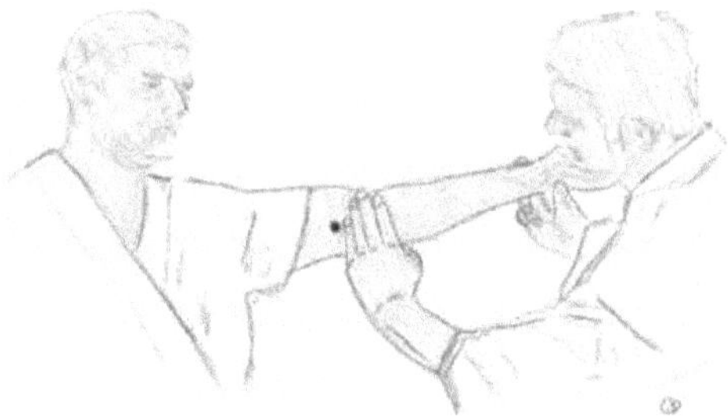

4. Am Bein den Punkt „Milz No. 6“. Er liegt eine Handbreit vom Knöchel entfernt auf der Innenseite auf einem Kreuzpunkt zweier Meridiane. Eine Verletzung der Bänder (Überdehnung) ist gegeben. Viele Bindungstechniken der Klasse Sicherungstechnik bilden im Knöchelbereich ihren Abschluss. Daher wird dieser Punkt gerne genommen, um die Kraft aus den Beinen zu nehmen.

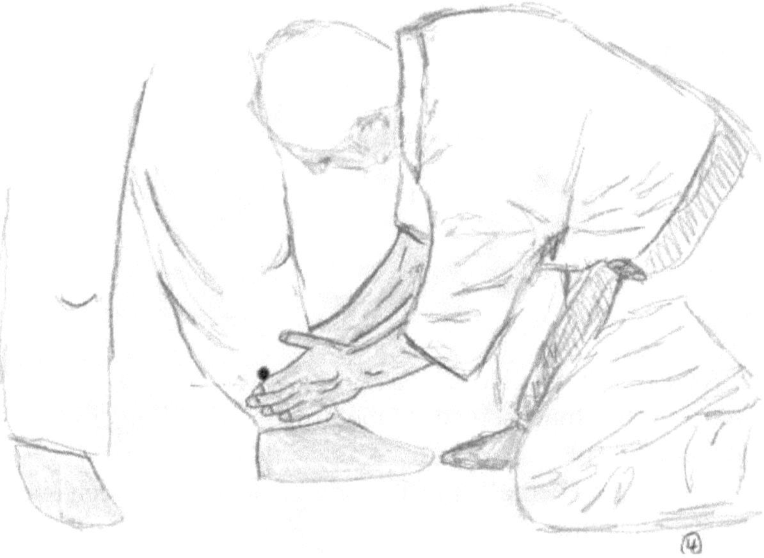

4.5. Technische Elemente mit Partnerübungen

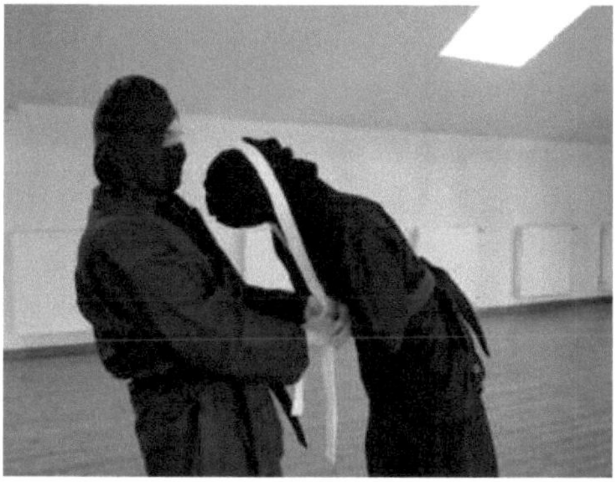

Hierbei kommt es darauf an, den fixierten Arm mittels des Kopfes hinten zu fixieren. Die Überdehnung des Rückens/Halswirbelsäule beinhaltet eine Transportsicherung.

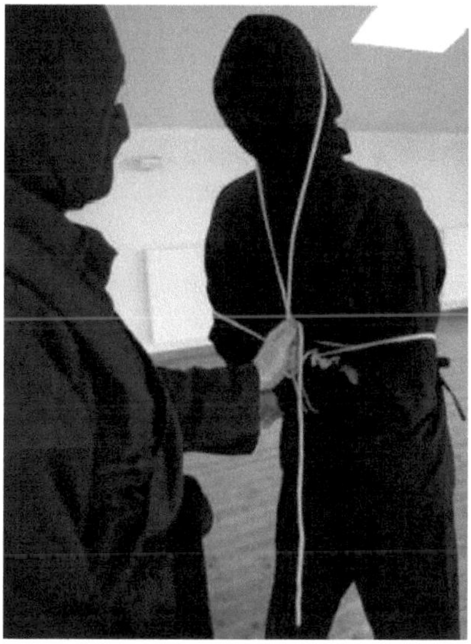

Hier kommt die Transportsicherung mit einem Seil in Anwendung.

4.5.1. Beginn mit einem festgesetzten Arm:

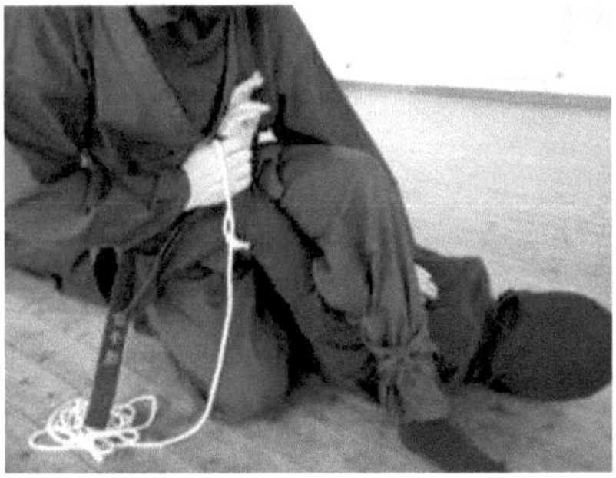

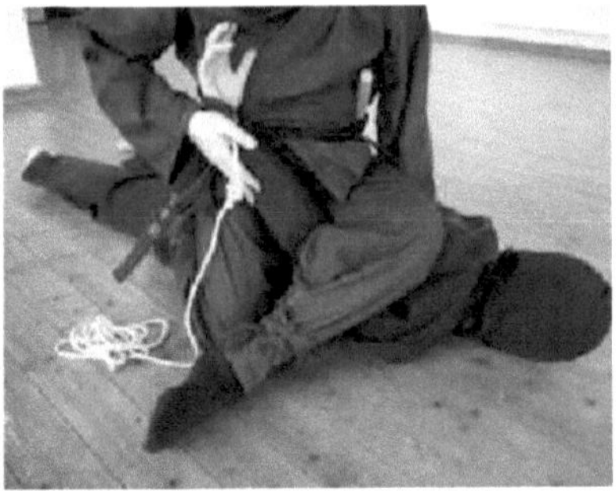

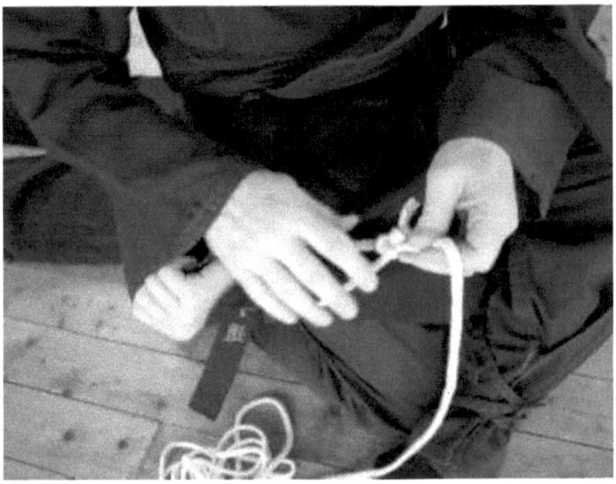

Man beginnt mit dem festgesetzten Arm des Partners. Die Schlinge des kurzen Seils oder eines längeren Seils wird über das Handgelenk gebracht, angezogen, der Arm eingewinkelt.

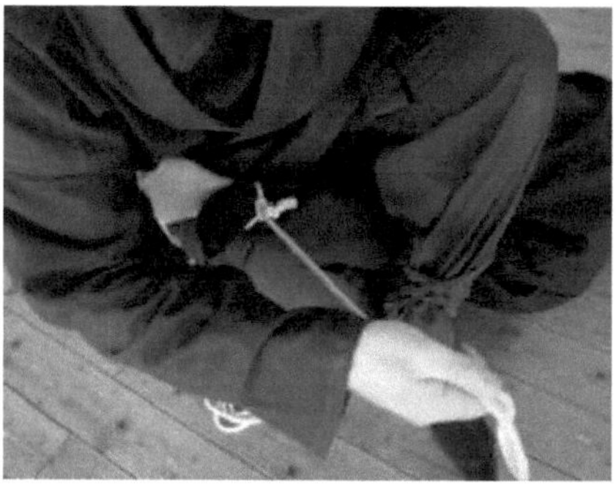

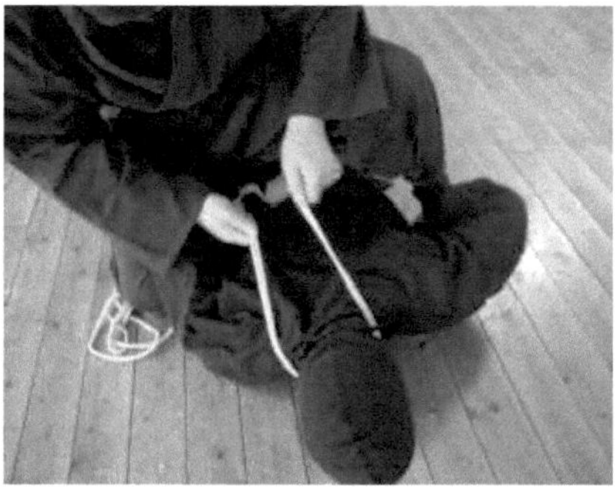

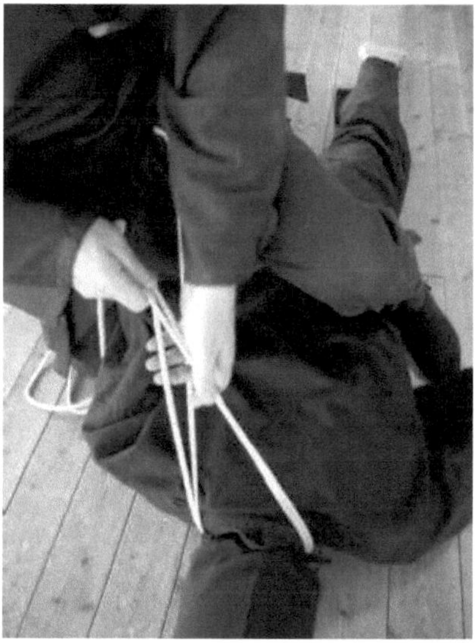

Ab hier kann man mit der weiteren Befestigung des Seils um den Hals beginnen. Wie zu sehen ist, legt man zur schnelleren Fortführung einer Hojo-Methode das Seil doppelt gezogen um den Hals. Jetzt könnte der linke Arm gebunden werden.

4.5.2. Beginn mit nach oben gezogenen Händen:

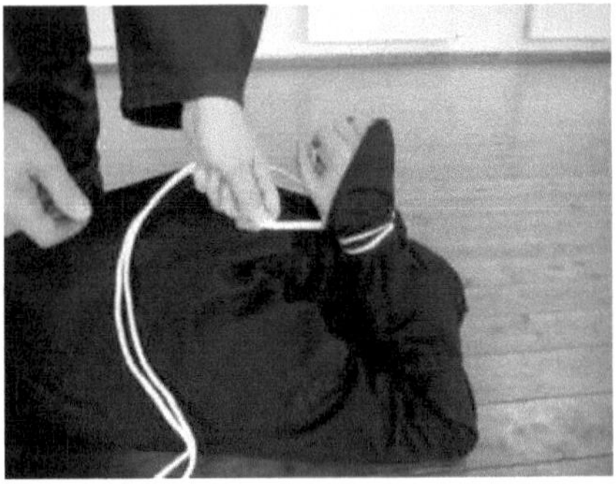

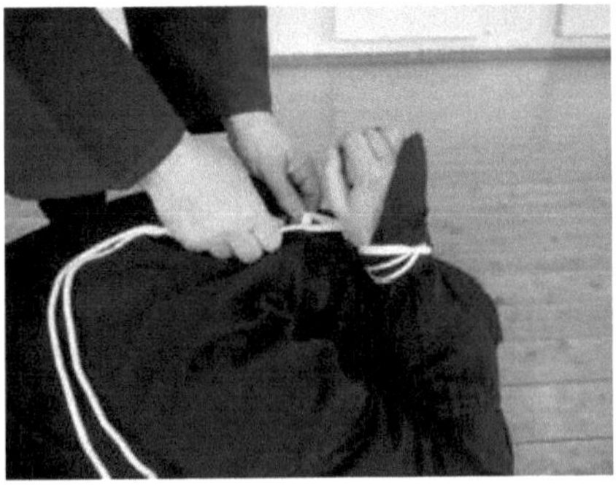

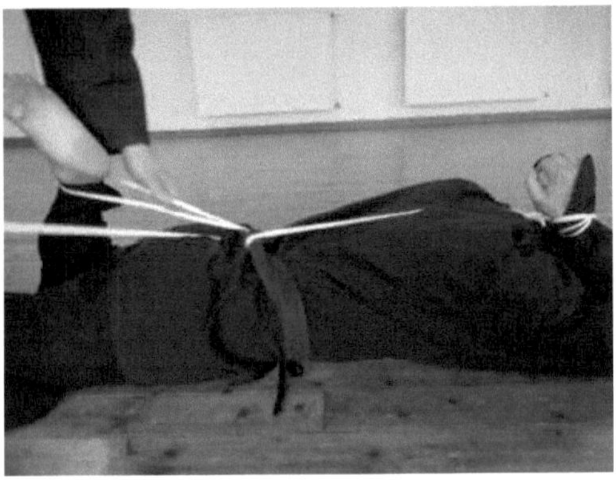

Die beiden Handgelenke können mittels der Doppelschlaufe gebunden sein. Man zieht die Arme über den Kopf nach hinten. Das Seil wird auf dem Rücken entlang geführt. Man kann den Gürtel zur Unterstützung mit einbeziehen, muss aber nicht.

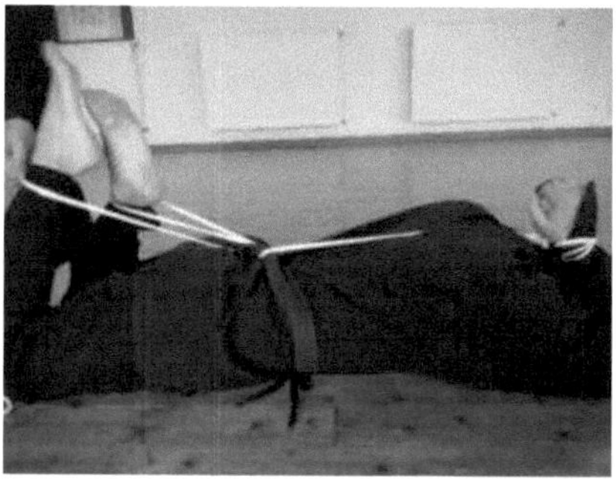

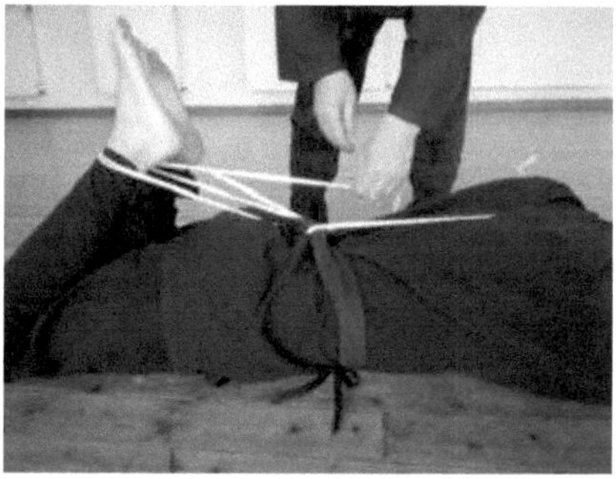

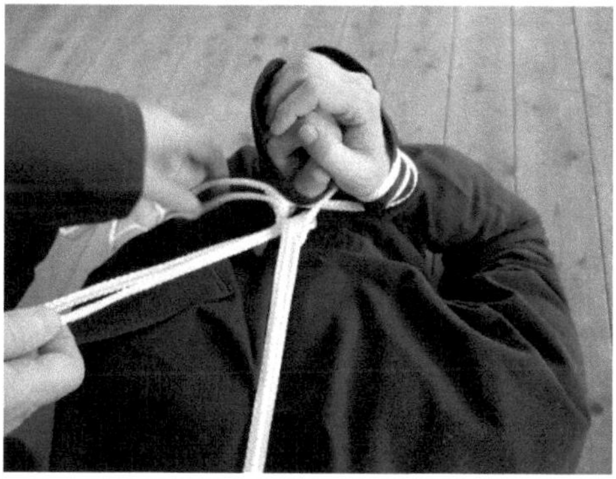

Die Fußgelenke werden nach hinten an das Gesäß gezogen. Danach kann man eine Spannung zu den Handgelenken aufbauen.

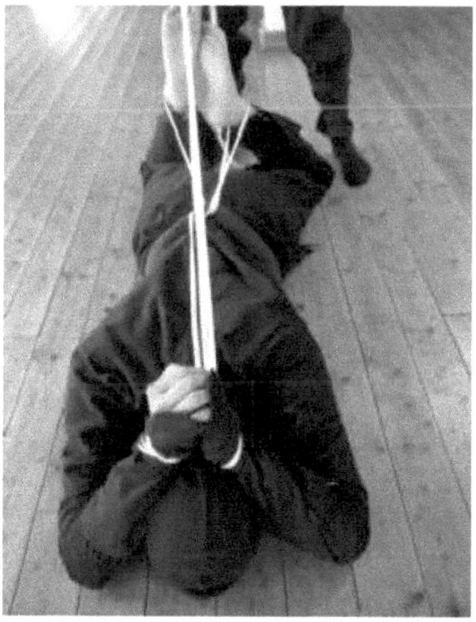

Teil 5

5. Goumonnawa-Techniken

5.1. Kopplung mit dem Ziel der vollständigen Untätigkeit:

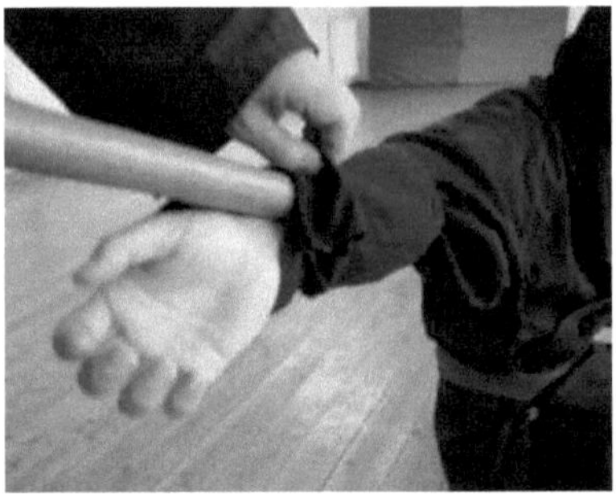
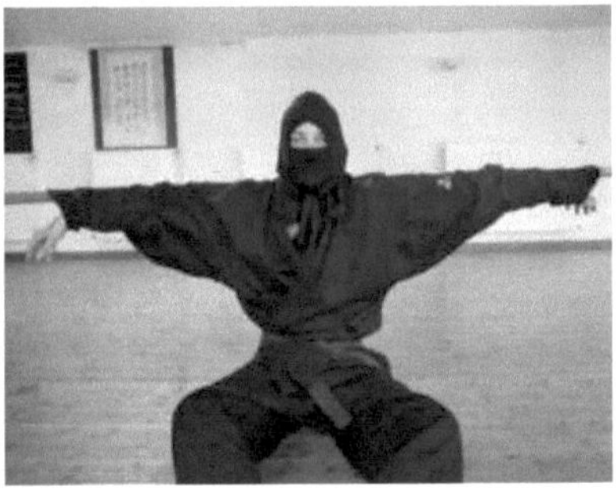
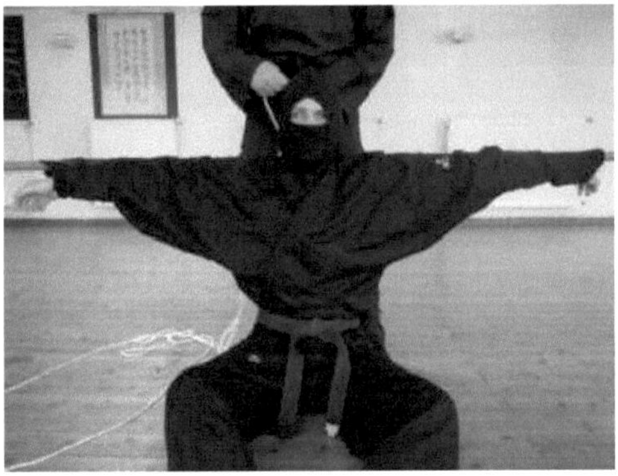

Der lange Bo wird in die Ärmel über den Rücken durch den anderen Ärmel geschoben. Danach wird die Mitte des Seils (hier 15m) um den Hals gelegt.

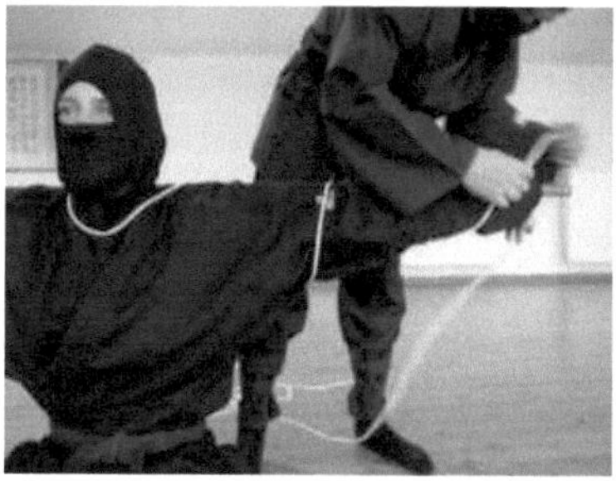

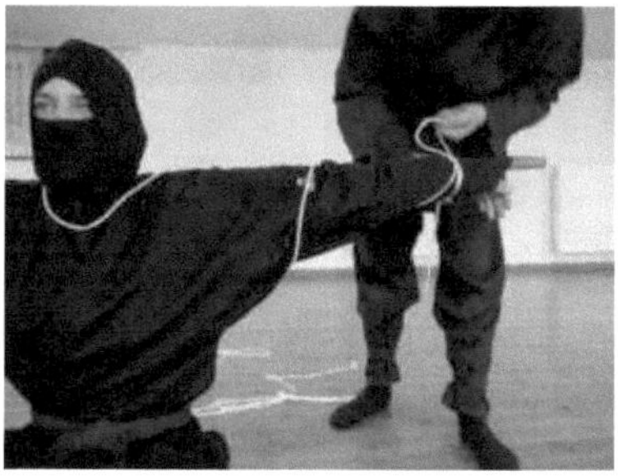

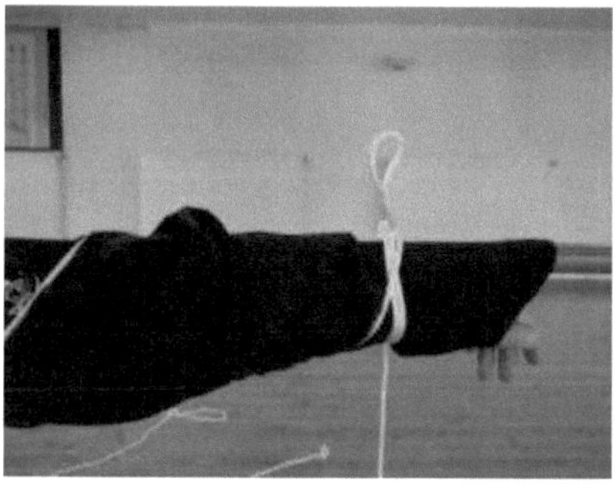

Das eine Ende wird um den linken Arm gewunden und am Handgelenk mit zweimaligem Umschlingen festgeknotet. Dasselbe wird beim rechten Arm durchgeführt.

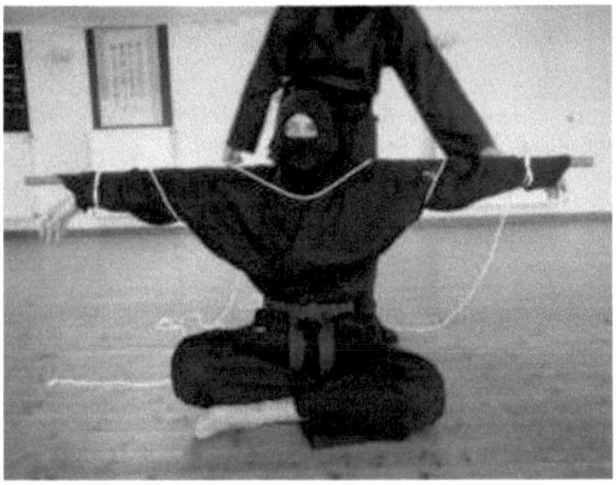

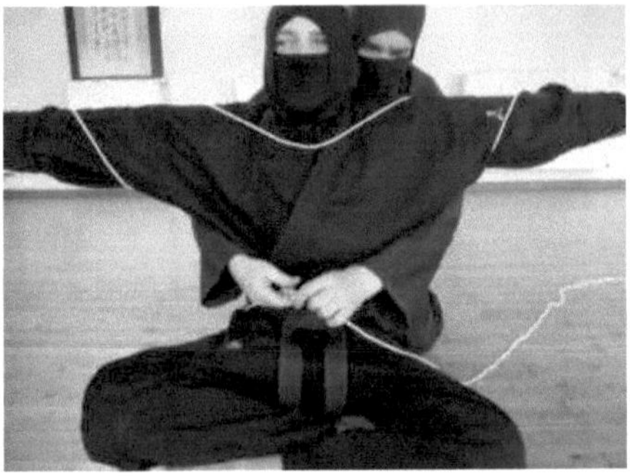

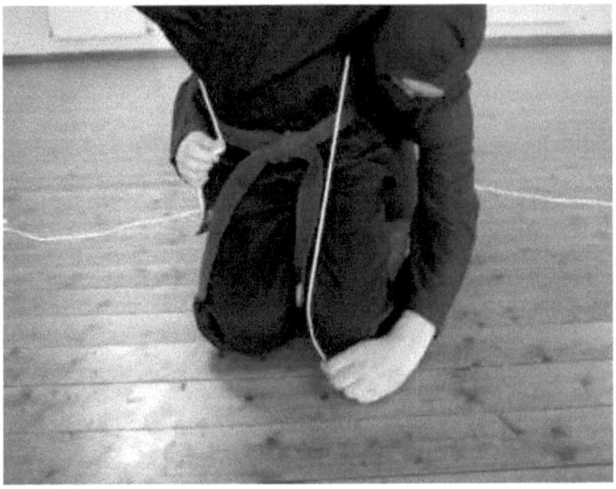

Danach werden die Seilenden nach vorne geführt, das linke Ende um das rechte Bein, das rechte Ende um das linke Bein geschlungen.

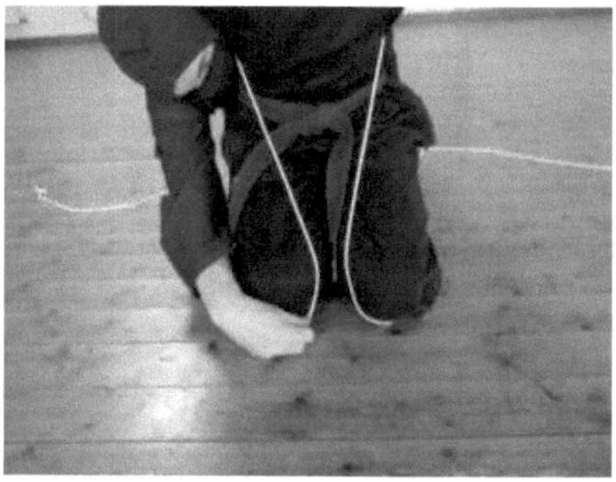

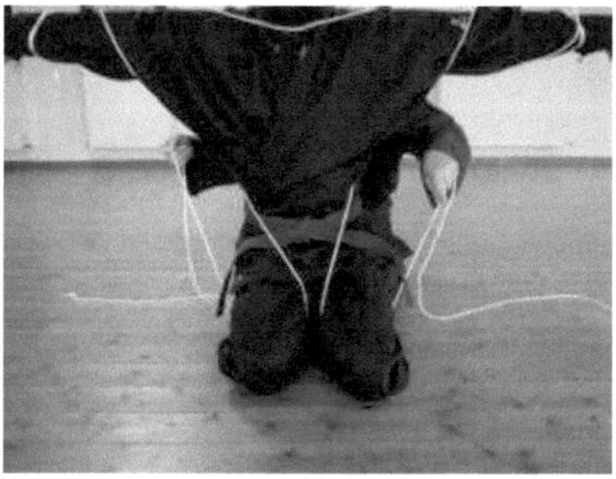

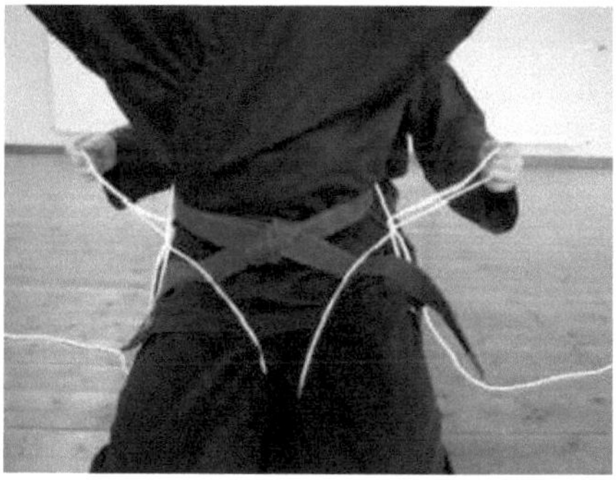

Das Seil führt man nochmals durch die entstandene Schlaufe in Gürtelhöhe nach hinten. Das Seil wird dann zum Kopf geführt und um die Augen geschlungen. Hinten wird das Ende zusammengebunden.

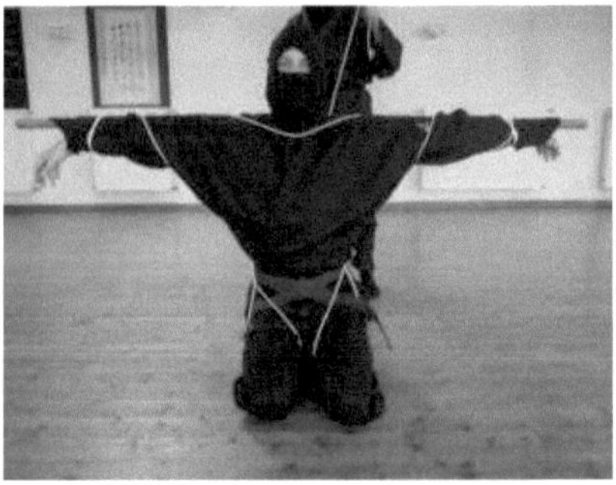
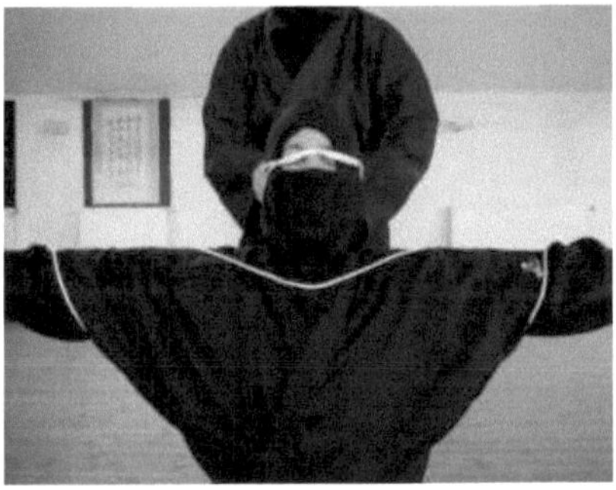

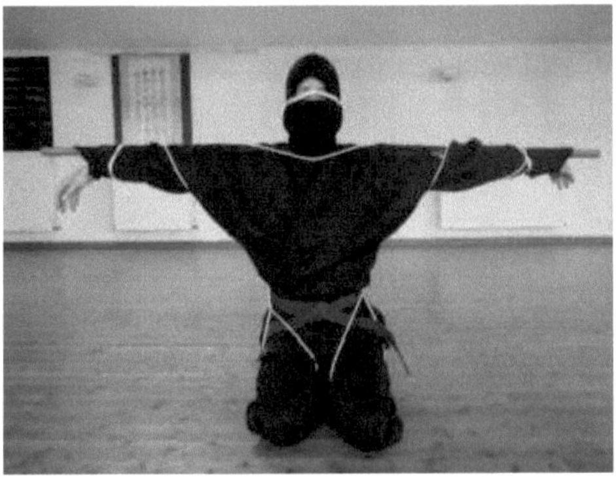

Bei dieser Methode mit dem Bo kann der Gegner weder aufstehen, noch etwas sehen. Das Unangenehme dieser Methode liegt in der ungewohnten Haltung der Arme. Die Nackenmuskulatur verkrampft mit der Zeit. Die Beinzirkulation leidet mit der Zeit ebenfalls. Dieses beginnt bei normalen Mitteleuropäern meist schon nach 15 Minuten.

5.2. Damals zugelassene Foltermethoden

5.2.1. Methode „das Sitzen im Regen“:

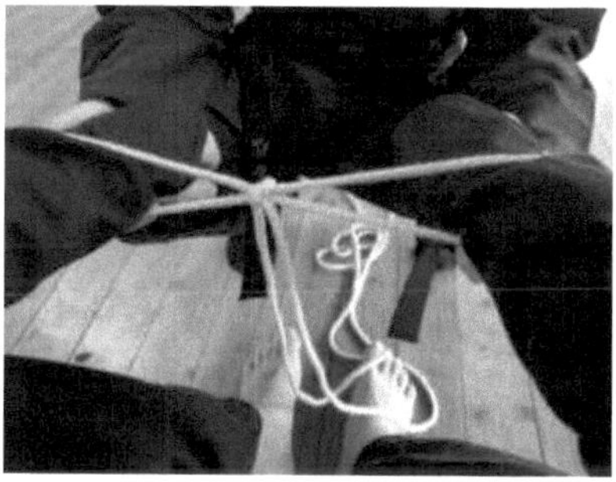

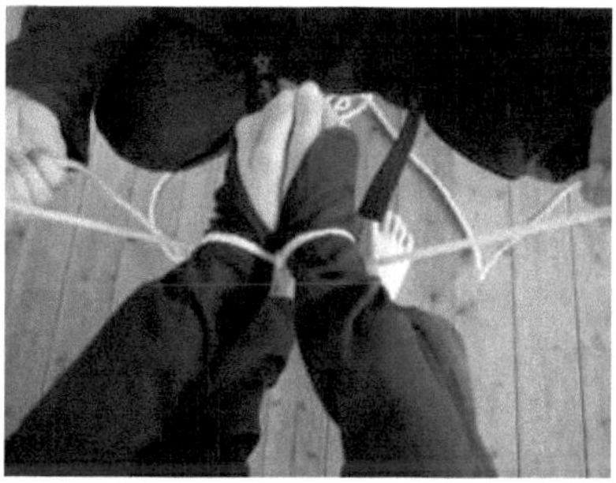

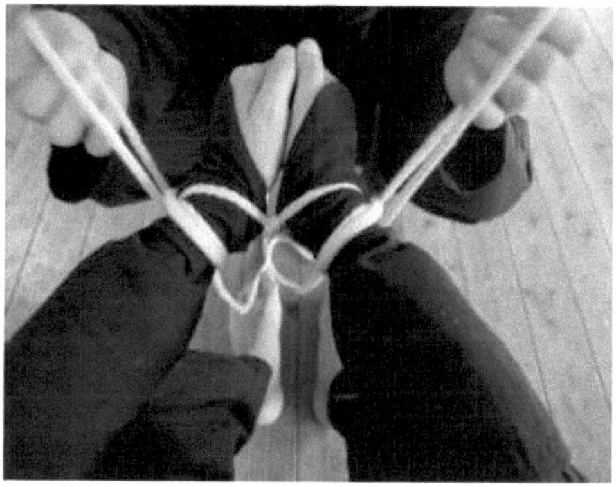

Man beginnt mit der Doppelschlinge. Man zieht sie nach gewohnter Methode zusammen. Die beiden Hände kommen zusammen. Man wickelt das Seil um beide Handgelenke, wobei man nicht die Enden nimmt.

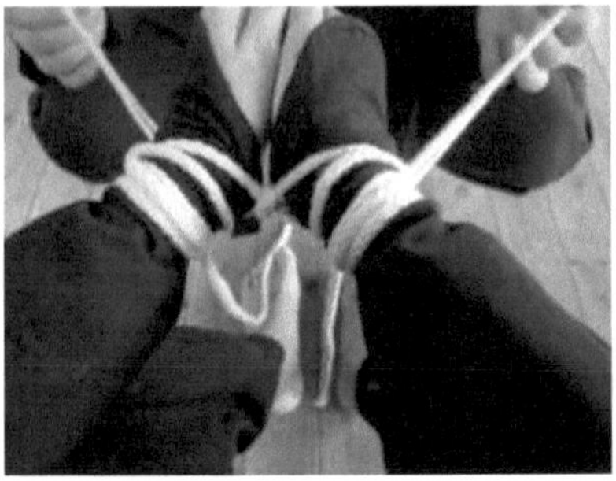 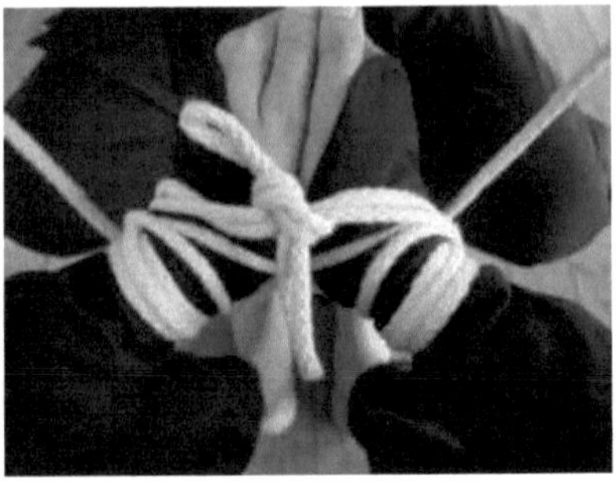

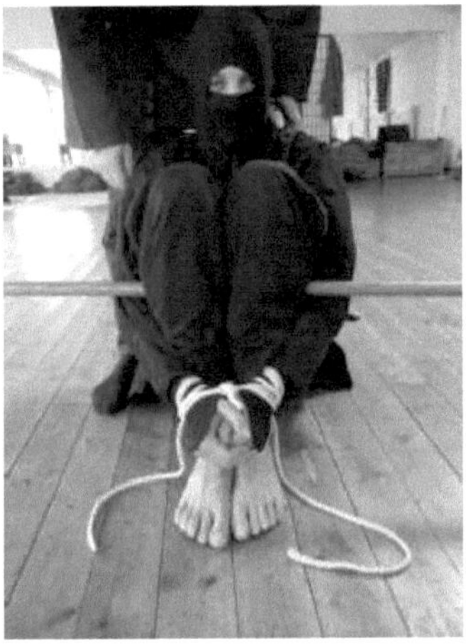

Das Seil verknotet man. Es bleiben zwei Seilenden (siehe letztes Foto), die man noch zu anderen Dingen benutzen könnte. Zum Abschluss wird der lange Bo durch die Beine geschoben, so dass die Arme und Beine nicht mehr bewegt werden können.
Der Gefangene wurde so in den Regen gesetzt. Das gab der Methode ihren Namen.

5.2.2. Das Binden auf ein Rad:

Diese Methode wurde bei schwer zu haltenden Gefangenen angewandt. Sie gehörte zu den höchsten Hojojutsu-Techniken der Tokugawa Zeit. Die damaligen Räder waren etwas größer und fügten dem Gefangenen dadurch schon Schmerzen zu.

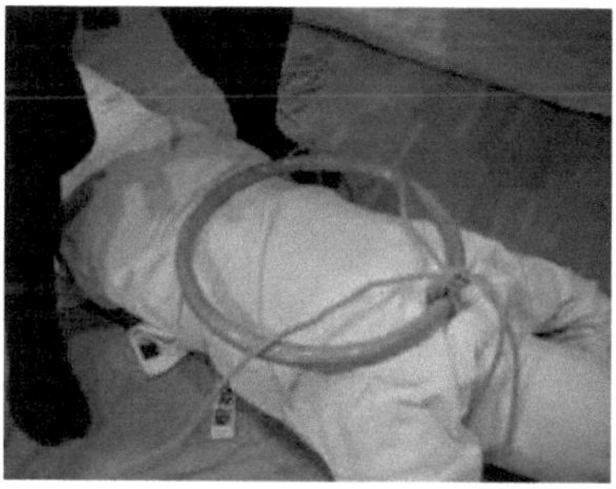

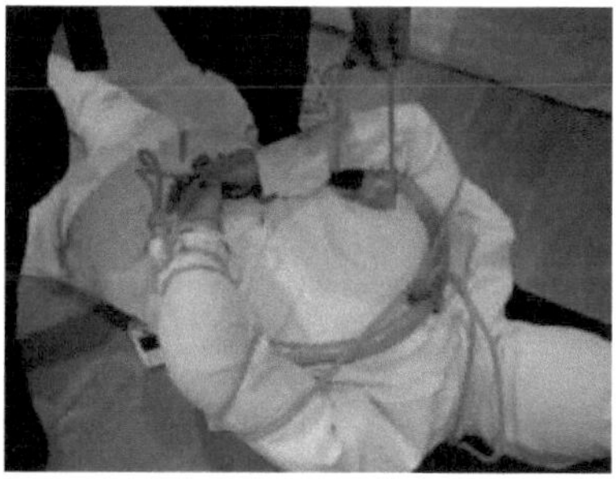

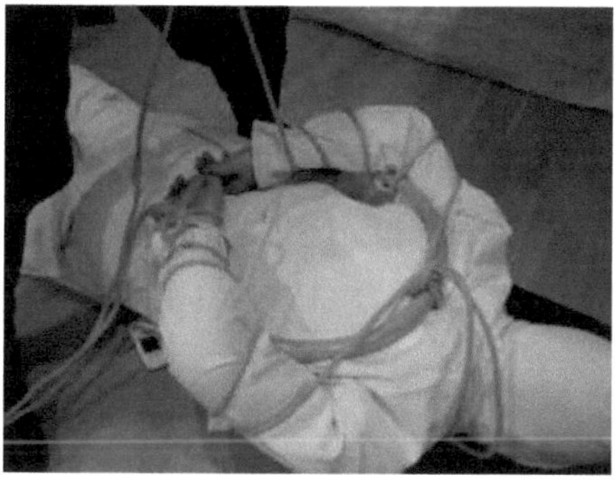

Man beginnt mit fast der Mitte des Seils (15m) (man lässt 1,5m an einem Ende länger), knotet es einmal um den Ring, schlingt das Seil nochmals zum Knoten, dass eine Schlaufe zum Hals zeigt, die beiden Enden links und rechts am Ring. Man zieht die Seilenden um die Arme und den Ring. Danach bindet man die Handgelenke man Ring fest. Es muss eine Schlaufe bleiben.

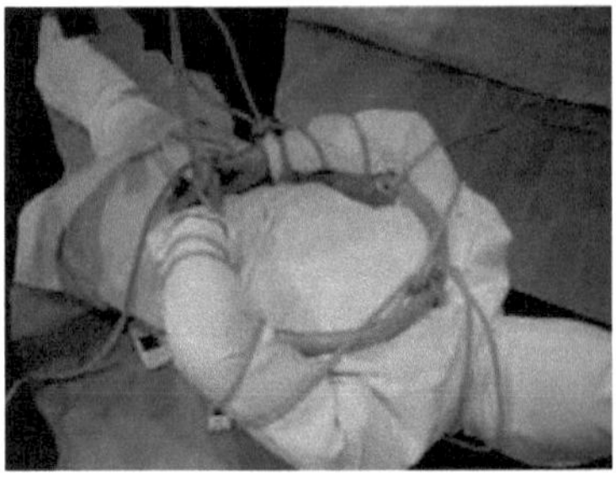

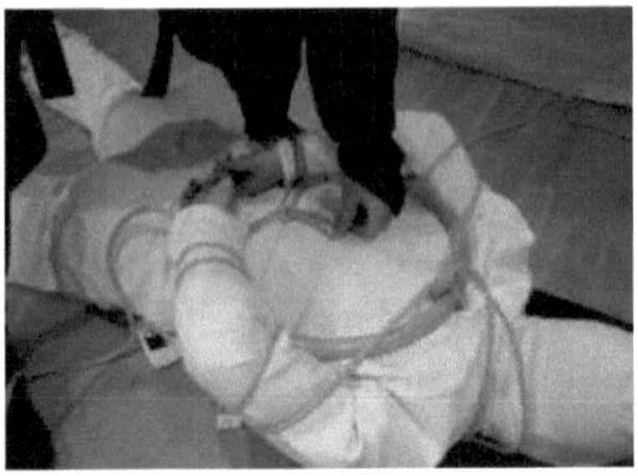

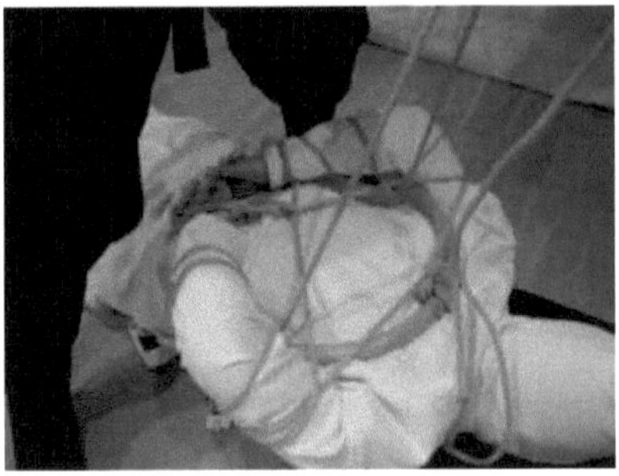

Diese Schlaufen führt man unter dem Ring auf die Mitte des Rückens. Schlingt eine davon durch die andere. Danach werden die Seilenden über Kreuz zum Oberarm wieder von oben durch den Ring gezogen. Die Enden werden auf dem Rücken verknotet.

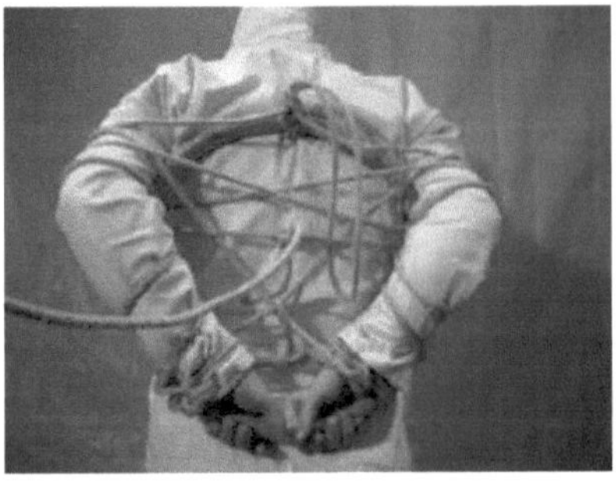

Die nach unten hängende obere Schlaufe des Anfangs wird gleich dazu benutzt, den Knebel so zu fixieren, dass er automatisch fest nach hinten gezogen wird. Die Schlaufe wird durch das Knebeltuchende geschlungen und wieder in Richtung Rad gezogen.

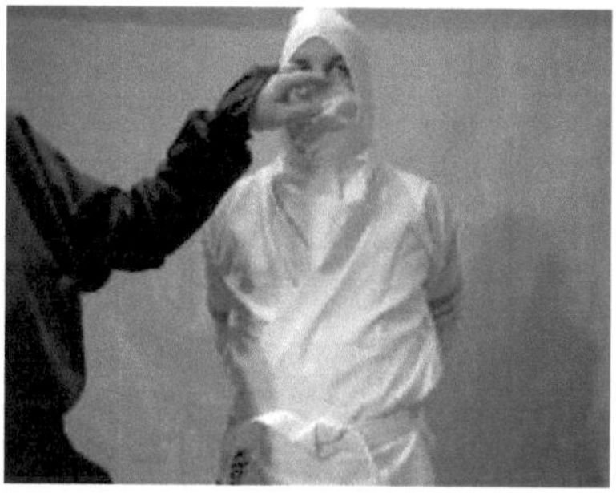

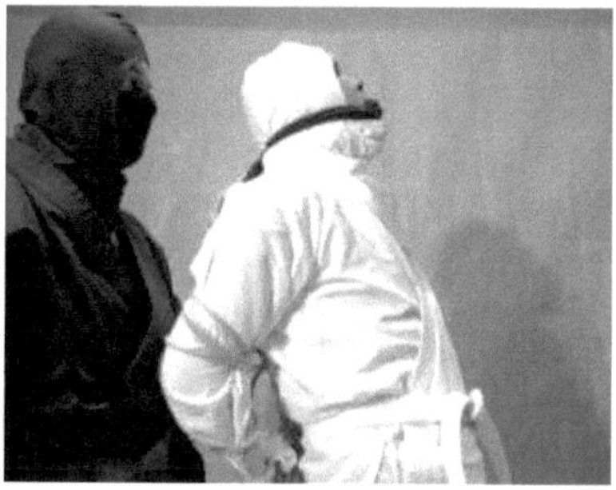

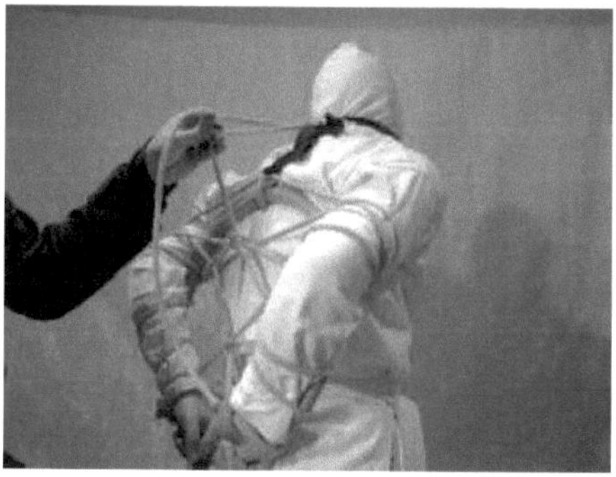

Das restliche Seilende wird nun durch die Schlaufe gezogen und nach unten gezogen. Ein Transport ist somit gut durchzuführen. Resultat: Die Arme sind nach einiger Zeit sehr steif und nicht mehr gelenkig zum Kampf zu nutzen.

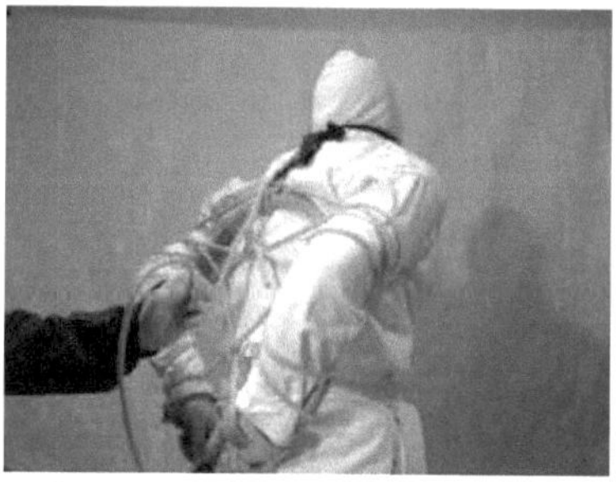

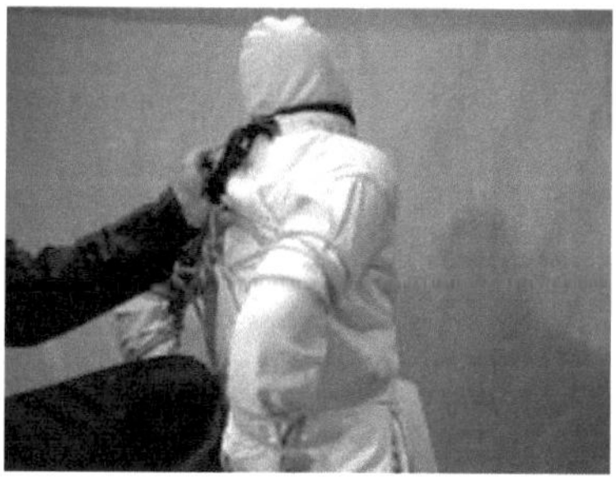

Teil 6

6. Schluss

6.1 Unterrichtsvorschläge

Begrüßung (Sanskrit) vor dem Training:
„Die Bitte um Schutz und Erleuchtung" (**Shikin haramitsu daikomyo**)

Es gibt drei Schwierigkeitsabstufungen:
Die unterste Stufe (Gedan) beinhaltet das Umgehen mit dem Seil in den Hayanawa-Techniken.
Die mittlere Stufe (Chudan) beinhaltet das Umgehen mit einem langen Seil mittels Honnawa-Techniken.
Die oberste Stufe (Jodan) beinhaltet das Zusammenspiel aller vier Umgangsarten mit dem Seil.

Die folgenden Fotoreihen stellen eine Anregung zum gemeinsamen Training dar.

Training 1:

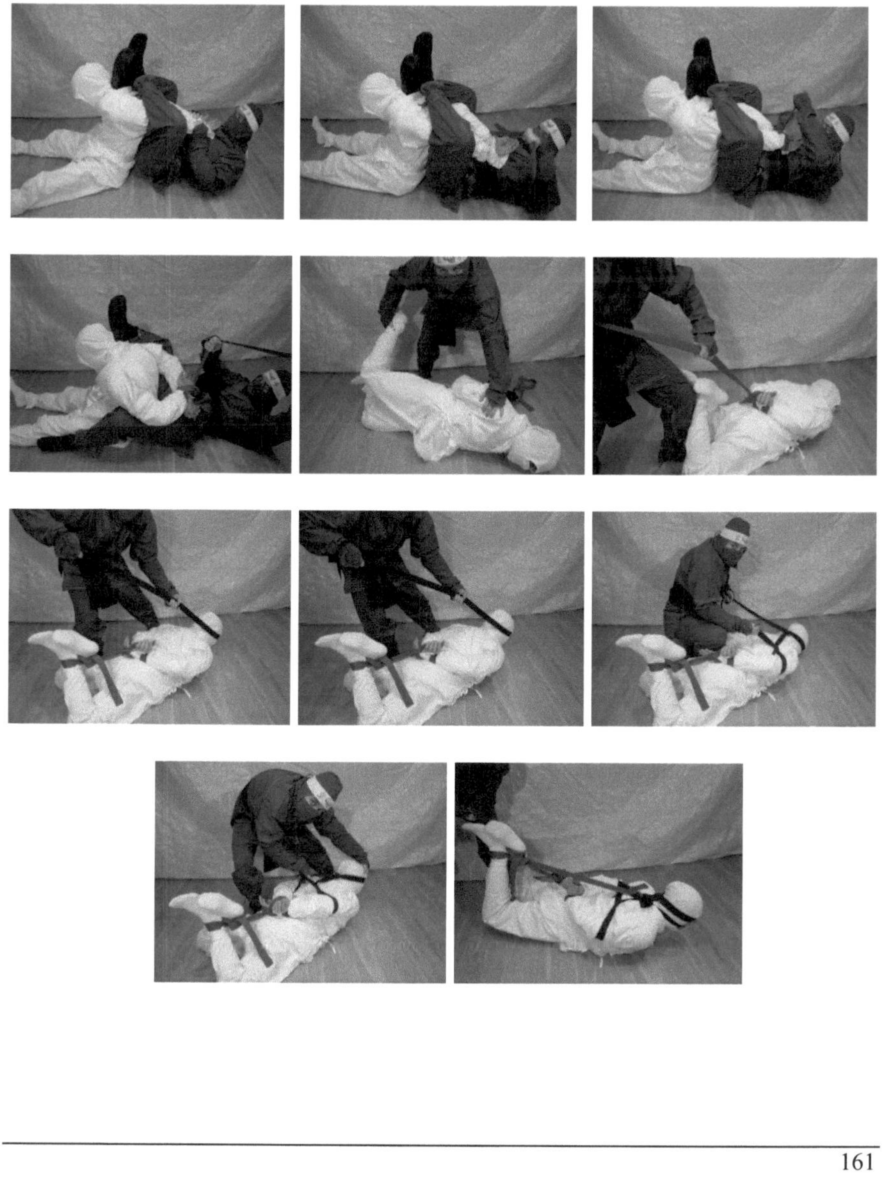

Training 2:

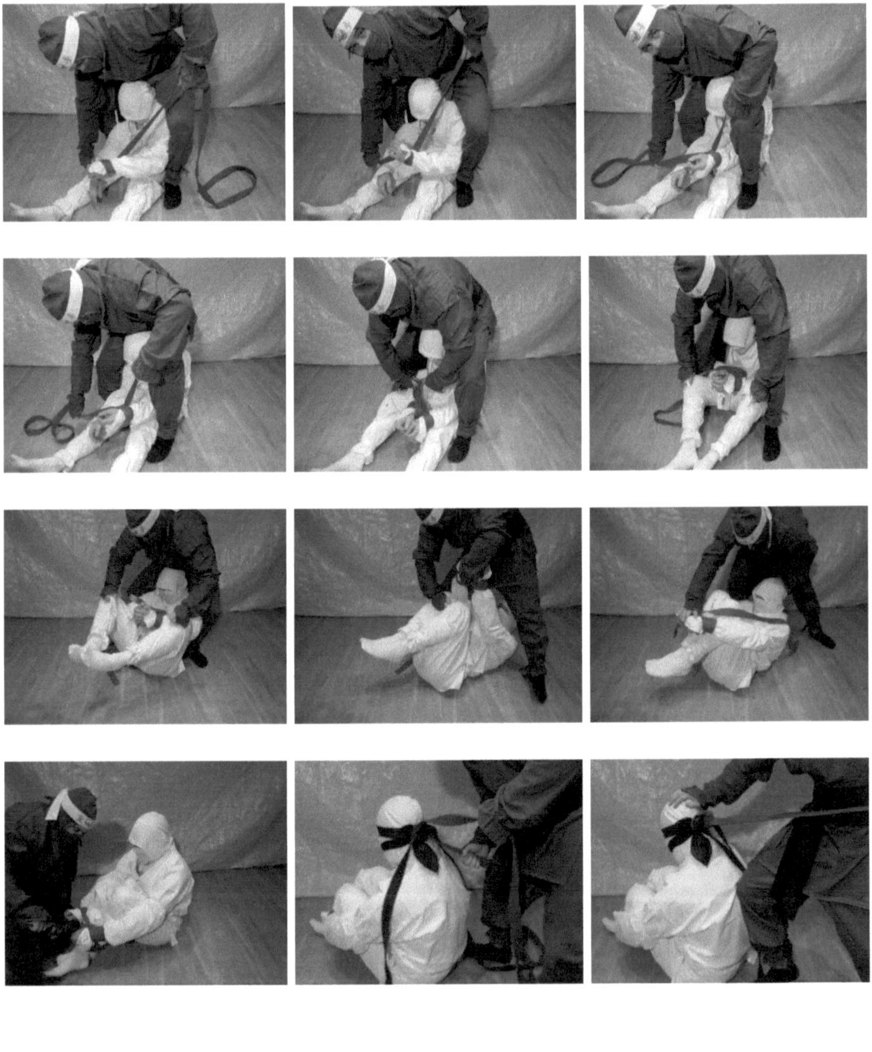

Training 3:

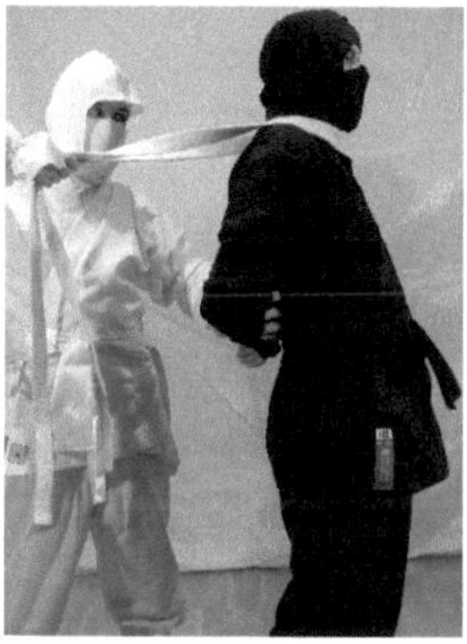
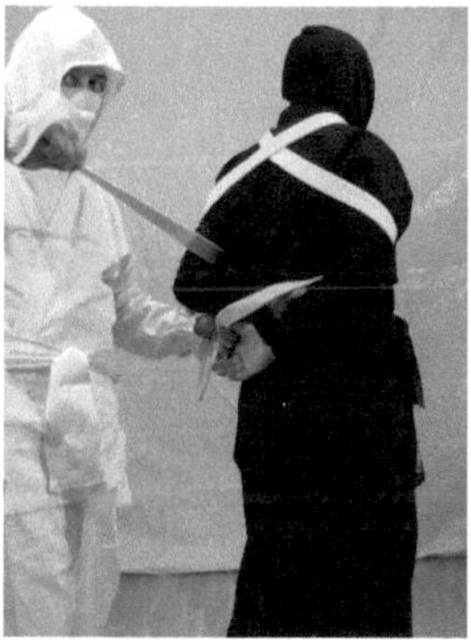
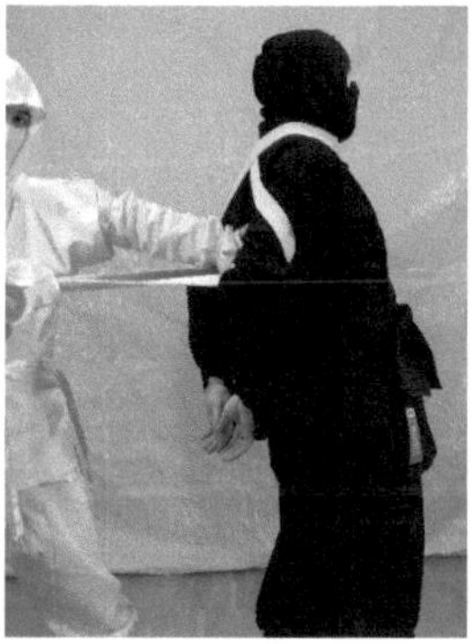
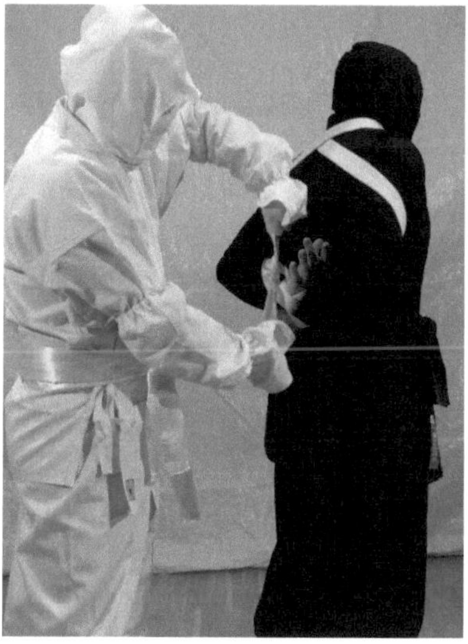
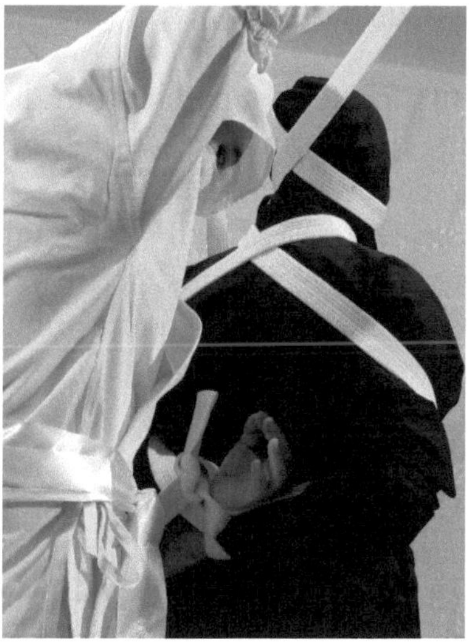

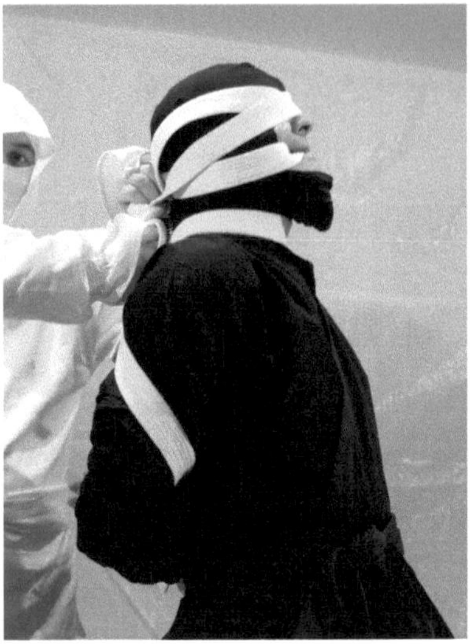 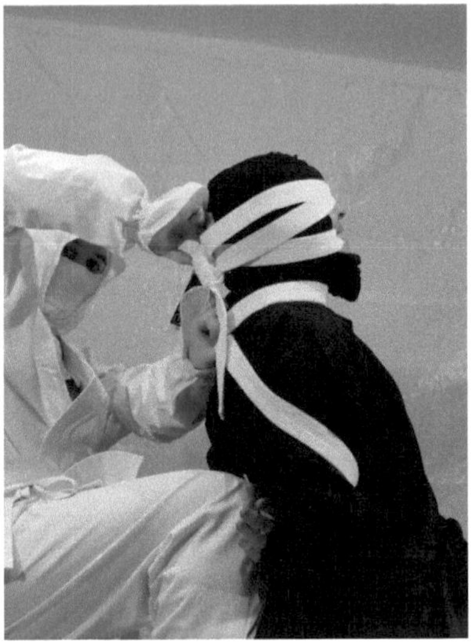

6 . 2 . Film/Bilder

Wer sich perfekte Fesselung in der japanischen Kriegerzeit ansehen möchte, dem empfehle ich den Film von Chen Kaige: Wu Ji – Die Reiter der Winde. Er läuft auf Grund seines Inhaltes zwar unter Fantasie-Drama. Doch die unterschiedlichen Schnurtechniken entsprechen den japanischen Bindetechniken. Dem Zuschauer wird plastisch gezeigt, wozu die unterschiedlichen Seile und Knoten benutzt werden konnten.

Shinatoro Fujita hat sehr viele Zeichnungen geschaffen, die sich mit der Arbeit der Polizei, der Samurais und dem Umgang mit den Gefangenen oder Verurteilten beschäftigt. Man findet viele davon im Internet unter dem Eintrag seiner Veröffentlichung: Tokugawa Bakufu Keiji Zufu Kan. Unter dieser Seite findet man auch Zeichnungen anderer Künstler, die sich ebenfalls mit dem Thema Bindung, Gefangennahme und Bestrafung beschäftigten.

6.3. Hojojutsu contra Shibari

Aufklärend zu der im Buch beschriebenen Bindetechnik des Hojojutsu, das zum traditionellen Bestandteil der japanischen Geschichte gehört, möchte ich folgendes nicht unerwähnt lassen:

Erst nach dem 2. Weltkrieg spielte die Kunst des Fesselns in Japan wieder eine Rolle. Das Interesse der Nachkriegsjapaner wurde durch den Einfluß der westlichen Welt und nicht zuletzt durch die Geschichten des Marquis de Sade in Europa neu gestaltet. Es war verpönt, die alten Ausdrücke zu verwenden. Das feierliche Binden „Honnawa" wurde als Wort nicht mehr benutzt. Doch gilt es als Ursprung für das zu dieser Zeit entstandene und bis heute praktizierte Shibari. Dabei teilte sich die „Szene" in zwei Lager, die

unterschiedliche Ansichten vertraten. Die „Traditionellen" legten besonderen Wert auf der Beibehaltung bestimmter Formen und Fesselmethoden. Dies kann man mit der Teezeremonie oder der Kata beim Karate vergleichen. Ebenso wird von dieser Gruppe jedes künstliche Material bei der Erstellung des „Shibari-Kunstwerks" abgelehnt. Sie verwenden das Jute- oder Hanfseil. Das Ambiente bildet zudem japanisches Interieur wie Reispapier, Paravents und Tatamimatten. Begleitet wird die Zeremonie auch mit dezenter Hintergrundsmusik und dem Abbrennen von Räucherstäbchen.

Dem gegenüber stehen die weniger kulturorientierten „modernen Shibaritai", wie die „Künstler mit dem Seil" heute genannt werden. Hier kommt neben Kunstfasern durchaus auch Leder- und Lackmaterial zum Einsatz. Die Lacation ist hier auch anders. So kann die Session auch im Freien stattfinden, und Gegenstände wie Tische, Stühle u.a. werden mit einbezogen.

Die Bondage-Figuren der neueren Art sind heute wieder mit Namen belegt. Dazu kommt sogar, dass einzelne benannte Knoten nur an bestimmten, Stellen platziert werden dürfen und immer nur dort platziert werden dürfen. Der Einzug des Shibari in den erotischen

Bereich (ob bekleidet oder unbekleidet) hat eine gewisse Ästhetik wieder stark in den Vordergrund treten lassen.

Ich habe diese Spielart der hohen Kunst des Seils ans Ende gesetzt, da ich immer wieder darauf angesprochen werde. Viele verwechseln beide Formen auch gerne, wenn es um „Fesselungen" geht. Hojojutsu ist eine Kampfform, die aus einem Nutzen geprägt entstand; Shibari (auch Japan-Bondage) ist eine Kulturform, die keinem praktischen Nutzen entsprang. Die zweite Form hat vieles aus der ersten, alten Form übernommen. Beschränkt sich aber auf die Form mit dem langen Seil, das mit der genormten Länge aus dem Hojojutsu nichts mehr zu tun hat. Im Shibari werden heute Längen von 20-40 m und länger benutzt. Ich hoffe, dass ich damit die begrifflichen und anwendungstechnischen Unterschiede herausarbeiten konnte.

Schlusswort:

An dieser Stelle möchte ich all denen danken, die mir fleißig mit Rat und Tat zur Seite standen, vor allem meinen Trainingspartnern, den Fotografen und den Japanern, die mir mit ihrer Dolmetschertätigkeit den Einblick in den Text der japanischen Bücher ermöglichten. Daher habe ich im Buch, so oft es ging, ohne Missverständnis zu verursachen, die deutschen Übersetzungsbegriffe verwendet. Der ins Deutsche übersetzte Begriff konnte den Sinn der Bindung meist deutlicher zum Ausdruck bringen. Die meisten Übenden konnten sich die Endform dann genauer vorstellen, wie z.B. bei der Kreuz-Bindung oder der Krabben-Technik des Seilaufbewahrens.

Allen mit diesem Buch übenden Budokas wünsche ich gutes Gelingen.

„Der Weg ist das Ziel“ und sein „Anfang beginnt immer mit dem ersten Schritt“ heißt es, oder beim Hojojutsu: „Die Bindung ist das Ziel“ und sein „Anfang beginnt immer mit dem ersten Knoten“.

Domo Arigato Gozaimashita

Literaturverzeichnis:

Akiri Hino : Kokoro no Katachi
2008, Autorenschmiede

Don Cunningham : Taiho-Jutsu, law and order in the age of Samurai
2004, Boston, MA, Tuttle Publishing

Hatsumi Masaaki : Unarmed Fighting, Techniques of the Samurai
2008, Kodansha International, Tokyo

Hiro Mitzukoshi : Torinawajutsu
1998, Airyudo

Inazo Nitobe : Bushido, The Soul of Japan
1969, Kodansha International, Rutland

Inoguchi Matsunosuke : Hayanawa Kappo Kenpo Kyohan Zukai
1898, Tokyo, (Zeichnungen: Ginko Adachi)

Kazan Sato : The Japanese Sword
1983, Kodansha International, Tokyo

Nawa Yumio : History of Torture and Punishment
1966, Tokyo

Seiko Fujita : Zukai Torinawa Jutsu
1986, Tokyo

Shinatoro Fujita : Tokugawa Bakufu Keiji Zufu Kan
1893, Tokyo

Shoto T. Tanemura : Ninpo Bugei
2002, Fundamental Taijutsu

Tsunetomo Yamamoto : Hagakure
1976, Kodansha International, Tokyo

Yoshio Imanura : Shinkageryo no Keifu
1994, Shin Jiubutu Oraisha

Über den Autor:

Martin A. Torunsky

Martin Torunsky ist Jahrgang 1955, verheiratet und übt den Beruf des Kaufmanns im eigenen Geschäft aus. Vom Vater (selber Jiujitsusportler) angehalten, begann er 1969 mit dem Kampfsport Shotokankarate. Da die Vorfahren (erstmalig 1064 n. Chr. erwähnt) immer mit Kampf und Schlachten zu tun hatten, lag es ihm sozusagen im Blut, sich mit Kampfkünsten und deren vielfältigen Methoden zu beschäftigen.

Zu seinen weiteren Interessen gehörten die Fechtkünste, Reitkünste und die Selbstverteidigung mit anderen fernöstlichen Waffen. Über Taijutsu, Ninjutsu der Japaner kam er schließlich zum Taichi der Chinesen. Angezogen, aus dem Philosophischen der Kampfkünste etwas für den Arbeitsalltag herauszuziehen, übt er zur Zeit Qigong und Meditationen in Bewegung.

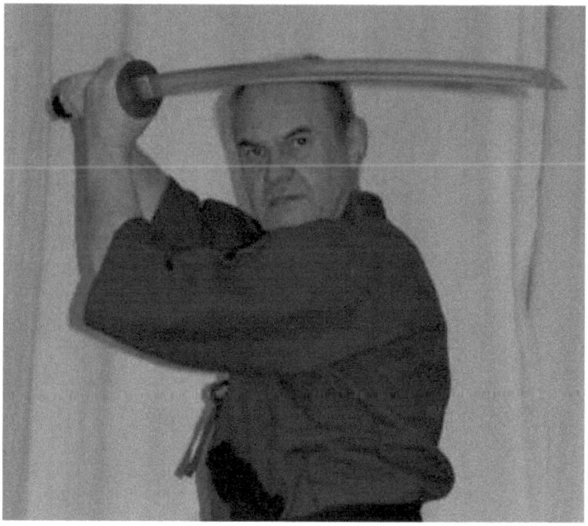